Karte

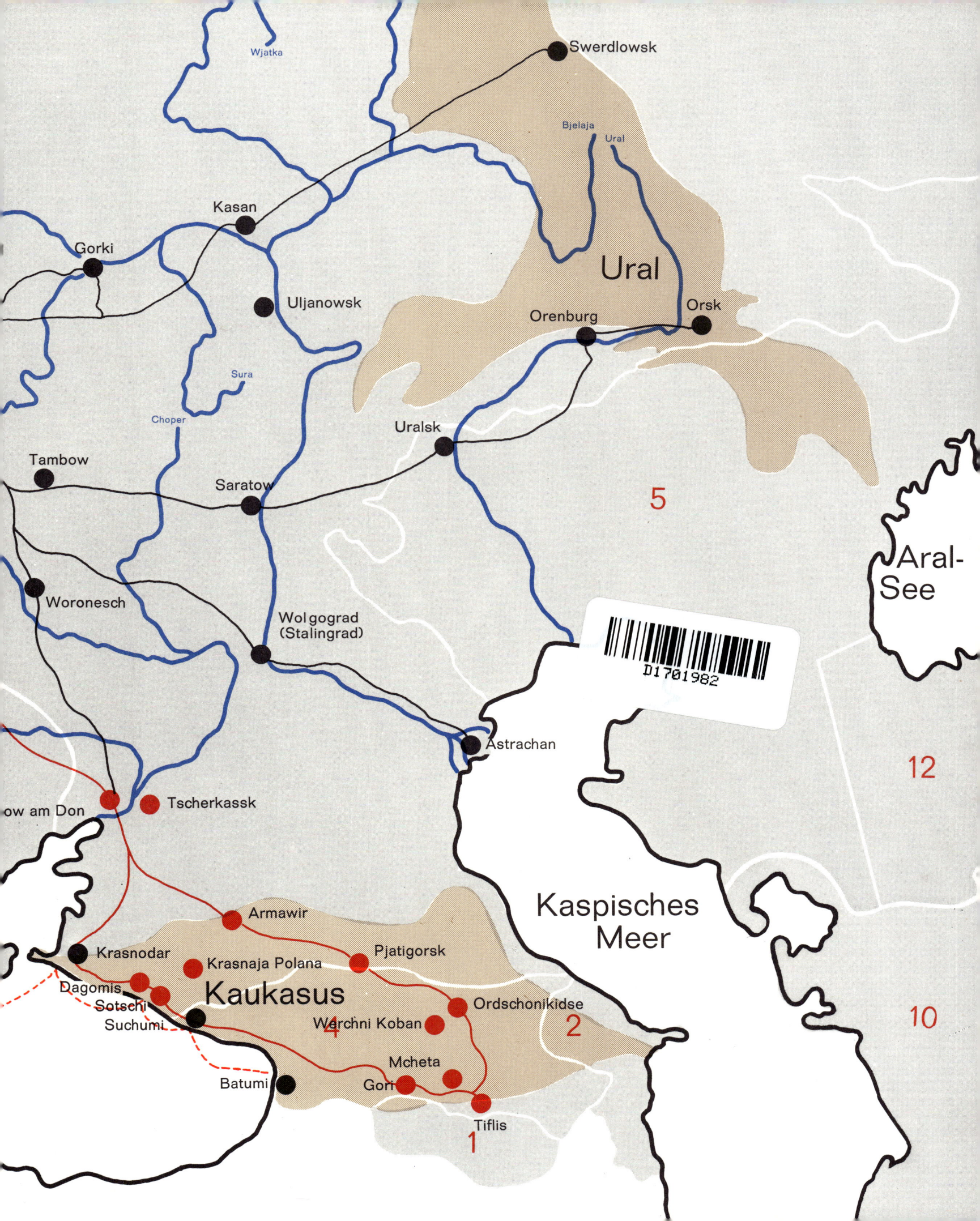

Flüsse: Wjatka, Bjelaja, Ural, Sura, Choper

Städte:
- Swerdlowsk
- Kasan
- Gorki
- Uljanowsk
- Orenburg
- Orsk
- Tambow
- Saratow
- Uralsk
- Woronesch
- Wolgograd (Stalingrad)
- Astrachan
- ...ow am Don
- Tscherkassk
- Krasnodar
- Armawir
- Krasnaja Polana
- Pjatigorsk
- Dagomis
- Sotschi
- Suchumi
- Werchni Koban
- Ordschonikidse
- Batumi
- Mcheta
- Gori
- Tiflis

Regionen: Ural, Kaukasus

Gewässer: Aral-See, Kaspisches Meer

Zwischen Newa und Kaukasus

J. Albrecht Cropp

Zwischen Newa und Kaukasus

Mit Kommentaren von Immanuel Birnbaum

Süddeutscher Verlag München

Mit 245 Fotos, davon 81 in Farbe

Entwurf des Schutzumschlags und der Vorsatzkarte: Horst Grösch, Berlin
Lay-out: Rudolf Scharp, Frankfurt/Main

Für die Erlaubnis, das Gedicht von Sergej Jessenin »Herbst« (S. 261) abdrucken zu dürfen,
danken wir dem Carl Hanser Verlag, München; entnommen aus: Lyrik des Abendlands.
Gedichte aller abendländischen Völker von den Homerischen Hymnen
bis zu Eluard und Benn. 5. Auflage. Carl Hanser Verlag, München 1970.

ISBN 3 7991 5631 3

© 1970 Süddeutscher Verlag GmbH, München
Alle Rechte vorbehalten
Printed in Germany
Schrift: Helvetica Linotype
Repros: Colortechnik GmbH, München
Satz: Süddeutscher Verlag GmbH, München
Druck: Karl Wenschow GmbH, München
Bindearbeit: Grimm + Bleicher, München

Inhalt

Verzeichnis der Abbildungen 6
Vorwort 11

Die Breite Natur 14

Im anderen Europa *(36—41)*
Landleben im Sommer 42
Russische Chronisten berichten 55
Der russische Winter 58

Zur russischen Geschichte *(72—77)*
Kiew, Nowgorod und Susdal. Kirche und Staat
in der frühen Geschichte 78

Rußlands orthodoxe Kirche *(88—89)*
Ikonen, Kunst und Kirchen, mittelalterliche Zeugen 90

Rußland zwischen Europa und Asien *(104—105)*
Historischer Grenzschutz. Wehrbauten zwischen Nord und Süd 106

Rückblick auf die Zarenzeit *(116—121)*
Moskau und Sankt Petersburg 122

Die Revolution und ihre Träger *(144—149)*
Nach der Revolution. Partei, Staat und Militär 150

Wirtschaft *(173—179)*
Wirtschaft und Industrie, Technik und Fortschritt 180

Kultur im Wandel *(198—203)*
Große Städte, Kultur und Sport 204

Das private Leben heute *(226—227)*
Freizeit und Ferien 228
Reisen und Begegnungen 246
Das tägliche Leben 248
Ausklang: Sergej Jessenin: Herbst 261

Die kursiv gesetzten Titel bezeichnen die Kommentare von Immanuel Birnbaum
Die Kommentare Wirtschaft, Kultur im Wandel und Das private Leben heute wurden von Mitarbeitern des
Osteuropa-Instituts München bearbeitet.

Verzeichnis der Abbildungen

1	Don-Landschaft bei Alt-Tscherkassk
2	Wasserholerin am Wolchow
3	Karelien
4	Bergkuppe bei Sotschi
5	Sumpfgebiet in Weiß-Rußland
6	Kaukasus-Gipfel
7	Reiter im Kaukasus
8	Weiß-Rußland
9	Birkenwald bei Moskau
10	Flußniederung in Süd-Rußland
11	Getreidefeld bei Poltawa
12	Getreidefeld am unteren Don
13	Terektal im Kaukasus
14	Krasnaja-Polana-Tal bei Sotschi
15	Mittagsrast in Mzcheta (Mcheta, Mtscheta)
16	Teeplantage bei Dagomys (Dagomis)
17	Krimküste bei Jalta
18	Schwarzmeerküste bei Sotschi
19+20	Schafherde und Hirte
21	Kuban-Steppe
22	Kleines Haus am Don
23	Alt-Tscherkassk am Don
24—27	Dorfleben im Süden
28	Kaukasus-Aul
29	Hütte in der Moldau-Republik
30	Ossetisches Kaukasus-Dorf
31	Ossetischer Bauer
32+33	Gänse und Junge im Schlamm
34	Bäuerin am Don
35	Schlitten in Susdal
36+37	Schlamm am Don — Staub am Pruth
38	In Kolomanskoje
39	Samowar
40	Holzhäuser in Wladimir
41+42	Eiszapfen und Schneepuppe
43	Verschneites Dorf bei Susdal
44+45	Eisfischer am Wolchow
46+47	Winter in Susdal
48	An der Leningrader Chaussee
49	Frauenstatue aus Kostenki
50+51	Aus der Sophienkirche in Nowgorod

52	Holzkirche aus Nordrußland
53	Marien-Ikone aus Susdal
54	Steinkreuz von Nowgorod
55	Nowgoroder Kreml
56–58	Lawra-Kloster in Kiew
57	Marienmosaik in der Sophienkirche zu Kiew
59	Alexanderkloster in Susdal
60	Kuppeln der Erlöserkathedrale im Moskauer Kreml
61	Frauenkloster in Susdal
62	Ikone: Christuskopf
63	Am Grabmal
64	Ikonen-Detail: Geißelung Christi
65	Am Hofplatz von Jaroslaw
66	Ikone: Der heilige Gregor
67	Ikone: Der heilige Nikolaus
68	Ikone: Höllendarstellung
69	Epitrachelion
70+72	Bibel-Handschrift
71	Nowgoroder Kirchentor
73	Rublejows Jüngstes Gericht
74	Glockenturm von Wladimir
75	Betende Frau
76	Ikonostase des Jungfrauenklosters
77	Schmuckanhänger
78	Uspenski-Kathedrale in Moskau
79	Landkirche in Tscherkassk
80	Burgkirche über Mtscheta
81	Burgkloster in Susdal
82	Revolutionskämpfer in Charkow
83	Festung Kamenez-Podolski
84	Felshäuser bei den Osseten
85	Kaukasus-Aul mit Wachturm
86	Bei Ordschonikidse
87+88	Ossetische Totenhäuser
89	Burg über Gori
90	Generalstabsbogen in Leningrad
91+92	An der Leningrader Börse
93	Newa und Isaaks-Kathedrale
94	Siegeswagen und Generalstabshaus
95	Peter-Paul-Festung an der Newa
96+97	Zarenadler und Schloßplatz
98+99	Löwen und Inschriften
100	Admiralität
101	Columnae rastratae
102+103	Schloß Peterhof
104	Zar Boris Feodorowitsch Godunow (1525–23. April 1605)
105	Peter I., der Große (9. Juni 1672 – 8. Februar 1725)
106	Katharina II., die Große (2. Mai 1729 – 17. November 1796)
107	Zar Alexander I. Pavlowitsch (23. Dezember 1777 bis 1. Dezember 1825)
108	Zar Alexander II. Nikolajewitsch (29. April 1818–13. März 1881)
109	Kanal in Leningrad
110	Moskauer Kreml-Mauer
111+112	Kugeln und Kanonen am Kreml
113	Palais im Arbat-Viertel

114	Im Moskauer Kreml
115	Kreml-Panorama
116	Der Glockenturm Iwan des Großen
117	Lenin-Schaubild am 1. Mai
118	Kolchose-Leiter bei Minsk
119	Stalinstandbild in Gori
120–122	Parade zum 1. Mai in Minsk
123	Mai-Demonstration
124	Revolutionsrats-Darstellung
125	Kreuzer Aurora in Leningrad
126+127	Revolutions-Reliefs
128+129	Maiaufmarsch in Minsk
130+132	Wachablösung in Odessa
131	Leninstandbild in Odessa
133	Kriegerdenkmal in Tscherkassk
134	Dserschinskiplatz in Charkow
135	Ehrenmal am Moskauer Kreml
136	Parteigebäude in Minsk
137+138	Sowjet-Paar und Miliz
139	Im Stadion von Minsk
140–142	Straßenszene in Kiew
143	Elektriker in Leningrad bei der Montage eines Schaltschranks
144	Sputnik-Schau auf der Brüsseler Weltausstellung
145	Lastwagenverkehr im Kaukasus
146+147	Personentransport
148	Eisenbahn in der Moldau-Republik
149	Dnjepr-Brücken in Kiew
150+151	Häfen von Jalta und Odessa
152	Luftverkehr
153+154	Uhrenfabrik in Minsk
155	Kranführerin in Leningrad
156	Elektrifizierung im Kaukasus
157+158	Donez-Industrie-Becken
159	LKW-Fahrer in der Ukraine
160+161	Swerdlowsk: Werkzeugmaschinen
162	Kräne und Automation
163+164	Gastello-Kolchose bei Minsk
165	Kolchosbauer bei Minsk
166+167	Industrielandschaft: Moskau
168+169	Wohnbau und Winterbau
170+171	Provinzstadt Ordschonikidse
172	Moskauer Stilepochen
173	Das Neue Arbat in Moskau
174	Modernes Tbilissi (Tiflis)
175+176	In Rostow am Don
177	Zentrum Moskau
178	Am Stadtrand von Sinferopol
179+180	Großstadt Tbilissi
181	Das Bolschoi-Theater in Moskau
182+183	Leningrader Philharmonie
184	Anna Pawlowa
185	Michael Alexandrowitsch Scholochow
186	Boris Leonidowitsch Pasternak
187	Alexander Isaevitsch Solschenizyn
188–190	Sport in einer Grundschule

191+192	Fußball in Minsk
193	Eislaufen in Moskau
194	Touristen in Georgien
195+196	Urlauber am Schwarzen Meer
197	Urlaubs-Werbung in Moskau
198+199	Sonntag im Sokolniki-Park
200+201	Schneespaß auf den Lenin-Bergen
202−204	Angler am Stausee Idanowitschi
205+206	Frühling bei Minsk
207+208	Am Schwarzen Meer
209−211	Ferienleben
212+213	Abendpromenade in Jalta
214−220	Menschen in Rußland
221	Erinnerungsphoto an der Newa
222	Betriebsausflug nach Peterhof
223	Wohnblock in Leningrad
224	Potemkin-Treppe in Odessa
225	Park in Odessa
226	Schaufenster-Bummel in Moskau
227+228	Kaufpassage und Käuferschlange in Odessa
229	Delikatessengeschäft in Leningrad
230+231	Photoladen und Kwas-Verkäufer
232	Beim Brieflesen in Jalta
233	Alter Mann in Kiew
234	Kindergarten in Odessa
235	Mutter und Tochter aus dem Bezirk Minsk
236	Hochzeit in Kiew
237+238	Neubau-Blocks in Kiew
239−242	Leninpreisträger Pjotr Popow
243	Kind in Kolomanskoje
244	Urnenfriedhof in Moskau
245	Straße von Minsk nach Brest

Für Elisabeth

Vorwort

Wir, die wir im Westen leben, neigen nur allzu gern dazu, unseren großen östlichen Nachbarn mit zwei verschiedenen Augen zu sehen und ihn mit zwei Maßen zu messen. Wie läßt sich dieser Widerspruch erklären? Gefühlsbetont, ja überschwenglich und ein wenig romantisierend sehen wir die Russen, wenn wir Kultur und Folklore in Rußland entdecken wollen: dann faszinieren uns (natürlich zu recht) die großen Dichter und Erzähler; Musik und Ballett öffnen unsere Herzen; und der russische Mensch, seine vielzitierte russische Seele erinnern uns (und auch dies nur zu recht) an die guten alten, auch für uns verlorengegangenen Zeiten.
Doch sobald sich zum Russischen das *Sowjetische* gesellt, sobald der russische Mensch als uniformierter Sowjetbürger erscheint, werden wir verkrampft und voreingenommen. Warum? — Nun, bei all denen, die die Sowjetmenschen, wie sie behaupten »nur allzu gut kennengelernt haben«, finden wir die rasche Antwort: Bürgerkriegs-Greuel und Stalins Terror, die barbarischen Kriegs- und Nachkriegsgeschehen, die sowjetische Unfreiheit — dies alles gilt rasch als einzige Erklärung für die weitverbreitete antisowjetische Haltung. Unser eigener Anteil wird meist verschwiegen: Hitlers Haß-Propaganda vom »bolschewistischen Untermenschen« legte Keime, die durch ständige antisowjetische Berichte fleißig (und weiter) genährt werden. Es bleibt die Furcht vor unserem großen, wenig bekannten, kommunistischen Nachbarn und die Angst vor der Unfreiheit.
Können wir etwas gegen diese oft gefühls-überladenen Vorurteile unternehmen? Wir in Europa, die wir die Sowjetrussen als Nachbarn haben? Heute sind es 250 Millionen Russen; 1980 werden es 280 Millionen sein! —
Zweifelsohne müssen wir (und dies immer wieder) den Versuch für ein besseres, sachlicheres Verhältnis wagen, wenn wir unsere Beziehungen zur Sowjetunion entkrampfen wollen. Eine Voraussetzung für das bessere Verständnis der Sowjetunion sind gute Berichte, sind Nachrichten, so daß wir besser und vielseitiger informiert werden. Wenn wir mehr voneinander erfahren, könnte Schritt für Schritt auch eine echte Annäherung stattfinden. Dieses Buch hat eine sachliche Information über die Sowjetunion zum Ziel; vielleicht kann es darüber hinaus ein wenig Verständnis erwecken.
Die Erstellung dieses Bild-Text-Bandes war nicht ohne Schwierigkeiten. Es sollte (verständlicherweise) nicht nur das einseitige, etwas glorifizierende Material aus den Archiven sowjetischer Staatsverlage veröffentlicht werden. Auch schien uns die ständige Mitsprache und unter Umständen die Einmischung sowjetischer Zensoren bei der Textabfassung

problematisch, so daß die anfangs geplante Zusammenarbeit mit einem
Moskauer Staatsverlag nicht zustande kam. Nun mußten die weiteren,
bereits geplanten Reisen auf eigene Faust und ohne offizielle
Unterstützung durchgeführt werden. Dabei zeigte sich, daß die
photographische Ausbeute besonders bei Autoreisen durch die südlichen
Gebiete der UdSSR ergiebig war. Es war möglich, einen guten Querschnitt
vom europäischen Teil der Sowjetunion zu erhalten, der einen
typischen Überblick über die geschichtliche Entwicklung und das
heutige Leben vermittelt. In den Sommermonaten von drei
aufeinanderfolgenden Jahren fuhren wir in den Norden, nach Weiß-
Rußland und in die südlichen Republiken; jeweils mit dem Auto.
Außerdem hat eine mehrwöchige Winterreise mit Flugzeug, Bahn und
Mietwagen zahlreiche Gelegenheiten geboten, die UdSSR so zu sehen,
wie sie tatsächlich ist: ein weites Land, im Winter ohne
Fremdenverkehrs-make-up und ohne allzu viele Touristen. Den Reisen
waren intensives Quellenstudium und russischer Sprachunterricht
vorausgegangen, beides war, rückblickend gesehen, unerläßlich.
Auch Immanuel Birnbaum, der durch seine fundierten Kommentare
zu diesem Band beigetragen hat, fuhr — bevor er die Zeilen zu diesem
Buch schrieb — im Frühjahr 1970 noch einmal in die Sowjetunion, obwohl
er sich seit vielen Jahren publizistisch mit dem Osten auseinandersetzt.
Die Textinformationen dieses Bandes stammen aus allen greifbaren
deutschen, sowjetischen und westlichen Veröffentlichungen. Zwei
Mitarbeiter des Seminars für osteuropäische Geschichte an der Frankfurter
Universität haben freundlicherweise tatkräftig mitgeholfen,
das gewaltige Material zu bewältigen. Ferner hat das Osteuropa-Institut
München bereitwillig und beratend beim Abfassen der Kommentare
mitgewirkt.
Ganz bewußt gliedert sich der Aufbau dieses Bild-Text-Bandes in drei
»Ebenen«. Dominieren sollen die Aufnahmen, die am unmittelbarsten
Land und Menschen, ihre Städte, aber auch die Zeugen der Geschichte
veranschaulichen. Bildtexte und dazugestellte, rasch auffindbare
Informationen sollen die Photos erläutern und ergänzen. Die »dritte
Dimension« bilden Immanuel Birnbaums Kommentare, sie sind gleichzeitig
ein Schlüssel für das bessere Verständnis der Sowjetunion überhaupt.
»Zwischen Newa und Kaukasus«, dieser geographische Raum soll den
europäischen Teil der Sowjetunion darstellen. Es ist das Rußland
zwischen Bug und Ural, die Heimat der großen, vorwiegend slawischen
Völker: der Groß-Russen, der Ukrainer (auch Klein-Russen genannt)
und der Weiß-Russen, aber auch anderer, nichtslawischer Volksgruppen.
Zwischen Newa und Kaukasus haben sich die bedeutendsten
Ereignisse der russischen Geschichte abgespielt. Hier begann die
christliche Missionierung, hier entstanden die ersten Fürstentümer,
hier ist das Herz des russischen Reiches, wie auch der heutigen
Sowjetunion. Wenn auch (geographisch gerechnet) die außereuropäischen
Gebiete der UdSSR größer sind als der europäische Kern, so liegen
doch nach wie vor die Schwerpunkte von Staat, Partei, von Politik
und Wirtschaft im europäischen Rußland. Dieser »westliche« Teil der
Sowjetunion ist repräsentativ und symptomatisch für die ganze UdSSR.
Alle in den nachfolgenden Texten aufgeführten Zahlen und Statistiken
beziehen sich dagegen auf die gesamte Sowjetunion, da Teilstatistiken
selten erhältlich waren und die Gesamtzahlen auch einen besseren
Überblick vermitteln.
Die Arbeiten für dieses Buch dehnten sich über mehrere Jahre aus
und so ist der Autor zum Abschluß der Arbeiten versucht, sein Fazit

zu ziehen: Welches sind die stärksten, welches sind die bleibenden Eindrücke, die uns die Reisen in die Sowjetunion hinterließen? Zweifelsohne war das Erlebnis der vielseitigen, der weiten Landschaften einer der stärksten Eindrücke; doch ebenso stark sind uns die zahlreichen Begegnungen mit Russen in der Erinnerung geblieben, jenen Menschen, die uns durch ihre ungetünchte Natürlichkeit und durch ihre echte Herzlichkeit immer wieder beeindruckten. Diese slawische Menschlichkeit, die wir so oft mit der »russischen Seele« gleichsetzen, hat sich durch Kriege und Terror hindurch behauptet, und sie ist wohl der stärkste und auch der bleibende Eindruck, den man in Rußland gewinnen kann. — Wenn wir weiter nach den Gründen der Faszination suchen, jener Faszination, die auch heute noch eine Rußland-Reise vermittelt, so finden wir eine Erklärung in dem Einblick, den wir in das einfache bäuerliche Leben, in die ländliche Atmosphäre erhalten.
Es ist eine Atmosphäre, welche uns an unsere frühe Kindheit oder unsere Jugend erinnert, an eine Zeit, die ohne Hast und technische Ruhelosigkeit zu sein schien; und so kann eine Rußlandfahrt auch zur Reise in unsere eigene Vergangenheit werden.
Auf der anderen Seite sind neue Städte und neue Industrien entstanden, die durch Größe und Konzeption beeindrucken. Die Aufbauleistung der Sowjetunion nach dem ungeheuren Aderlaß des Zweiten Weltkriegs ist imponierend, ebenso wie die Geduld und Ausdauer der Russen beim Ertragen der Entbehrungen von Kriegs- und Aufbauzeit bewundernswert ist.
Es fällt schwer, ein Bild der Sowjetunion zu zeichnen, das *ganz* sachlich, *ganz* nüchtern — und doch wieder voller Leben ist. Die Fülle der Eindrücke, die Größe des Landes, die Auswahl des Materials verlangten eine subjektive Auswahl, so objektiv man auch vorgehen möchte. Schließlich können wir uns alle nicht vollständig von persönlichen Erlebnissen lösen, die uns typisch scheinen und doch nur eine Kette von Zufällen bedeuten können.
Wir müssen gestehen: bei vielen Begegnungen gelang es uns nicht, vollkommen frei und gelöst zu sein, denn (so sehr wir uns auch bemühten) wir konnten unsere Sorgen, die durch die Unberechenbarkeit der sowjetischen Obrigkeit bedingt sind, nie vollständig abschütteln. Während unserer vier Reisen in die UdSSR ist unsere Furcht vor dem Regime geringer geworden, aber nicht vollständig verschwunden, obwohl wir keine schlechten Erfahrungen machten.
Der russische Mensch ist ohne Zweifel voller Lebensfreude und Optimismus, er ist voller Hoffnungen und er möchte in Frieden leben.
Die sowjetische Politik (und ihre Demonstrationen der Stärke) bleibt uns Fremden in letzter Konsequenz jedoch unergründlich.
Eines ist aber sicher: unsere Zukunft, unser Schicksal wird mit dem unseres großen, östlichen Nachbarlandes verbunden sein. So oder so.

J. Albrecht Cropp

Die Breite Natur

Unter der Aeroflot-Maschine, die von Kopenhagen Kurs auf Leningrad genommen hat, taucht die baltische Küste auf. Es ist Mitte Februar und unter dem Flugzeug wechselt nur das schwarz-weiße Muster der geborstenen, mächtigen Eisplatten, die von dunkel-grauen Wasseradern durchzogen sind. Über die Eisschollen hinweg verlaufen breite, kräftig eingedrückte Spuren — sie sehen wie Schleifspuren aus. Der Himmel ist im Nordosten kaltblau. Im Westen, zwischen zwei Wolkendecken, schimmert ein verhaltenes, kühles Abendrot. Hier in der weiten Eislandschaft, beginnt die Sowjetunion.
Das gewaltige Gebiet der UdSSR ist rund viereinhalbmal größer als das restliche Europa: 22,4 Millionen Quadratkilometer zu 3,4 Millionen. Dagegen ist die Bundesrepublik Deutschland ein kleines Gebiet: das Verhältnis beträgt 1:90. Wir haben uns daran gewöhnt, fälschlicherweise »Mütterchen Rußland« mit der Sowjetunion gleichzusetzen. Obwohl Rußland das slawische Kernland ist, welches in Sprache und Lebenssitten dominiert, haben weite autonome Republiken und Gebiete sich ihre Eigenständigkeit in Kultur, Sprache und Verwaltung bewahrt.
Die weite Landschaft, die »Breite Natur«, wie es im Russischen heißt, ist jedoch eines der verbindenden Elemente in der rusischen Geschichte. Von West nach Ost verlaufen die gemeinsamen Boden- und Vegetationszonen, die typischen Landschafts-Regionen. Im Norden die Tundra, in den mittleren Gebieten die breite Waldzone und südlich anschließend die Steppen, deren Schwarzerde und braune Böden die Voraussetzung für die Kornkammer boten.

1 Don-Landschaft
Hier am Unterlauf des knapp 2000 Kilometer langen Don dehnen sich, soweit das Auge reicht, riesige Getreidefelder. Diese unendlich weit scheinenden Ebenen faszinieren den Fremden in Rußland am stärksten. Die Liebe des Russen zu seinem großen Land, zu seiner »Breiten Natur«, ist wie ein großes seelisches Reservoir, aus dem er auch in den Zeiten größter Not Kraft schöpft.

2 Wasserholerin am Wolchow ▶▶
Im Winter verlieren sich die Konturen des Ufers unter hohem Schnee. Die alte Frau, deren Haus — wie viele andere auf dem Land — keine eigene Wasserversorgung besitzt, schöpft ihr Wasser aus Löchern in der Eisdecke des Flusses.
Der Wolchow fließt vom Ilmensee in den Ladogasee; er ist seit alten Zeiten Teil des Wolga-Ostsee-Schiffahrtssystems.

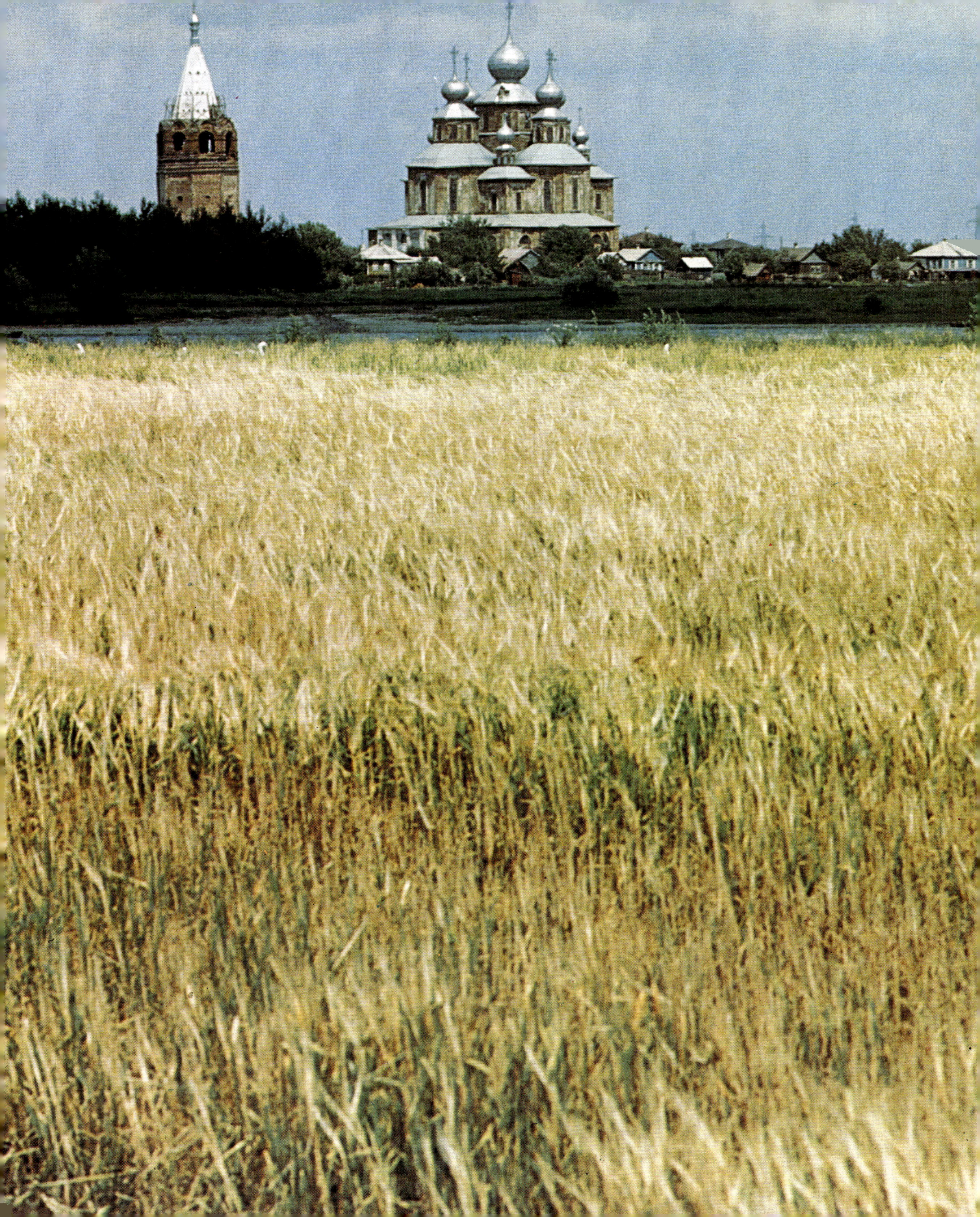

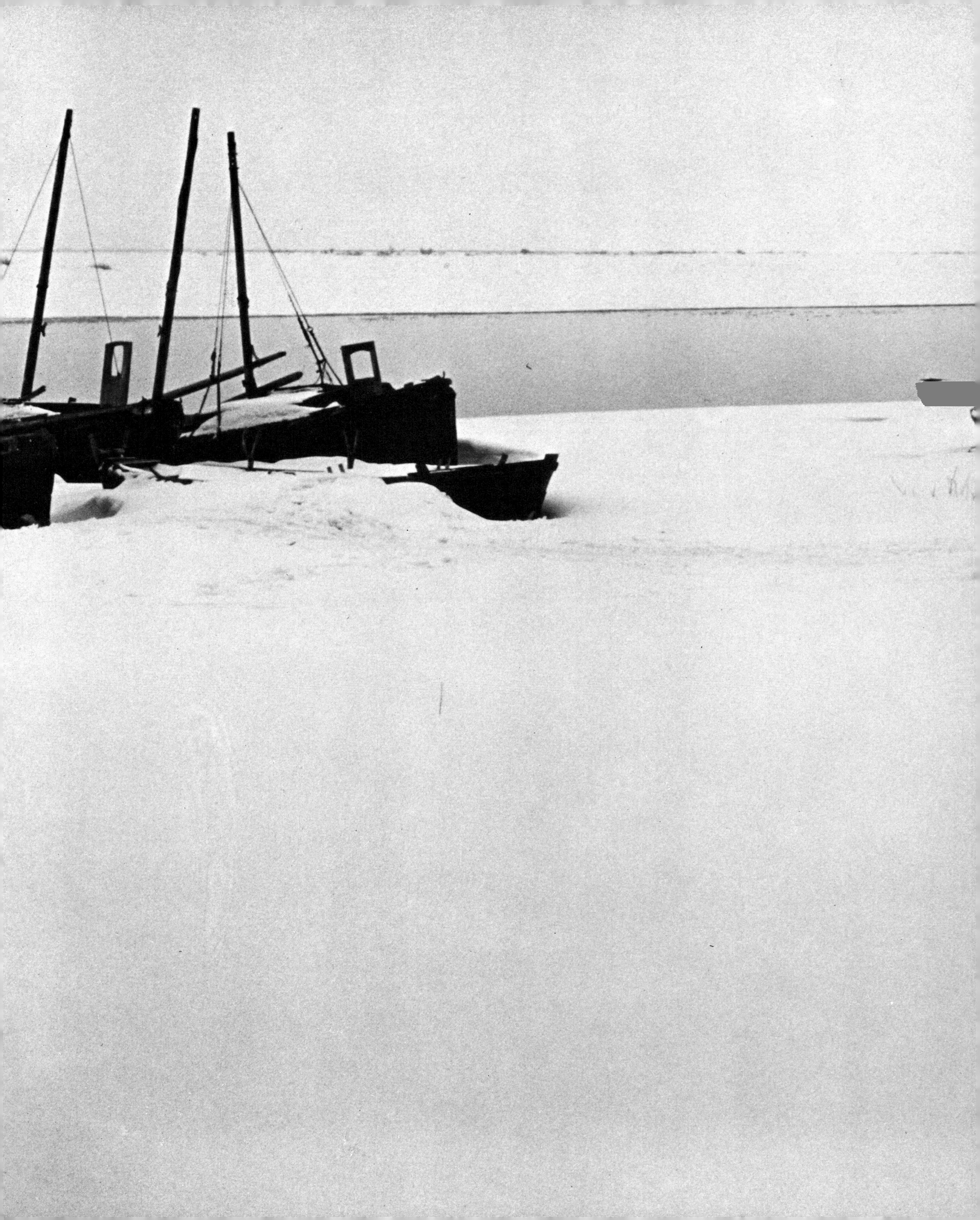

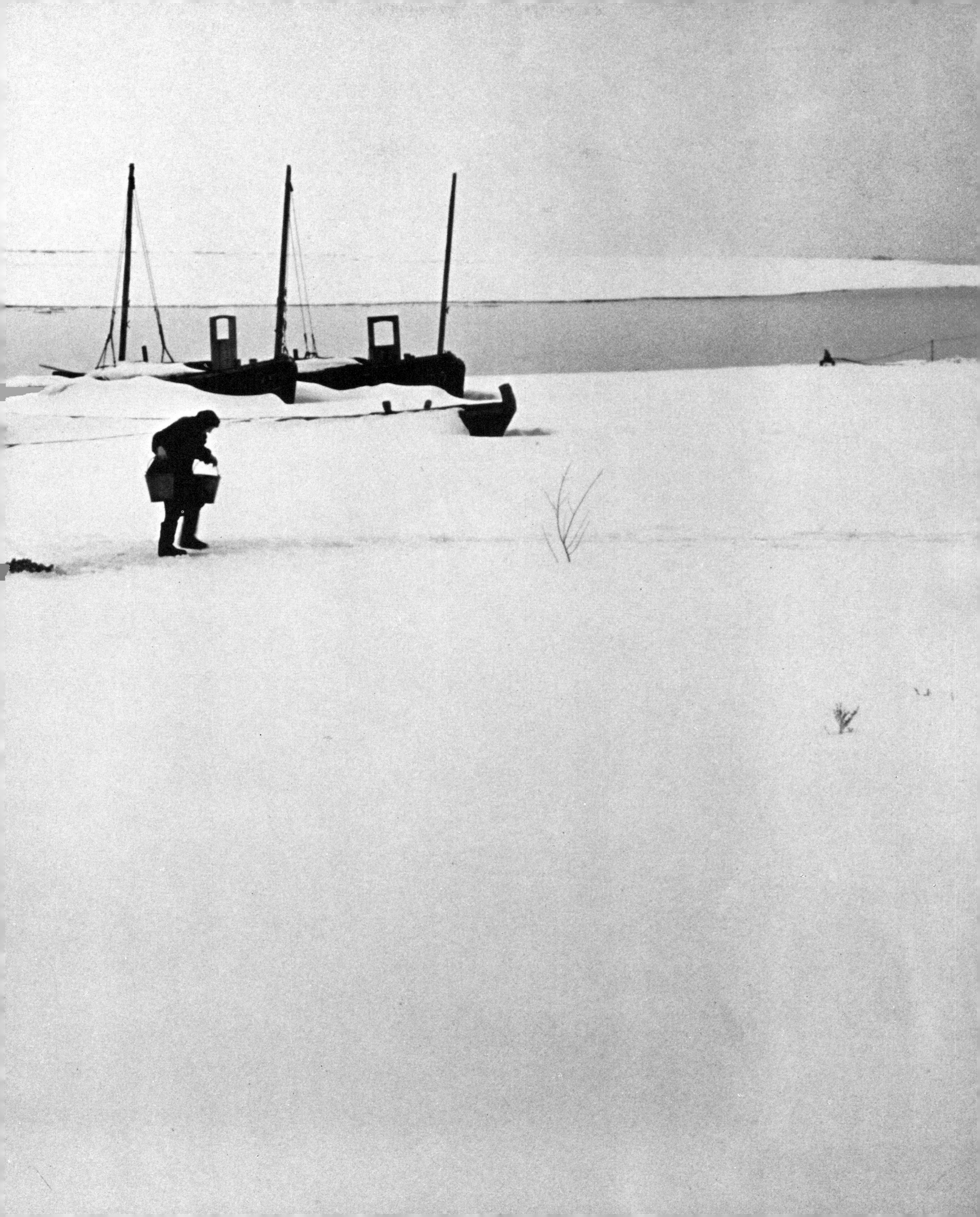

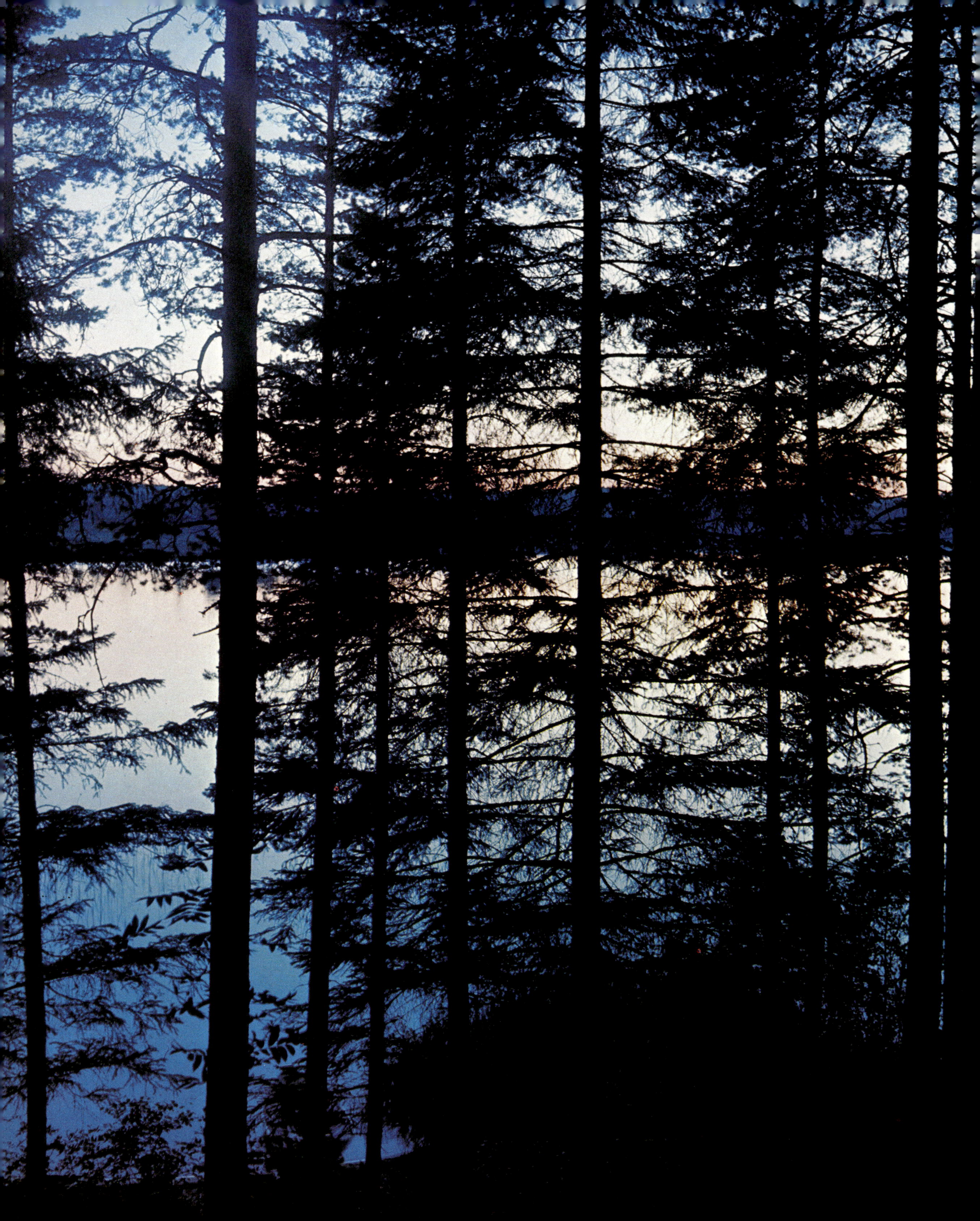

◄ 3   Karelien
Zwischen Ladogasee und Weißem
Meer ähnelt die Landschaft stark
jener des Nachbarlandes Finnland.
60 Prozent Kareliens sind bewaldet,
die einzelnen Seen werden durch
ein verästeltes Flußnetz
miteinander verbunden. Im Sommer
leuchtet im Süden des Landes
der Himmel noch um Mitternacht
zart rosa, während im Norden
am Polarkreis die Sonne nicht
untergeht.

4   Bergkuppe bei Sotschi
Karpaten, Kaukasus und Ural
sind die mächtigsten Gebirgszüge
des europäischen Teils der UdSSR.
Die Karpaten, in der Kreidezeit
und im Alttertiär entstanden,
bilden mit den Waldkarpaten das
Grenzgebirge im äußersten
Süd-Westen. Der Kaukasus,
im Jura entstanden, war bis vor
hundert Jahren das langumkämpfte
Grenzgebiet im Süden.
Der Ural, der aus gefalteten
Schichtgesteinen des Devon,
Karbon und Unterperm besteht,
bildet die geographische Grenze
zwischen Europa und Asien.

5   Sumpfgebiet in Weiß-Rußland
Einige der ausgedehnten Sümpfe
in Mittel-Rußland entstanden durch
Auswirkungen der Eiszeit.
Die meisten jedoch — wie die am
Pripjet — bildeten sich durch
Überschwemmungen, die das Land
versumpften und unzugänglich
machten.

Auch im europäischen Teil der UdSSR überraschen die unterschiedlichen
Landschaftsformen den Fremden, der mit der klischeehaften Vorstellung
einer großen Weite nach Rußland reist. Diese Weiträumigkeit prägt
zwar große Teile der Ukraine und Süd-Rußlands, und auch im Norden
dehnt sich die Tundra unübersehbar — aber der Reisende wird durch
die Vielfalt von Landschaftsformen immer wieder überrascht: sanfte Hügel
wechseln mit idyllischen Tälern, Flußniederungen und Seen bilden
starke Kontraste. Zum lichten russischen Wald mit Birken, Kiefern
und Fichten gesellt sich im Nordwesten — wie in Mitteleuropa —
Mischwald. Eine Besonderheit von einzigartiger Größe ist die Taiga,
die in einem fast tausend Kilometer breiten und beinahe 5000 Kilometer
langen Gürtel den Landschaftscharakter Sibiriens bestimmt. Insgesamt
sind 52 Prozent der gesamten Fläche der UdSSR mit Wäldern, Sümpfen
und Tundren bedeckt. Die Podsol- und Moorböden sind sauer und wenig
fruchtbar — und eine einzige Zahl veranschaulicht die riesigen Ausmaße
des Landes: in der Taiga wächst rund ein Drittel des gesamten
Waldbestandes der Welt.

*6   Kaukasus-Gipfel
Elbrus, Kasbek und die
Schtschara-Kette sind mit über
5000 Metern Höhe die
beherrschenden Gipfel des Großen
Kaukasus. Der 1100 Kilometer
lange Gebirgszug ist an seiner
schmalsten Stelle immer noch
110 Kilometer breit. Er blockiert,
wie ein Riegel zwischen Schwarzem
und Kaspischem Meer, die
Verbindung Rußlands mit den drei
südkaukasischen Republiken.*

7   Reiter im Kaukasus
Nach offiziellen sowjetischen Angaben wurden alle Nomaden der europäischen Gebiete seßhaft gemacht, auch die Reiter im Kaukasus, die Nachkommen jener von den Russen noch vor hundert Jahren gefürchteten Bergstämme, der mohammedanischen Tscherkessen, der Abchasen und Tschetschenen. Tatsächlich aber dürfte es noch zahlreiche Halbnomaden geben.

8 Weiß-Rußland
*Hier lebten die Vorfahren
der Weiß-Russen. Die frühesten
befestigten Ansiedlungen lassen
sich bis auf das erste Jahrtausend
v. Chr. zurückverfolgen. Zu dieser
Zeit war das ganze Land bewaldet.
Auch heute noch bedecken Misch-
wälder ein Drittel Weiß-Rußlands.*

9 Flußniederung in Süd-Rußland ▶
*Rußland wird neben seiner Weite
durch seine großen Flüsse
charakterisiert. Die Wolga ist mit
3690 Kilometern Länge der
mächtigste Strom, gefolgt vom
Dnjepr mit 2283 Kilometern.*

10 Birkenwald bei Moskau
*Die lockeren Birkenwälder sind
ein Symbol Rußlands.
Der Smolensk-Moskauer
Höhenzug, der hier aus einer
Endmoräne der Dnjepr-Eiszeit
entstand, unterbricht die
Landschaft und gestaltet sie
abwechslungsreich.*

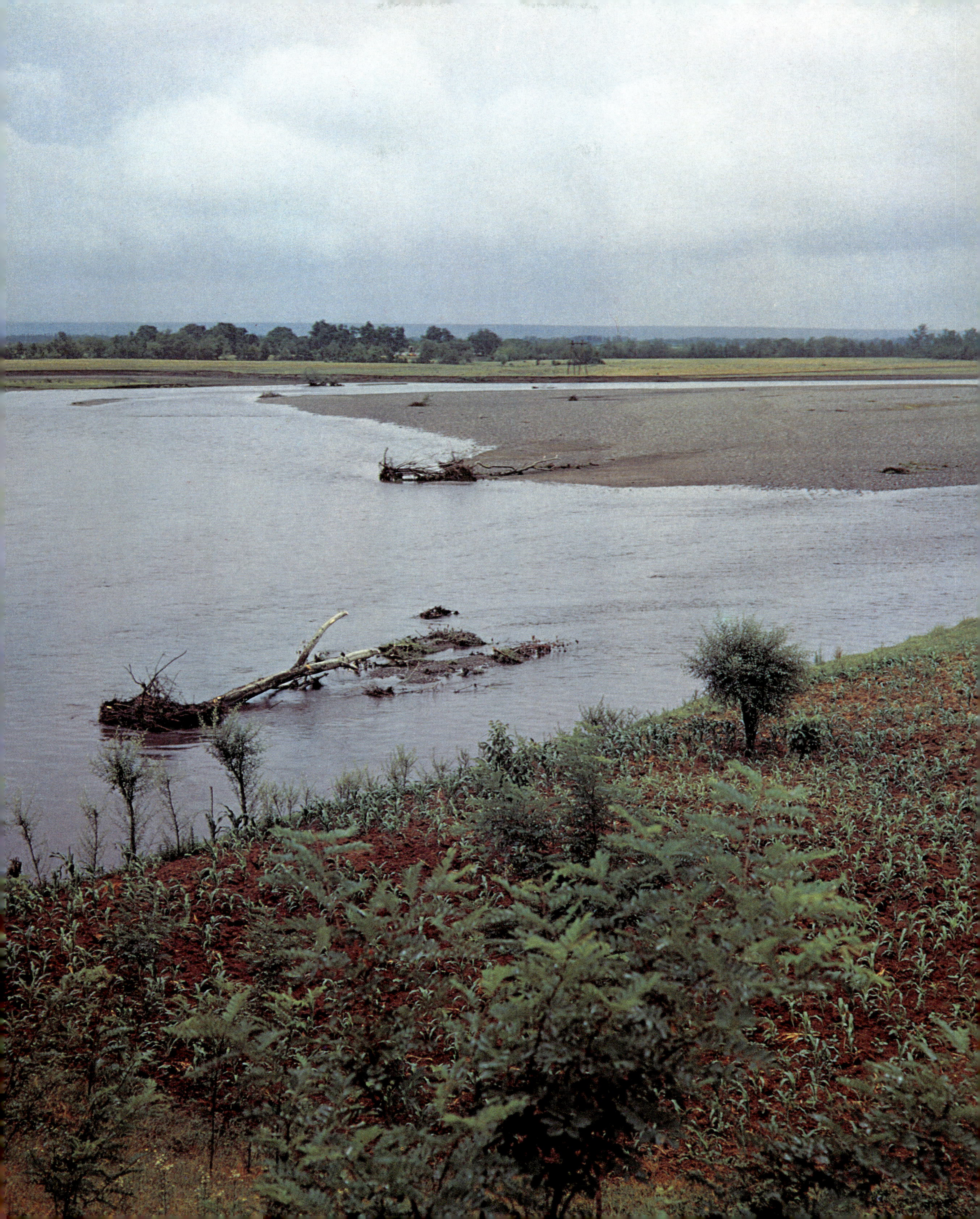

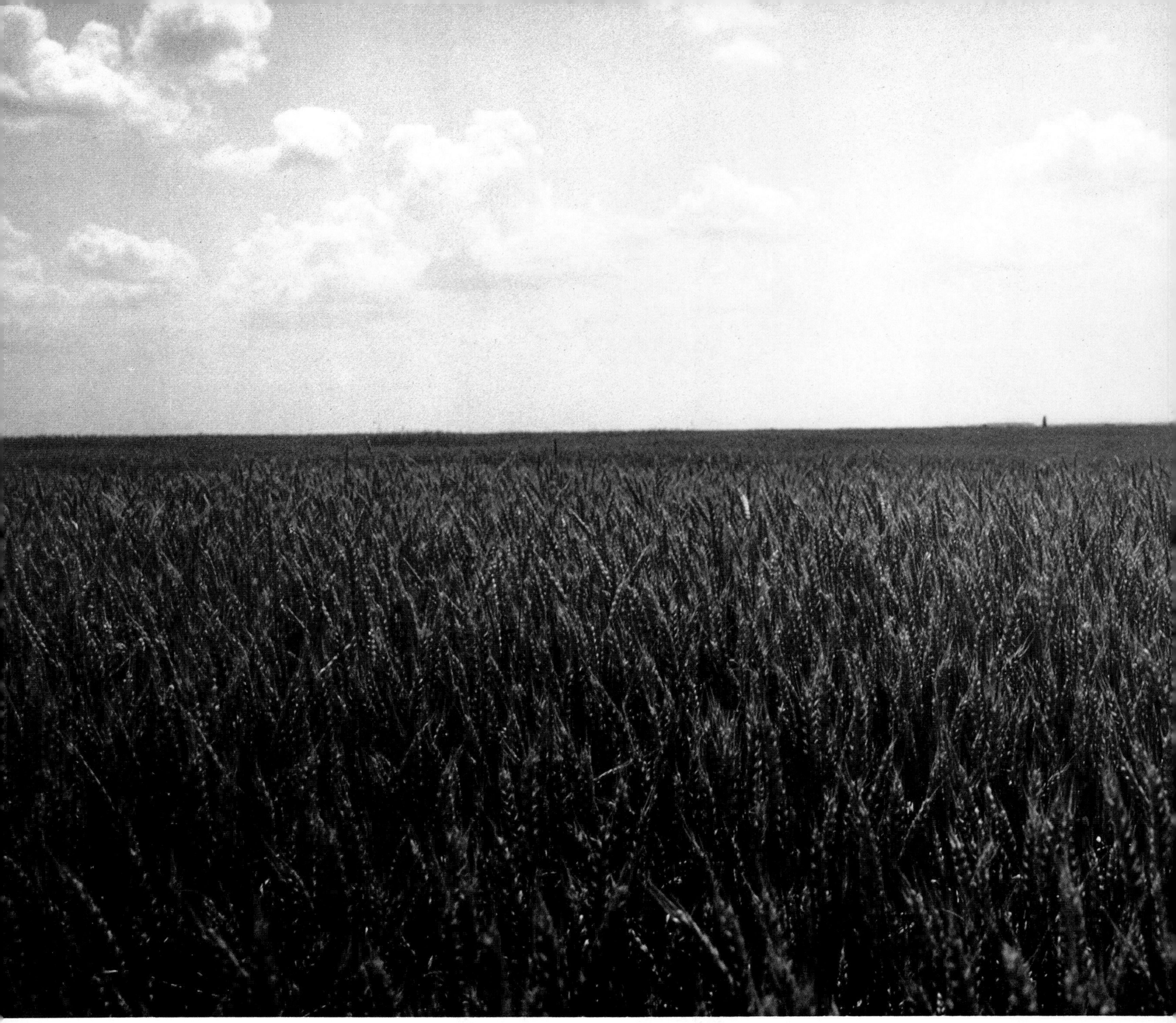

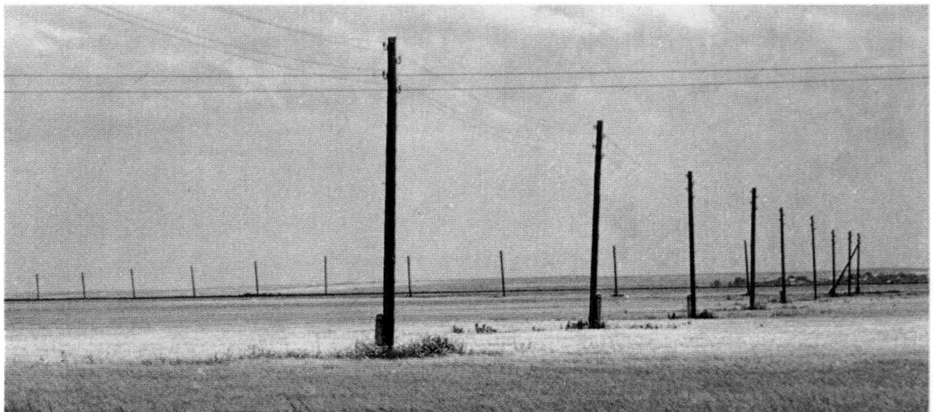

11 Getreidefeld bei Poltawa
Die großen ukrainischen Felder liegen im Sommer schon am frühen Morgen unter der stechenden Sonne. Die Luft flimmert über den Halmen. Einzige Abgrenzung der Weite sind die Baumalleen, die die Straße säumen.

12 Getreidefeld am unteren Don Früher war hier die große Steppe, die Weiden der Donkosaken, die sich weit nach Osten ausdehnten.

Die Ukraine galt bereits vor 1914 als Kornkammer Rußlands. Ihre besonders fruchtbaren Schwarzerde-Böden, ein günstiges Klima und relativ günstige soziale Bedingungen hatten die Voraussetzungen dafür geschaffen. Heute nehmen Kasachstan und Westsibirien mit intensiver Neuland-Gewinnung die führende Rolle als Getreideproduzenten ein. Die Hektarerträge der Ukraine sind jedoch weiterhin fast doppelt so hoch wie der Landesdurchschnitt. Den Löwenanteil an der gesamten landwirtschaftlichen Fläche von 216 Millionen Hektar hatte 1962 der Getreideanbau auf 135 Millionen Hektar. Generell ist die landwirtschaftliche Nutzung in den europäischen Teilen intensiver, während sich in Sibirien der Ackerbau nur entlang der Transsibirischen Eisenbahn entwickelte, wobei gen Osten das Band der Anbaufläche immer schmaler wird. Riesige Gebiete könnten hier noch genutzt werden.

Worin besteht das persönliche Erlebnis, worin die herbe Faszination der russischen »Breiten Natur«? Vom Flugzeug aus lassen sich die großen Getreidefelder und die Wälder mit denen Kanadas vergleichen; die südlichen Kaukasusgebiete mit kargen Bergen und fruchtbaren Tälern erinnern an manche andere Gebirgsregion; und im Norden, zwischen Ilmensee und Karelien, gibt es zahlreiche Gegenden, die an Skandinavien denken lassen. In unserer so raschen Zeit, in der uns Flugzeuge über die Kontinente tragen, in der uns Maschinen durch das Land fahren, sind wir nur allzu leicht von der Umwelt isoliert und suchen nur die Bestätigung unserer vorgefaßten Meinung. Erst wenn wir im grundlosen Schlamm oder im Schneesturm steckenbleiben, spüren wir beim mühevollen Marsch die Weite des Landes — und Gogols Bericht vom Zug in die Verbannung ist gegenwärtig.

◄ 13 Terektal im Kaukasus
Durch den Kaukasus, durch die enge Darjal-Schlucht und das Terektal, windet sich die Grusinische Heerstraße.
Die grau-grün schraffierten Buckelberge am Rande der Paß-Straße geben nur selten den Blick auf den schneebedeckten Kasbek frei. In 2384 Meter Höhe ist der Kreuzpaß, die Scheide zwischen Nord und Süd, das Tor nach Grusinien.

14 Krasnaja Polana-Tal bei Sotschi
Vom Schwarzen Meer her ziehen sich bewaldete, romantische Täler in den Kaukasus hinauf.
Klima und Vegetation sind hier subtropisch.
Das Krasnaja Polana-Tal wirkt einsam und herb; im Gegensatz dazu steht das benachbarte Tal, das sich mit dem Rizasee zu einem vielbesuchten Fremdenverkehrszentrum entwickelte.

15   Mittagsrast in Mcheta
Auf umgestürzten Grabsteinen sitzen drei Grusinier und halten ihr Mittagsmahl. Der Friedhof, nur durch eine Mauer von der noch »arbeitenden« orthodoxen Kirche getrennt, wird seit längerer Zeit nicht mehr benutzt. Eine Grabplatte dient als Tisch, auf ihr stehen drei Flaschen georgischer Wein, daneben Ziegenkäse, Fladenbrot und Gurken.

16 Teeplantage bei Dagomis
In den Bergen, nicht weit vom Schwarzen Meer, surren Berieselungsfontänen. Die Landschaft ist parkartig, und wie in einem Park sind die hüfthohen Teestauden sorgfältig gepflegt. Der Wasserrotor wandert automatisch die Reihen entlang. Vor der Ernte arbeiten nur wenige in dieser Plantage, die zu einer Sowchose des Bezirks Krasnodar gehört.

Für den Fremden ist der Teeanbau in den südlichen Sowjetrepubliken eine Überraschung: die größten Teeplantagen befinden sich in Grusinien und in der Region Krasnodar entlang der Schwarzmeer-Küste. Während in Lenkoran am Kaspischen Meer ähnliche klimatische Bedingungen herrschen wie in Nord-Persien, mußten die Agronomen von Krasnodar zahlreiche Pflanzversuche machen, ehe sie in den dreißiger Jahren Teestauden setzen konnten, die auch Kälteeinbrüche gut überstehen. Der russische Teeanbau wurde stark gefördert, so daß die Sowjets schon 1965 das klassische Teeanbau-Land Ceylon, das jährlich 220 000 Tonnen Tee produziert, fast einholen konnten. Der Tee aus der UdSSR hat ein gutes Aroma; er wird in den nahegelegenen Teefabriken fast ausschließlich für den Eigenbedarf der Sowjetunion verarbeitet.

17 Krimküste bei Jalta ▲
Am Fuße des Jailagebirges
erinnern Ginster, Weinreben und
weitausladende Kiefern an eine
Mittelmeer-Küste. Die Krim hat hier
den landschaftlichen Charme des
Südens. Schon zu Anfang des
19. Jahrhunderts baute
Zar Alexander I. an der Südküste
seine Sommerresidenz,
und bald folgten zahlreiche
wohlhabende Familien seinem
Beispiel.

18 Schwarzmeerküste bei Sotschi
Diese subtropische Küste mit den
Ferienorten Tuapse, Sotschi
und Suchumi nennen die Russen
»kaukasische Riviera«.
Die Vegetation ist überreich; durch
die Ausläufer des Kaukasus vor
kalten Nordwinden geschützt,
gedeihen hier Palmen,
Bananenbäume und Südfrüchte.

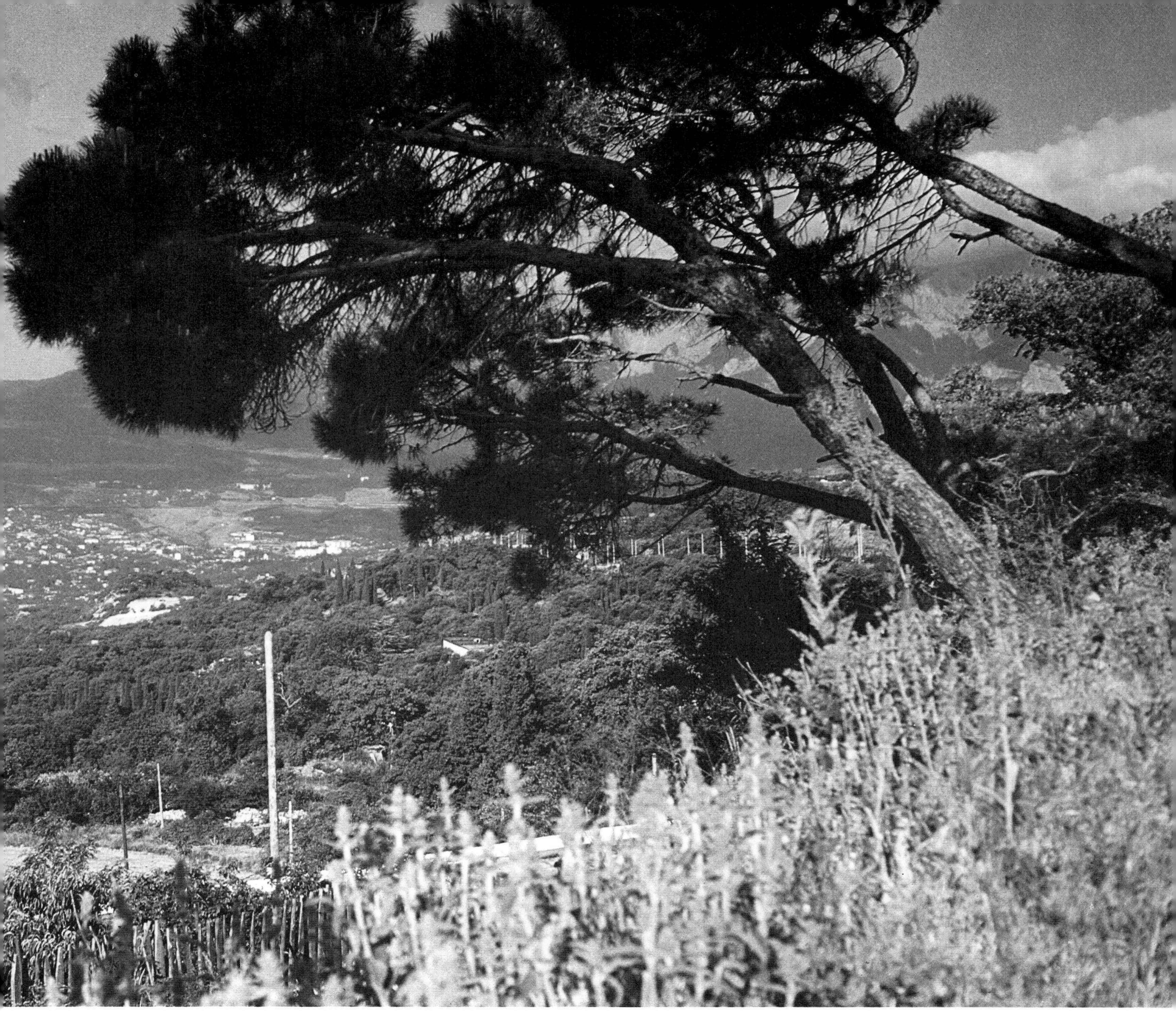

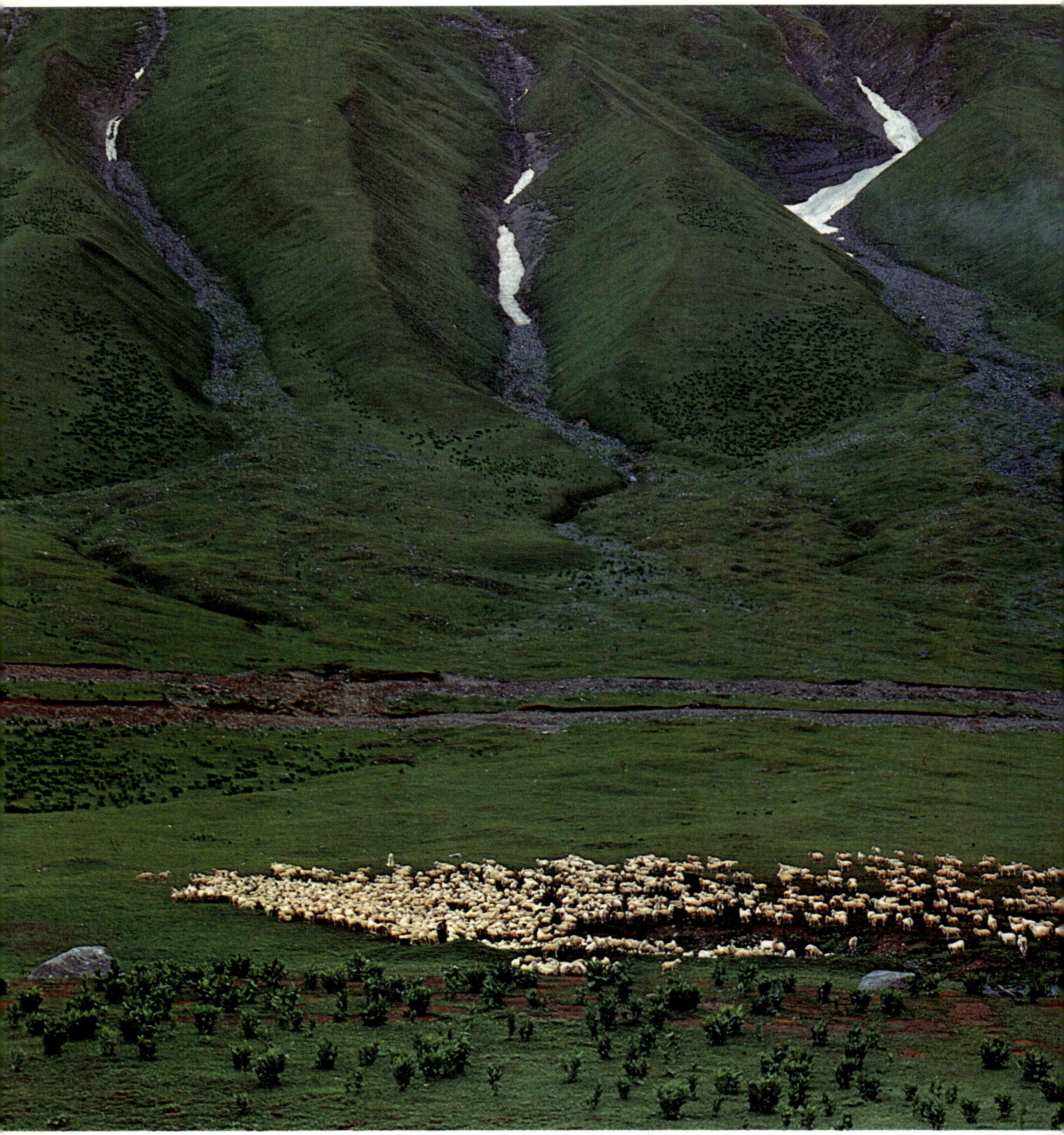

19 + 20   Schafherde und Hirte
In zweitausend Meter Höhe weiden im Kaukasus die Schafe dichtgedrängt. Die Vegetation ist karg: Berggräser, Moose und hartblättrige, kleine Stauden. Die meisten Schafherden werden in den südlichen und den asiatischen Gebieten gehalten. In den letzten Jahren waren es rund 125 Millionen Tiere, fast soviel wie in Australien.

Zu den schönsten Reiseschilderungen gehört Alexander Puschkins Erzählung über seine Kaukasus-Reise. Hier einige Auszüge aus seinem Bericht:
Der Übergang von Europa nach Asien wird stündlich spürbarer: die Wälder verschwinden, die Hügel werden flacher, das Gras wird dichter und weist eine größere Wachskraft auf; es zeigen sich Vögel, die in unseren Wäldern fremd sind; auf den Erdhügeln, welche den Gang der Hauptstraße markieren, hocken Adler, als bildeten sie eine Wache, und schauen stolz zu den Reisenden hinüber; auf den saftigen Weiden wandern stolz die großen Rudel unzähmbarer Stuten hin. Unweit des Stationshäuschens sieht man stets Kalmückenlager. Um ihre Zelte weiden die abscheulichen zottigen Pferde, die Sie durch die schönen Zeichnungen Orlowskijs kennengelernt haben ...
In Jekaterinograd beginnt die georgische Heerstraße; hier ist das Ende der Chaussee. Man mietet Pferde bis Wladikawkas. Dazu wird eine Kosakeneskorte nebst Infanterie und einer Kanone gestellt. Zweimal in der Woche wird die Post befördert und die Reisenden pflegen sich der anzuschließen: dies wird eine OCCASION genannt. Wir hatten nicht lange zu warten. Die Post traf am nächsten Tage ein, und um neun Uhr früh am dritten Tage waren wir schon bereit, uns auf den Weg zu machen. Auf dem Sammelplatz wurde eine ganze Karawane zusammengestellt, die aus rund fünfhundert Menschen, mehr oder weniger, bestand. Dann wurde getrommelt. Wir setzten uns in Bewegung. An der Spitze fuhr die Kanone, die von Infanteristen umgeben war. Hinter dieser folgten Kaleschen, Kutschen, die Reisewagen der Soldatenfrauen, die aus einer Festung in die andere ziehen; und schließlich knarrte ein Train von zweirädrigen Arbas. Zu beiden Seiten trabten Pferderudel

und marschierten Ochsenherden. Um diese herum sprengten nogaische Führer in runden kurzen Filzmänteln mit Wurfschlingen ...
Unser Weg wurde malerisch. Über uns ragten die Berge. Kaum zu gewahren, krochen auf deren Gipfeln Herden hin, die wie Insekten aussahen. Wir konnten auch den Hirten ausmachen, der vielleicht ein Russe gewesen sein mag, einstmals in Gefangenschaft geraten und in der Sklaverei alt geworden. Immer wieder begegneten wir Grabhügeln, immerzu Ruinen. Zwei oder drei Grabmäler standen am Rand der Straße. Nach den Gebräuchen der Tscherkessen waren in ihnen deren Berittene beigesetzt. Den raubgierigen Enkeln zur Erinnerung an ihren raubgierigen Vorfahr befand sich auf ihnen eine tatarische Inschrift nebst der Abbildung eines Säbels und eines Tangs in Stein gehauen ...
... Wir erreichten Wladikawkas, das frühere Kaptai, die Vorhalle der Berge. Es ist von ossetischen Aúlen rings umgeben. Die Osseten sind der ärmste Stamm unter den Völkern, die den Kaukasus bewohnen; ihre Weiber sind wunderschön und, wie es heißt, den Reisenden ungemein wohlgesinnt ...
Der Kaukasus nahm uns in sein Allerheiligstes auf. Wir vernahmen dumpfes Lärmen und erblickten den Terek, der häufig seinen Lauf ändert. Wir reisten längs seinem linken Ufer. Seine tosenden Wellen setzten die Räder niedriger ossetischer Mühlen in Bewegung, die Hundehütten ähnlich sehen. Je weiter wir uns in die Berge vertieften, um so enger wurde die Schlucht. Der eingeengte Terek jagt seine trüben Wellen über die Klippen, die ihm den Weg versperren wollen.
Die steinernen Sohlen der Berge sind von seinen Wellen wie poliert. Ich schritt zu Fuß und blieb jeden Augenblick stehen, überwältigt von dem düsteren Zauber der Natur. Das Wetter war trübe; schwer zogen die Volken längst der schwarzen Gipfel ...
Sieben Werst von Lars entfernt befindet sich der Posten von Darjal. Auch die Schlucht trägt den gleichen Namen. Von beiden Seiten steigen die Felsen wie parallel laufende Mauern auf. »So eng ist es hier, so eng«, schreibt ein Reisender, »daß man die Dunkelheit nicht nur sieht, nein, man scheint sie auch zu spüren. Gleich einem Bande hängt ein Fetzen Himmel blau über Ihrem Kopf.« Die Sturzbäche, die in seichten und gischtspritzenden Wasserstrahlen von der Bergeshöhe herabrinnen, gemahnten mich an den Raub des Ganymed, dieses eigenartige Bild Rembrandts. Zudem kommt, daß auch die Beleuchtung der Schlucht sich in seinem Geschmack hält. An einigen Stellen unterwäscht der Terek die Sohle des Felsens, und längs des Weges sind in der Art eines Wehrs Steine aufgetürmt. Unweit vom Posten ist ein Brücklein verwegen über den Fluß geschlagen. Man steht darauf wie auf einer Mühle.
Das Brücklein ist ein Zittern, der Terek aber lärmt gleich den Mühlrädern, die den Mühlstein bewegen. Gegenüber vom Darjal sieht man auf steilem Felsen die Ruinen einer Festung ...

21 Kuban-Steppe
Zwischen Kaukasus und Don, östlich des Kuban, war früher die große Steppe, die Heimat von Kalmüken, Kosaken und Tataren. Während die Kosaken als Soldatenbauern die Grenzgebiete besonders am Don besiedelten, zogen die viehzüchtenden Nomaden über diese weite Ebene.
Allerdings wurde in den letzten Jahrzehnten die Steppe durch intensive Bewässerung und durch den Getreideanbau vom Kuban nach Osten zurückgedrängt.

Im anderen Europa

Wer vom Westen her in den europäischen Teil der Sowjetunion kommt, fühlt sich zunächst in einer anderen Welt. Die Lebensformen, zumal die Konsumgewohnheiten sind einfacher. Der Straßenverkehr in den großen Städten ist weniger überlastet, weniger gehetzt. Das beruht zum Teil darauf, daß Untergrundbahnen, die es schon in einem halben Dutzend sowjetischer Großstädte gibt, die anderen Verkehrsmittel entlasten, daß in Moskau auch zahlreiche Unterführungen für Fußgänger jeder Verkehrsstockung vorbeugen. Es beruht aber auch auf dem geringeren Grad der Motorisierung im Verhältnis zur Einwohnerzahl. Der Fußgänger aus Westeuropa oder aus Amerika hat es dadurch selbst in den Millionen-Städten relativ bequem.
Man fühlt sich nicht nur äußerlich in einer anderen Welt. Hier gelten auch andere Wertmaßstäbe. Das Leben der Gemeinschaft hat in ganz anderem Umfang als bei uns Vorrang vor den Ansprüchen der Einzelpersonen. Man lebt hier, wie man bald merkt, unter Menschen mit einem anderen Geschichtsbild. Vieles, was bei uns wichtig genommen wird, rückt hier an den Rand des Geschehens, anderes, was bei uns weniger gilt, steht im Mittelpunkt. Produktionsziffern, Leistungsergebnisse, Produktivitätssteigerungen finden sich nicht nur auf der ersten Seite der Zeitungen; sie werden auch in den Privatgesprächen der Einheimischen erwähnt, sie erwecken Hoffnungen oder dämpfen Erwartungen.
Und doch entdeckt man früher oder später, daß man immer noch in Europa ist, nur daß die westliche Vorstellung von europäischer Zivilisation, Kultur und Geschichte hier fülliger wird, gewissermaßen vollständiger. Diese Entdeckung kann schon während der Anreise beginnen. Kiew, die »Mutter der russischen Städte«, ist nur eine runde Flugstunde von Wien entfernt, Moskau nicht viel mehr als zwei Stunden. Die byzantinisch beeinflußten Mosaiken und Fresken der Kiewer Sophien-Kathedrale wirken gewiß etwas starr orientalisch, aber nicht mehr als die von ähnlichen Vorbildern angeregten Mosaiken des Markus-Domes in Venedig. Die italienischen Baumeister des Moskauer Kremls haben einst, zu Beginn der Neuzeit, einen dekorativen Fremdkörper in die Hauptstadt der Großfürsten und Zaren hineingepflanzt. Aber für die weiträumigen Straßen und Plätze von Leningrad ist die nach westlichen Vorbildern rational konstruierte Architektur des späten Rokoko und des monumentalen Klassizismus die beherrschende, die stilbildende Kraft geworden und geblieben, einheitlicher, großzügiger und eindrucksvoller als in irgendeiner westlichen Hauptstadt. In den riesigen Sälen des Leningrader Eremitage-Museums entdeckt man dann, daß man auch die westeuropäische Kunst einiger ihrer Hauptepochen noch nicht gekannt hat, ehe man die Rembrandts dieser Sammlung sehen konnte und die

Skulpturen und Gemälde des französischen 18. Jahrhunderts, die hier die große Katharina zusammentragen ließ.
Das ist Europa, ein unentbehrlicher Teil von Europa, ein Stück seiner Vergangenheit und ein Stück seiner Gegenwart — trotz allen Unterschieden von Gesellschaftsordnung und herrschender Ideologie. Ist man hier nicht im Grunde denselben Idolen der Rationalisierung und Technisierung des menschlichen Lebens verfallen wie in unserer westlichen Welt? Wer das erste Staunen über die strengere Ordnung des öffentlichen Lebens überwunden hat, der kann die Unterschiede zwischen westlicher und östlicher Industriegesellschaft bald kaum mehr wahrnehmen. Ich habe einst ungläubig gelächelt, als mir ein kluger Inder darlegte, die Gegensätze zwischen amerikanischen und russischen Lebensformen, die er beide aus eigener Anschauung kannte, kämen ihm ganz unbedeutend vor, wenn er sie mit der Kluft zwischen dem Leben der großen Industrievölker einschließlich von Amerikanern und Russen einerseits, dem Dasein der unterentwickelten Massen Asiens und Afrikas andererseits vergleiche. Heute gebe ich ihm recht. Damit soll nicht gesagt sein, daß die Erwartung der sogenannten Konvergenztheorie begründet sei, die eine allmähliche Annäherung der Sozialverfassungen der kommunistischen und der liberal-demokratischen Welt voraussagt. Die eine dieser Welten würde danach immer mehr Elemente von Planwirtschaft und öffentlicher Sozialordnung aufnehmen, die andere, östliche, sich mit der Zeit mehr und mehr liberalisieren. Dagegen wehrt sich jeder gelernte Kommunist, der dem westlichen Zuhörer klarzumachen weiß, daß aufgelockerte Betriebsverfassung und Anreiz zur Mehrleistung für die Werktätigen in der sozialistischen Gesellschaft nichts mit Rückkehr zu privatwirtschaftlicher Besitzordnung zu tun haben müsse. Aber das Leben in einem Betrieb der chemischen Großindustrie oder in einem Stahlwerk sieht hüben und drüben doch beinahe gleichartig aus und ganz anders als der Bau eines großen Industriewerkes irgendwo in Südasien, wo die Erdbewegungen noch von barfüßigen Frauen durchgeführt werden, die ein wenig Sand von einem Platz zum anderen in Körben auf ihrem Kopf tragen. Rasche Akkumulation immer gewaltigerer Betriebsmittel wird im Westen von der kapitalistischen Konkurrenz erzwungen; im Osten entspringt sie dem Willen, dieser Konkurrenz der Kapitalisten ebenbürtig oder gar überlegen zu werden.
Rußland käme ihm also gar nicht so östlich vor, wie er erwartet hätte, meinte ein einheimischer Gesprächspartner ironisch. Auch sich selbst kämen die Russen der Gegenwart eher wie »Westler« vor.
Die romantischen Vorstellungen des Slawophilen des vorigen Jahrhunderts, die die Welt durch die Entwicklung altrussischer Genossenschaftsformen zu einer höheren Gesellschaftsform bringen wollten, seien ja schon von den ersten Marxisten lange vor Lenin als unrealistische Träume widerlegt worden. Und dieser gebildete Russe zog aus seiner Bibliothek ein altes Buch über die Erschließung Sibiriens hervor, das die russische Leistung für die Verwestlichung Asiens ins Licht rückte. Die Grundstimmung, die daraus spricht, weht den Leser auch immer noch aus den klassischen Erzählungen Puschkins, Lermontows und Leo Tolstois an, die in der Zeit der Kolonialisierung des Kaukasus und Mittelasiens durch russische Pioniere spielen.
Die Methoden, mit denen diese Eroberungen einst durchgeführt worden sind, werden in ihren negativen Erscheinungsformen heute den Interessen des Handelskapitals vergangener Jahrhunderte oder der zaristischen Politik zur Last gelegt. Ihr Ergebnis aber wird festgehalten, legitimiert durch das von Lenin verkündete

Selbstbestimmungsrecht der nichtrussischen Völker, das ihre
Unterordnung unter die Führung Moskaus formell als freiwillig erscheinen
läßt, legitimiert auch durch die Leistungen, die die sowjetische
Entwicklungspolitik in den Gebieten dieser Völker nachgeholt hat.
Es gab eine Zeit — aber sie liegt nun bald ein halbes Jahrhundert
zurück —, da die revolutionären Begründer des neuen Sowjetstaates
von diesem Zusammenhang ihres Regimes mit der russischen
Vergangenheit noch nicht viel wissen wollten. Sie schrieben damals
ihre Geschichtsbücher um — wie einst die Träger der großen
Französischen Revolution, die das Jahr 1789 für das Jahr Null der
Weltgeschichte erklärten. Aber wie spätere französische Historiker
aufdeckten, daß sich die Revolution des Bürgertums schon in der
Entwicklung des alten Regimes vorbereitete, so hat sich auch das
revolutionäre Rußland mit seiner Vorgeschichte ausgesöhnt. Die
Standbilder der großen Zaren, nicht nur Peters und Katharinas II.,
sondern auch des reaktionären Nikolaus' I., sind auf ihren Plätzen
geblieben. Zur Zeit Stalins wurde sogar ein Herrscher wie Iwan IV. wieder
als Zwingherr zur Größe gefeiert. Natürlich lehnt es die kommunistische
Geschichtsschreibung ab, die Politik der Sowjetregierung als bloße
Fortsetzung und Variation russischer Überlieferungen zu deuten.
Es ist Ehrensache für sie, die Rechtfertigungsgründe dieser Politik in der
kommunistischen Doktrin zu finden. Aber wehe dem Ausländer, der etwa
die ersten Staatsgründungen von Kiew und Nowgorod auf Fremde, auf
nordische Seefahrer und Handelsherren, zurückführen wollte! Tatsächlich
haben diese Wikinger um die erste Jahrtausendwende schon eine
slawische Stammesgemeinschaft vorgefunden, und was sie darüber
hinaus bewirkten, waren auch noch keine eigentlichen Staatsgründungen,
die erst folgten, als die fremden Elemente sich russifiziert und sich auch
kulturell durch den Einfluß von Byzanz gründlich verwandelt hatten.
Die russische Geschichte der folgenden 800 Jahre wird der heutigen
Jugend des Landes zwar mit der Methode der marxistischen Analyse von
Produktionsverhältnissen und Klassenkämpfen durchleuchtet, aber
zugleich als die Vergangenheit ihres eigenen Volkes patriotisch
nahegebracht. Auf gefühlsmäßige Distanz geht der junge Russe jetzt
eigentlich erst bei der Konfrontierung mit der Entwicklung des
Zarenreiches seit dem 19. Jahrhundert. Drei Kräfte sollten das damalige
Rußland zusammenhalten: die Autokratie des Selbstherrschers, die
Rechtgläubigkeit des Volkes und das Bekenntnis zum nationalen
Russentum. Alle drei Faktoren hatten sich zersetzt, ehe das alte Regime
zusammenbrach. Zur Kraft und Weisheit des Zaren bestand kein
Vertrauen mehr, nachdem die Krone es nicht fertiggebracht hatte, die
notwendigsten Anpassungen des Staates an die neue Zeit im rechten
Augenblick ins Werk zu setzen und das Land vor immer neuen
Niederlagen durch die Westmächte (im Krim-Krieg), durch die Japaner
(in den ostasiatischen Schlachten von 1904—1905) und die Deutschen
(im Ersten Weltkrieg) zu bewahren. Die orthodoxe Kirche hatte sich so
sehr mit dem monarchischen Regime solidarisiert — genauer gesagt:
sich ihm in den religiösen wie den politischen Krisen so völlig
untergeordnet —, daß sich die Volksfrömmigkeit immer wieder in
sektiererische Gemeinschaften zurückzog. Die Durchsetzung
russisch-nationaler Gesinnung stieß schon bei den ersten nennenswerten
Fortschritten der Kunde von Lesen und Schreiben mit dem wachsenden
Selbstbewußtsein der nichtrussischen Nationalitäten zusammen.
Die Polen und Finnen, damals noch Untertanen des Zaren, waren niemals
bereit, sich russifizieren zu lassen. Ukrainer und Weißrussen gewannen

erst im 19. Jahrhundert ein klares Bewußtsein ihrer nationalen Eigenständigkeit. Das gleiche galt von den kleineren baltischen Völkern, den Kaukasiern und den der Zarenherrschaft noch nicht lange unterworfenen Turkvölkern Mittelasiens. Es galt schließlich auch für die Juden, deren Wille zur Assimilation an das Russentum zurückgestoßen wurde, teils weil sie nicht für die christliche Orthodoxie zu gewinnen waren, teils weil man die politische Unzufriedenheit der ärmeren städtischen Schichten durch eine von oben her geschürte antisemitische Agitation abzulenken suchte, die auch in den Gettos schließlich nationales Eigenbewußtsein weckte.

Die kommunistische Revolution vom Spätherbst 1917 wurde zwar von einer kleinen Gruppe marxistischer Ideologen geführt. Sie wäre aber nie zum Siege gelangt, wenn sie nicht den Wind nationaler Enttäuschung über die Mißerfolge der alten Staatsführung im Krieg in ihre Segel bekommen hätte, wenn nicht die Not der städtischen Massen und der Friedenswille der überwiegend aus den Bauerndörfern stammenden Soldaten ihr den Boden bereitet haben würden. Dazu kam in diesem kritischen Augenblick der Freiheitsdrang der nichtrussischen Nationalitäten, von denen einige wie die Polen, die Ukrainer und die Kaukasier auch von der anderen Seite der Kriegsfront her umworben wurden. Die kommunistische Revolution versprach den Soldaten Frieden, den Bauern Land, den Intellektuellen geistige Freiheit.

Sie eröffnete aber auch den Patrioten die Aussicht, daß unter der neuen roten Fahne Rußland wieder eine führende Macht im Weltmaßstab werden könnte. Daß Lenins Prophezeiung von der unmittelbar bevorstehenden Weltrevolution, die auch im Westen bereits begonnen hätte, sich zunächst nicht erfüllte, trat an Bedeutung hinter diesen näherliegenden Zukunftshoffnungen zurück. Diese Enttäuschung lieferte sogar die Begründung für die Errichtung einer neuen straffen Führung, mit der sich das »sozialistische Vaterland« gegen eine Umwelt von Feinden behaupten müsse, bis die vertagte Weltrevolution dann doch durch den angeblich unausbleiblichen Zusammenstoß der kapitalistischen Interessen untereinander folgen werde.

Es hat dann auch an anderen Begründungen für die Notwendigkeit einer straffen Diktatur der neuen Führung nicht gefehlt. Nach dem Siege der »proletarischen Revolution« fand die Fortsetzung der Alleinherrschaft der kommunistischen Parteiführung ihre Rechtfertigung teils in den Überbleibseln eines »falschen« Klassenbewußtseins trotz der materiellen Überwindung der Klassenunterschiede, teils in der Notwendigkeit der Verteidigung gegen die auswärtigen Klassenfeinde. Man konnte ja nicht einfach die Theorie der aufgeklärten Kaiserin Katharina erneuern, die von einem französischen Staatstheoretiker Montesquieu gelernt hatte, große Reiche brauchten schon wegen ihrer geographischen Ausdehnung eine strenge Leitung. Moderne Wirtschaftstheoretiker des Westens haben diesen Gedanken abgewandelt und die Rechtfertigung einer diktatorischen Führung der Sowjetunion auch noch in der Gegenwart darin gefunden, daß dieses riesige Land in weiten Teilen ein Entwicklungsgebiet sei, welches man nicht nach dem Grundsatz der gleichmäßigen Verteilung des politischen Einflusses unter alle seine Bürger regieren könne; die ökonomisch fortgeschrittenen Bezirke würden sonst nicht freiwillig die Opfer für die beschleunigte Förderung der standortmäßig vorläufig benachteiligten Provinzen aufbringen.

Wie immer die Begründung der Führung des großen Staates durch seine Arbeiterklasse, dieser Arbeiterklasse durch die Kommunistische Partei und der Partei durch ihr in indirekten Wahlen vielfacher Abstufung zustande kommendes Politbüro sein mag — den Ausländer aus

demokratischen Staaten beschäftigt natürlich die Frage, ob die
Bevölkerung der Sowjetunion diesem System im Prinzip zustimmt.
Freie Diskussionen darüber kann es in einem solchen Lande naturgemäß
nicht geben, aber einen Anhaltspunkt zur Beantwortung der Frage liefert
jener Teil der russischen Literatur, der von den offiziellen Stellen als
oppositionell beurteilt wird und daher im Lande selbst nicht gedruckt
werden kann. Prüft man die repräsentativsten dieser Bücher, etwa
die letzten Romane des bedeutenden Erzählers Alexander Solschenizyn,
auf ihre politische Tendenz nach, so kann man nicht zu dem Ergebnis
kommen, daß er das kommunistische Regierungssystem im Prinzip
kritisiert oder gar angreift. Er verlangt nur die Zulassung freier
Selbstkritik in den eigenen Reihen der Kommunisten, größere
Rechtssicherheit für den einzelnen Staatsbürger, Abbau der Privilegien
der oberen Funktionäre und der Gängelung des geistigen Schaffens.
In westliche Begriffe übersetzt geht es also diesem beredtesten Sprecher
der kritischen Intelligenzschicht noch gar nicht um Demokratisierung,
sondern erst um Liberalisierung des Regimes. Auch dagegen wehrt sich
die Führung mit immer neuen Hinweisen auf die außenpolitische
Gefährdung des Staates und auf den Zwang zu hart konzentriertem
Wettbewerb mit den auswärtigen Gegenspielern der Sowjetunion.
An die Stelle der Autokratie, der kirchlichen Orthodoxie und der
russischen Nationalgesinnung der Zarenzeit ist also ein gutes halbes
Jahrhundert nach der Revolution eine neue, nicht mehr durch Tradition,
sondern durch ihre soziale Mission gerechtfertigte straffe Führung
getreten und die Verpflichtung des gesamten öffentlichen Lebens von
der Schule bis zur Literatur und Wissenschaftspflege auf eine neue,
jetzt kommunistische Rechtgläubigkeit. Die dogmatische Strenge dieser
Systematisierung des gesamten Kulturlebens ist indes seit dem Tode
Stalins in langsamem Abklingen, wenn die Hüter der reinen Lehre auch
immer wieder eine Beschleunigung dieses Prozesses der
Entdogmatisierung aufzuhalten suchen. Selbst die letzten persönlichen
Versuche Stalins, eine Abhandlung über Sprachwissenschaft, die
nicht alle Entwicklungen des »kulturellen Überbaus« aus ökonomischen
Gründen erklären konnte, und eine etwas unbeholfene Studie über die
Wirtschaftsentwicklung in der sozialistischen Ordnung, die einigen immer
geltenden Zusammenhängen nicht zu entrinnen vermöge, waren
bezeichnenderweise Schritte auf dem Wege zur Entdogmatisierung
der vulgärmarxistischen primitiven Lehrauffassung. Anders als zu den
Zeiten Lenins, der zugleich theoretischer und politischer Führer von
Partei und Staat sein wollte, und von Stalin, der ihm darin mit geringeren
geistigen Kräften nachzufolgen suchte, hat sich in der Gegenwart eine gewisse Arbeitsteilung zwischen den leitenden politischen Funktionären und
jenen anderen Mitgliedern des Politbüros entwickelt, die die theoretischen
Rechtfertigungen der praktischen Politik nur noch nachliefern.
Daraus ergibt sich auf manchen Gebieten der Wissenschaft, wie
ausländische Fachleute vorsichtig feststellen, eine etwas erweiterte
Bewegungsfreiheit geistiger Arbeit. Sie hat noch nicht die freie Behandlung
und jedenfalls nicht die Publikationsfreiheit für zentrale soziologische,
politologische und ökonomische Fragen erreicht. Auch die Diskussion
der Zeitgeschichte wird immer noch so streng überwacht wie etwa von der
katholischen Kirche vergangener Jahrhunderte, die ja auch im Besitz der
alleinrichtigen Philosophie zu sein glaubte. Aber eine qualifizierte arbeitsteilige Wissenschaft, die im Wettbewerb mit der Produktion in Ländern
freien geistigen Lebens steht, muß ihrem Wesen nach immer wieder an
diesen Begrenzungen rütteln. Sie kann sich auch nicht mit der Freigabe

von Forschungsgebieten mit unmittelbar praktischen Aufgaben begnügen. An die Stelle der Pflege russisch-nationalen Volksbewußtseins in der Zarenzeit trat nach der Revolution von 1917 das Nationalitätenprogramm Lenins, das allen nichtrussischen Völkerschaften der Sowjetunion die Pflege ihrer Sondersprachen, ihrer eigenen Literaturen und Volkskulturen freigab. Damit wurden starke national-kulturelle Kräfte in den Dienst der Sowjetunion genommen. Die zweitgrößte Nation des Staates, die Ukrainer, konnten darüber hinaus die Erfüllung ihrer alten Hoffnungen erleben, daß alle Teile ihres Volksbodens nach dem Zweiten Weltkrieg in einer Sowjetrepublik vereinigt wurden. Vorher gehörte nur das Hauptgebiet zur Sowjetukraine, ein anderer Teil blieb unter polnischer, ein dritter unter tschechoslowakischer und ein vierter unter rumänischer Herrschaft. Eine ähnliche Komplettierung ihres nationalpolitischen Zusammenhalts erlebten die Weißrussen, die bis 1939 teils unter sowjetischer, teils unter polnischer Herrschaft gelebt hatten, und die Litauer, die nun Wilna und Kowno in einem litauisch sprechenden Sowjetstaat vereinigt erhielten. Die führende Stellung des Russentums in der Sowjetunion wurde dadurch aber nicht bedroht, nicht einmal zu jener Zeit, als die amtliche Volkszählung ergab, daß die Staatsbürger russischer Muttersprache in der Sowjetunion nur eine Minderheit bildete. Dieser Zustand war nämlich nur vorübergehend. Als zentrale Verwaltungssprache, als Kommandosprache der Armee, als Verständigungsmittel zwischen jenen Sowjetbürgern, die in nichtrussischen Teilgebieten lebten, aber die dortige Landessprache nicht beherrschten, mußte das Russische bald wieder an Bedeutung und Ausbreitung gewinnen. Schon jetzt gibt die Mehrheit aller Sowjetbürger von neuem Russisch als ihre Muttersprache an, und der Anteil der russisch sprechenden Bevölkerung wird von Zählung zu Zählung weiter wachsen. Hinzu kommt eine Entwicklung, welche das Ukrainische und das Weißrussische nach Aussprache und Wortschatz, vielleicht auch in einigen grammatischen Formen dem Russischen langsam annähert. Wenn der Dichter Scholochow in einem seiner Romane aus der Revolutionszeit noch schildert, wie russische und ukrainische Bauern in Streit geraten, weil sie einander sprachlich nicht verstehen, so kann man heute in den Großstädten der Ukraine, vor allem in der Landeshauptstadt Kiew, feststellen, daß Angehörige der beiden Sprachgruppen mit verminderter Schwierigkeit zur Verständigung untereinander gelangen. Auch im ukrainischen Landesparlament spricht man beide Sprachen nebeneinander, ohne daß eine Übersetzung notwendig wäre. Diese Entwicklung braucht keine starke amtliche Nachhilfe, obwohl es nicht ganz daran fehlt. Sie ist die Folge der Mischsiedlung der verschiedenen Nationalitäten in größeren Gebieten des weiten Reiches. Wenn wir eingangs sagten, daß in der sowjetischen Öffentlichkeit die Produktionsentwicklung und andere wirtschaftliche Meßziffern im Mittelpunkt der allgemeinen Aufmerksamkeit und nicht nur der offiziösen Publizistik stehen, so können doch die kurzen Hinweise auf die anderen Themen der literarischen Publizistik und der kulturellen Entwicklung eine Andeutung davon geben, daß sich in der ökonomischen Betätigung weder das Interesse der Staatsbürger noch die objektive Entwicklung des sowjetischen Kulturlebens erschöpft. Der größte Staat Europas und seine Bevölkerung stecken voll von Problemen, aber auch von geistigen Kräften, die weit über die Bereiche der Machtpolitik und der Volkswirtschaft hinausgehen. Was an technischen Spitzenleistungen und an großen künstlerischen Werken gelegentlich davon ins Ausland kommt, hängt mit diesem kulturpolitischen Leben zusammen, das anders, aber nicht minder intensiv abläuft als bei uns.

Landleben im Sommer

Rußland war bis ins 20. Jahrhundert hinein Agrarland, die Russen waren vorwiegend Bauern. Noch 1913 notierte die letzte zaristische Volkszählung nur 17,65 Prozent Stadtbevölkerung, fast vier Fünftel der Menschen lebten auf dem Land. Die jüngsten Zahlen dagegen berichten, daß 55 bis 65 Prozent der rund 250 Millionen Sowjetbürger in Städten und industriellen Ballungsgebieten leben. Zwischen diesen beiden Zahlen liegen nur 50 Jahre, in denen die wohl größte Völkerwanderung der Geschichte durchgeführt wurde: Fast jeder zweite Russe wurde freiwillig oder zwangsweise umgesiedelt. Im Wettbewerb mit der Weltwirtschaft einerseits und im Verlauf der Ereignisse im Zweiten Weltkrieg andererseits entstanden, vor allem im Osten, neue Industriegebiete, die immer mehr Menschen benötigten. Während der letzten 20 Jahre verstärkte sich zudem die Landflucht, da bessere Arbeits- und Lebensbedingungen viele junge Menschen in die Städte lockten.
Trotz dieser noch nicht beendeten Entwicklung sind die Russen ein bäuerliches Volk geblieben. Die russische Gastfreundschaft, die ländliche Großzügigkeit, aber auch das Mißtrauen dem unbekannten Fremden gegenüber — all dies sind typisch bäuerliche Eigenschaften. Hinzu kommen Freude an derben Späßen, eine meist unkomplizierte Einstellung zur Liebe und die barocke Lust am Essen und Trinken. Auch wenn eine Familie seit einer Generation in einer großstädtischen Fertigbetonwohnung lebt, behält sie die innere Verbundenheit und die Liebe zum Land — und dieses »weite Land« ist eine Quelle für die russische Seele geblieben.

22 Kleines Haus am Don ▶
Holz ist auf dem Land noch immer ein wichtiges Baumaterial. Viele Russen ziehen wegen der großen Temperaturschwankungen Holzhäuser den Steinbauten vor. In den waldreichen Gebieten war Holz überall reichlich vorhanden und galt als gesünder. Übrigens sollen sich am Unterlauf des Don die ersten slavischen Siedler im 13. Jahrhundert niedergelassen haben.

23 Alt-Tscherkassk am Don ▶▶
Bald nach der Gründung wurde 1386 Tscherkassk Ataman-Hauptstadt der Donkosaken. Die Kosaken waren meist aus sozialen und politischen Gründen aus ihrer russischen Heimat in den Südosten gezogen.
Als freie Soldatenbauern erhielten sie das Recht zur Selbstverwaltung. Dafür mußten sie den Grenzschutz gegen Tataren und Türken übernehmen.

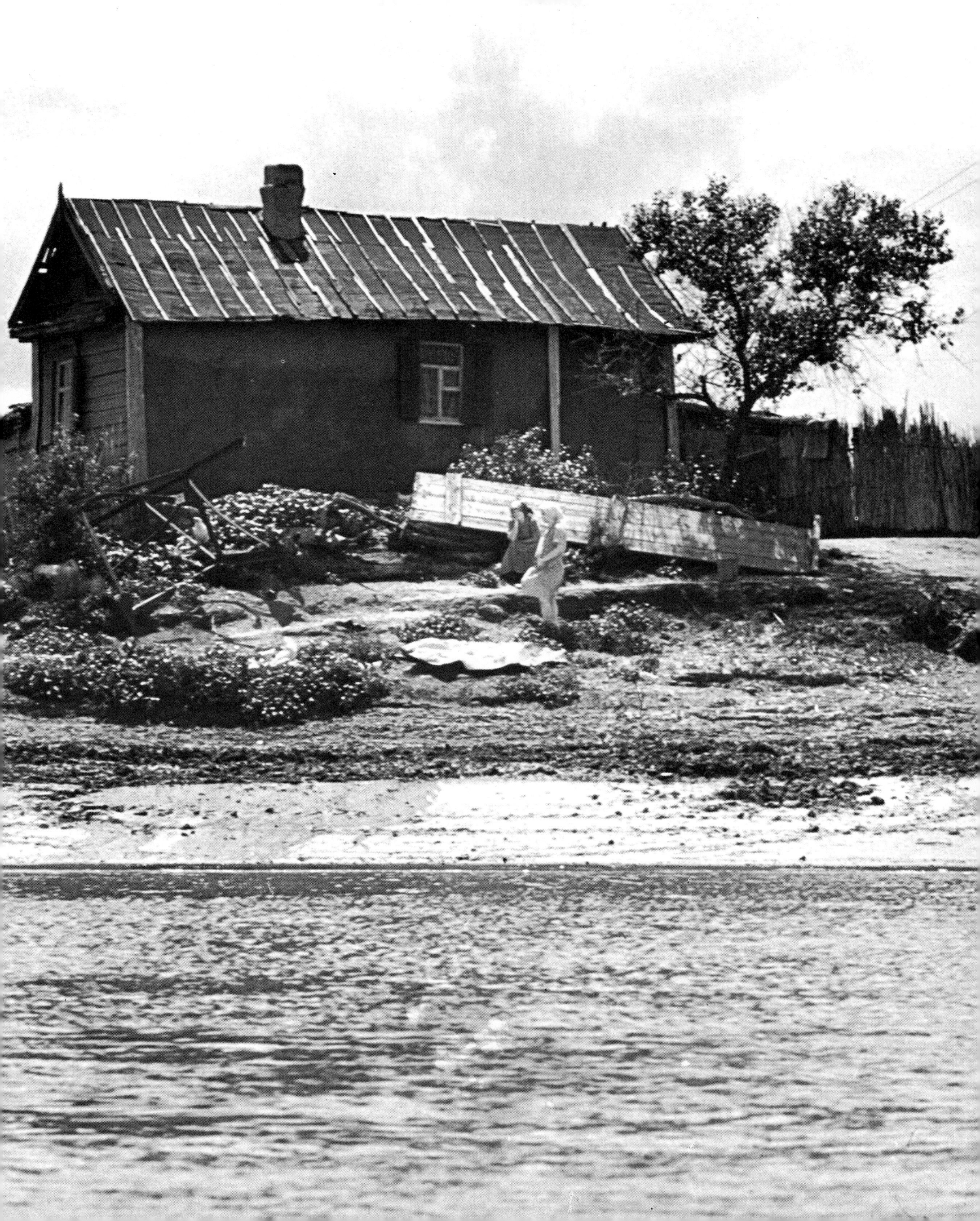

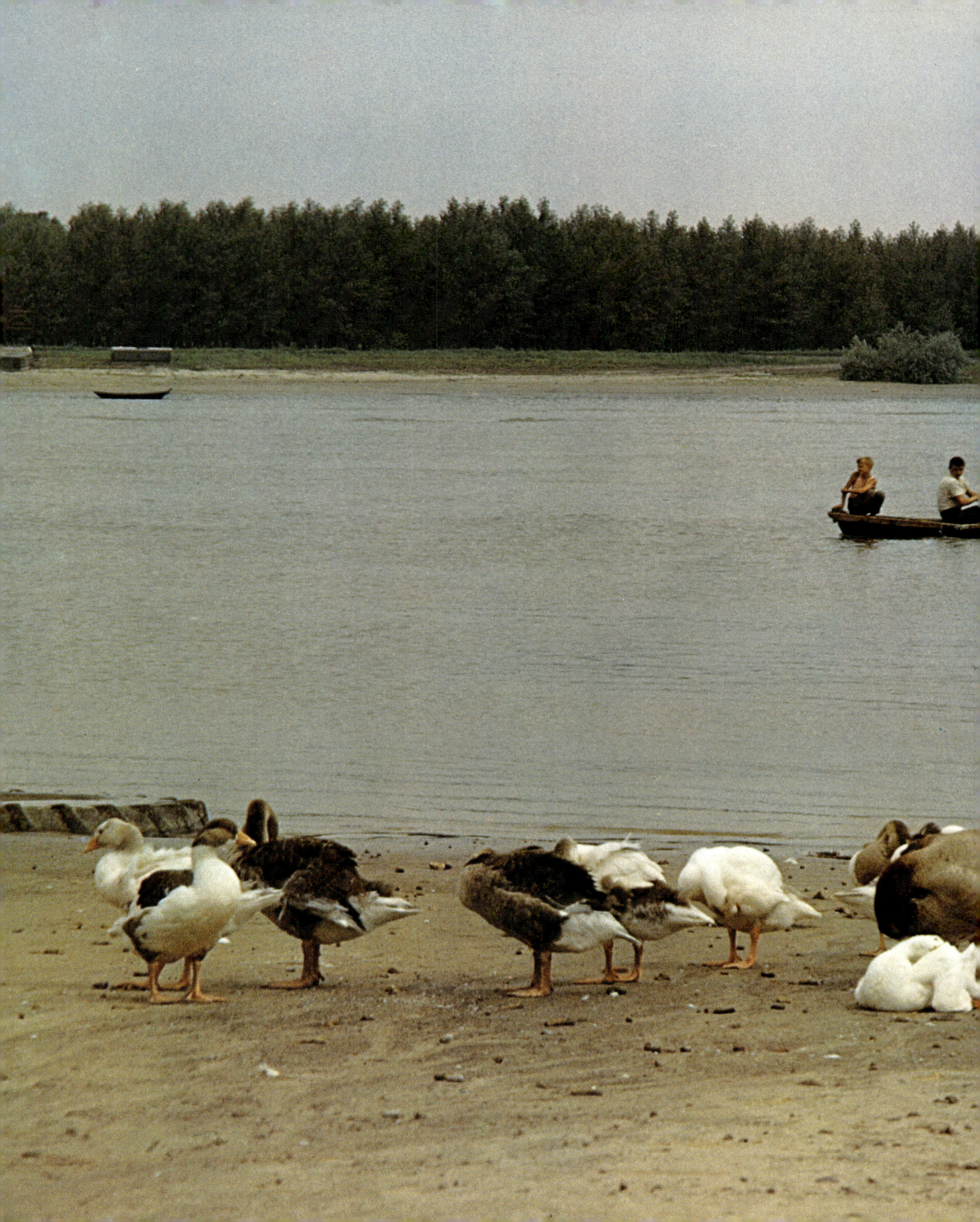

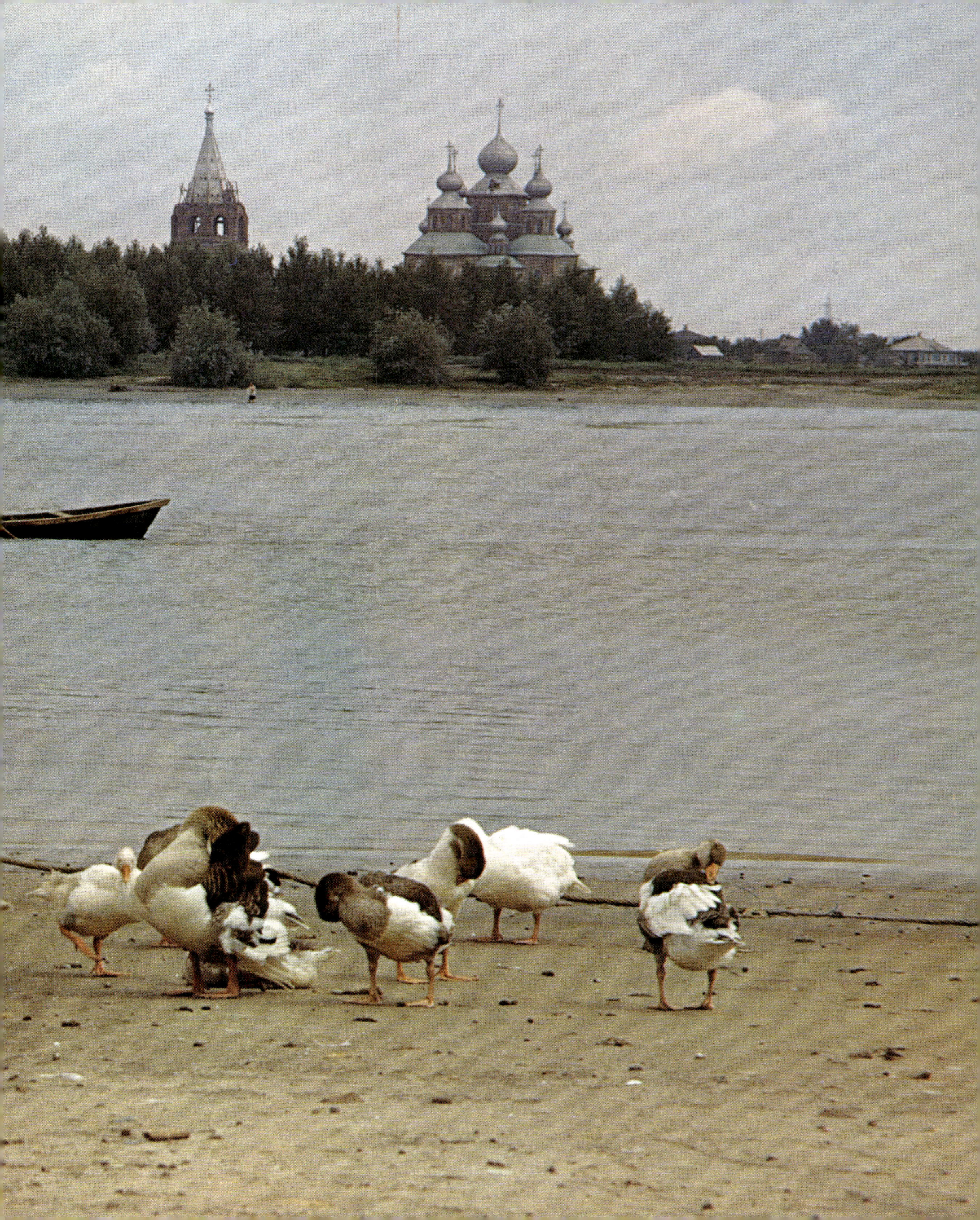

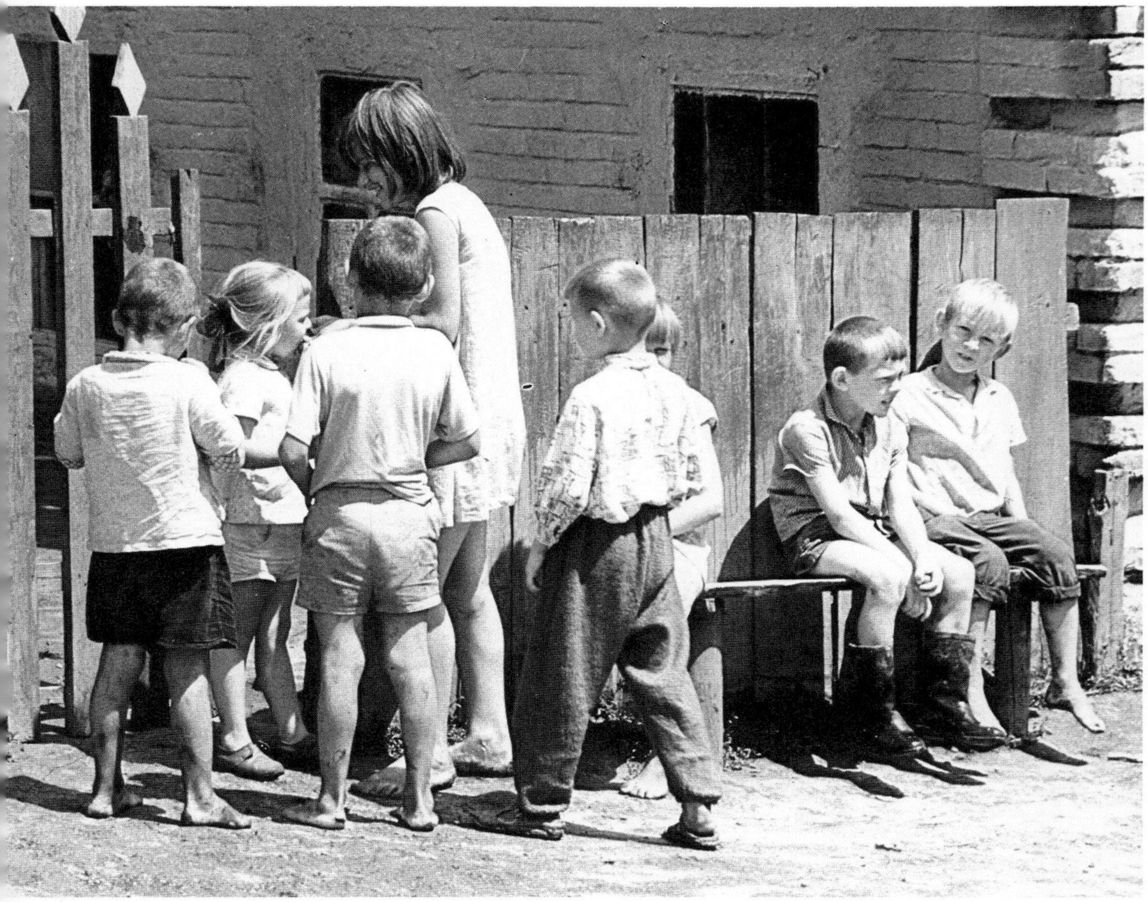
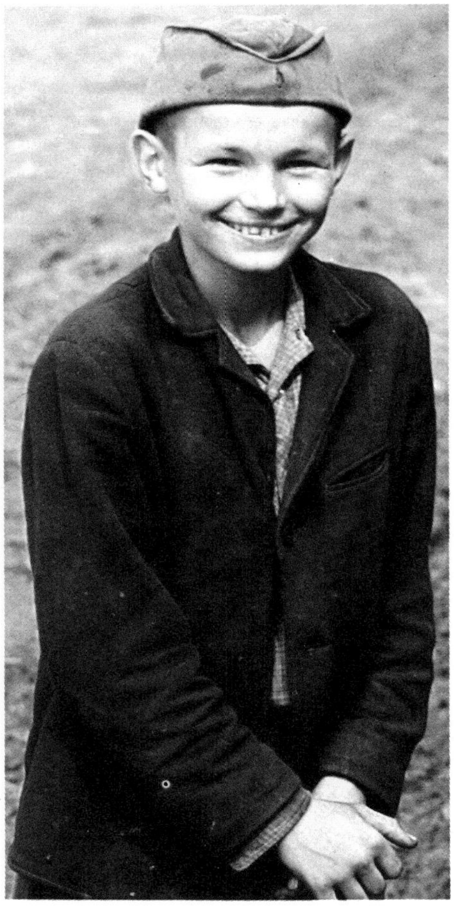
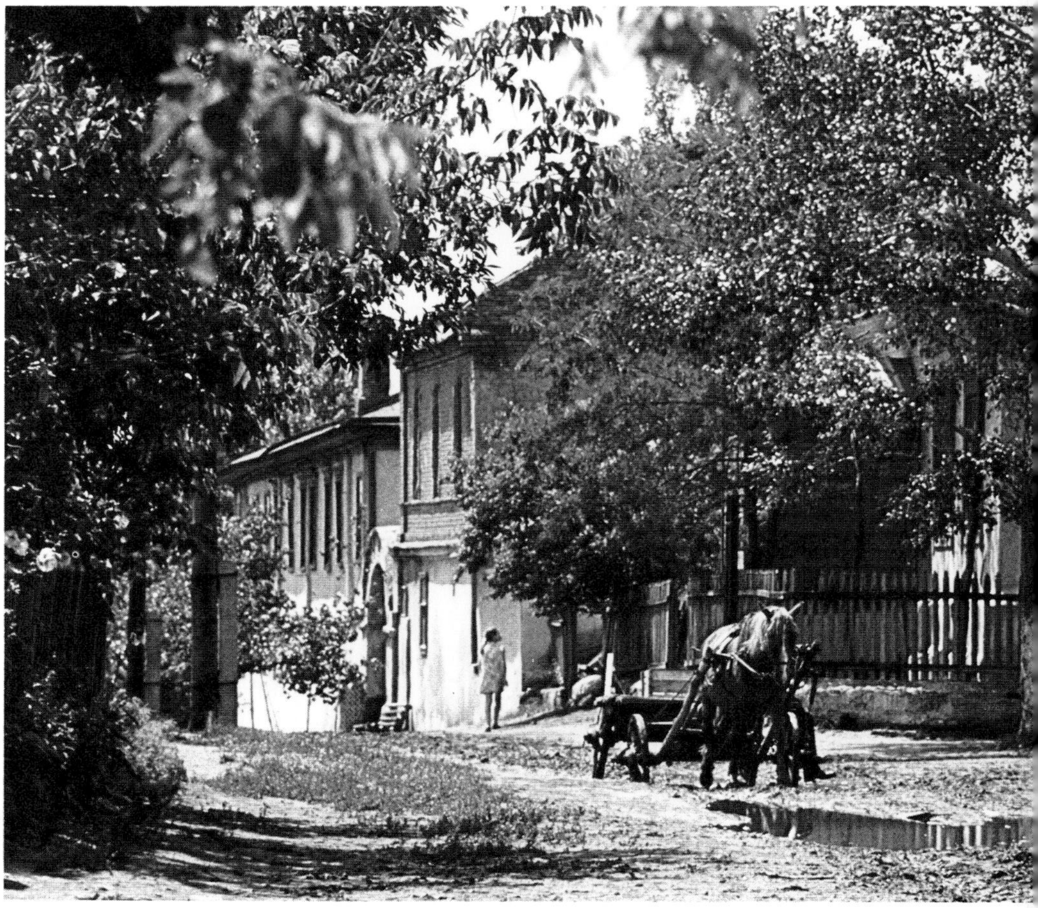

24—27 Dorfleben im Süden
Nach Feierabend spielt sich das
Leben in den südrussischen
Dörfern vielfach auf der Straße ab.
Vor den Häusern stehen
Bretter-Bänke, auf denen sich
Kinder tummeln oder Alte ein
Schwätzchen halten. Mädchen
gehen mit Eimern zum
Ziehbrunnen, ein paar Frauen
hacken und gießen die
Gemüsebeete der privaten Gärten.
Ein Pferdefuhrwerk mit
Grünfutter rollt durch die
aufgeweichte, schlammige
Dorfstraße. Der Dorflautsprecher
übertönt das Idyll und bringt
Nachrichten und Musik.

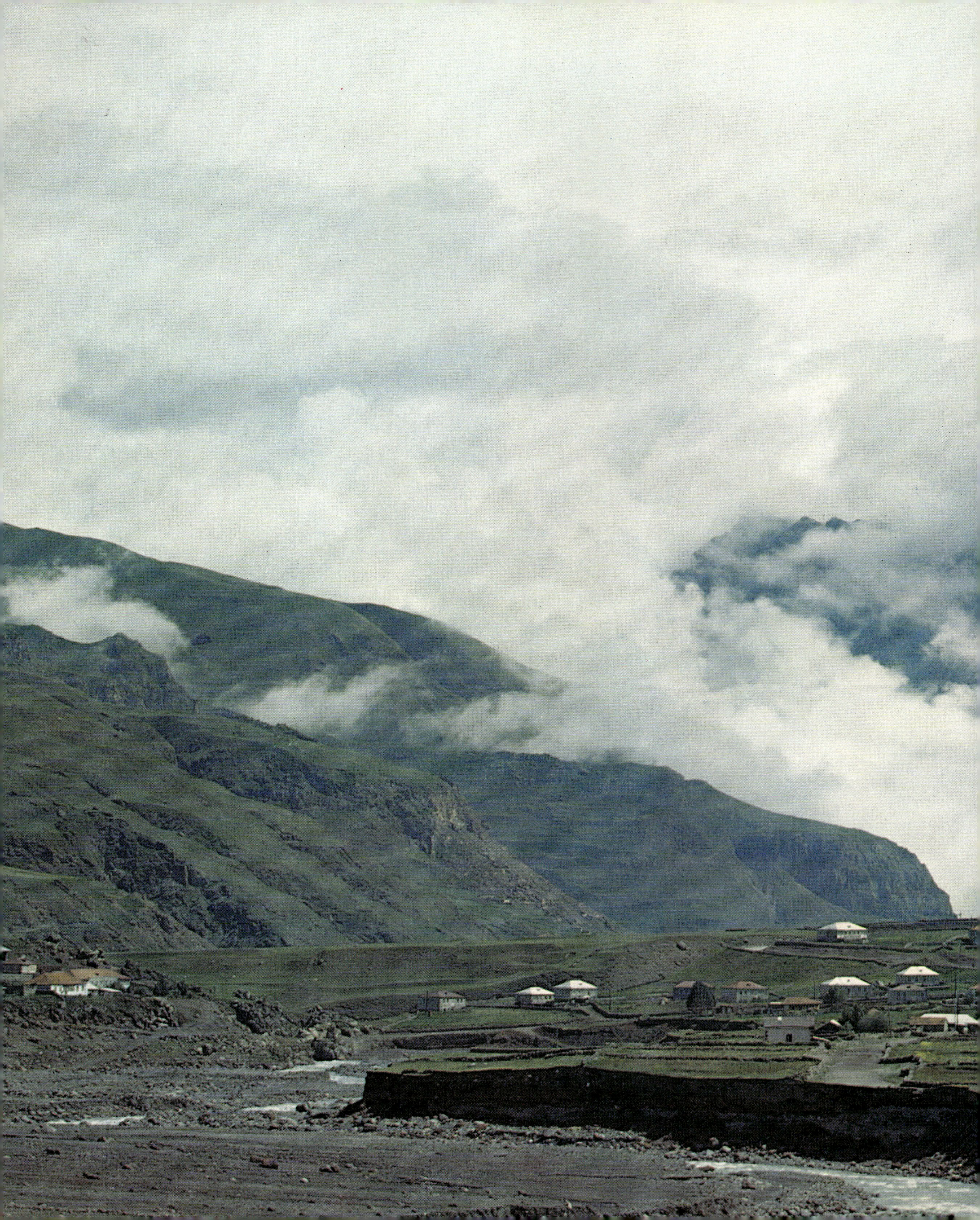

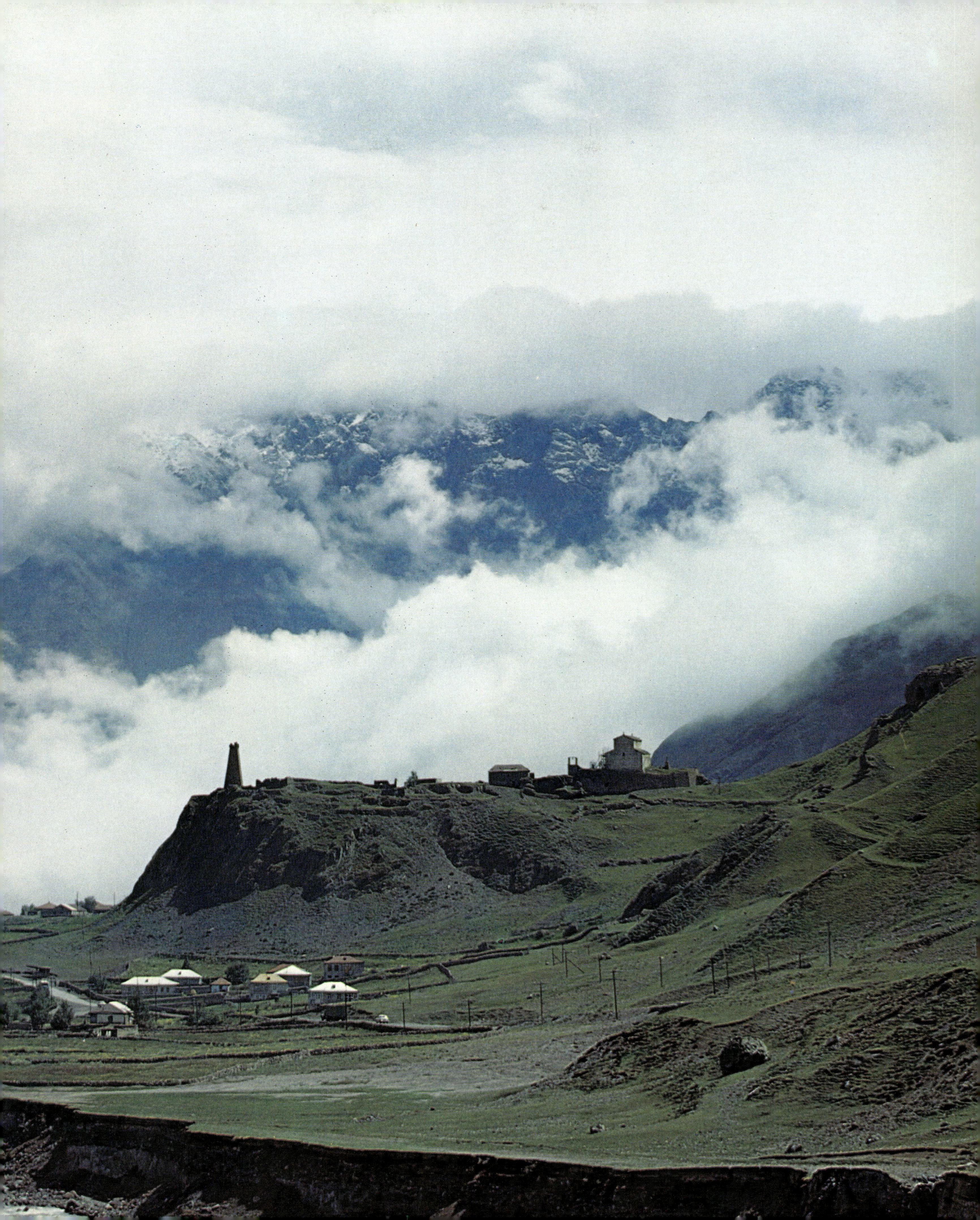

29 Hütte in der Moldau-Republik
Mit 100 Einwohnern auf einem Quadratkilometer gehören die Wein- und Obstbaugebiete bei Kisinev zu den volkreichsten Regionen der UdSSR. Die Landstraßen sind dichtgesäumt von Höfen und Hütten der vorwiegend rumänisch sprechenden Landbevölkerung.

30 Ossetisches Kaukasus-Dorf
Die Osseten gehören zu den kaukasischen Minderheiten, die in einem eigenem autonomen Gebiet leben; sie sind besonders durch zahlreiche Erzählungen russischer Dichter bekannt geworden. In jüngster Zeit versucht die Regierung auch hier, in der Bergeinsamkeit, kleinere Gewerbebetriebe anzusiedeln.

◄ *28 Kaukasus-Aul*
Neben dem Fluß Terek windet sich die Grusinische Heerstraße durch das Gebirge. Über dem kleinen Dorf, einem kaukasischen Aul, erhebt sich die Ruine der Tamara-Burg, die noch im letzten Jahrhundert die Heerstraße sichern half. Die Türme dienten als Beobachtungs- und Signalposten.

Nationalitäten: Auf Befehl Peter des Großen wurde 1724 die erste gewissenhafte Volkszählung durchgeführt. Es ist bezeichnend für die damalige Zeit, daß in den Ostprovinzen nur die Russen, als Angehörige der herrschenden Schicht, gezählt wurden. Heute bemüht sich die Sowjetunion, bei jeder Gelegenheit auf die Vielvölker-Familie des Landes hinzuweisen. So leben in der UdSSR insgesamt 109 verschiedene Nationalitäten, von denen 1959 die Groß-Russen mit 114 Millionen den größten Bevölkerungsanteil stellten. Im europäischen Teil folgen in der Statistik die Ukrainer mit 37 Millionen, die Weiß-Russen mit rund 8, die Litauer mit 2,2, die Moldauer mit ebenfalls 2,2, die Letten mit 1,4 Millionen und die Esten mit einer knappen Million. Im Kaukasus zählen Aserbaidschaner, Armenier und Grusinier je 2,9 bis 2,7 Mill. Einwohner. Schließlich sind 6 Millionen Usbeken die stärkste asiatische Gruppe.

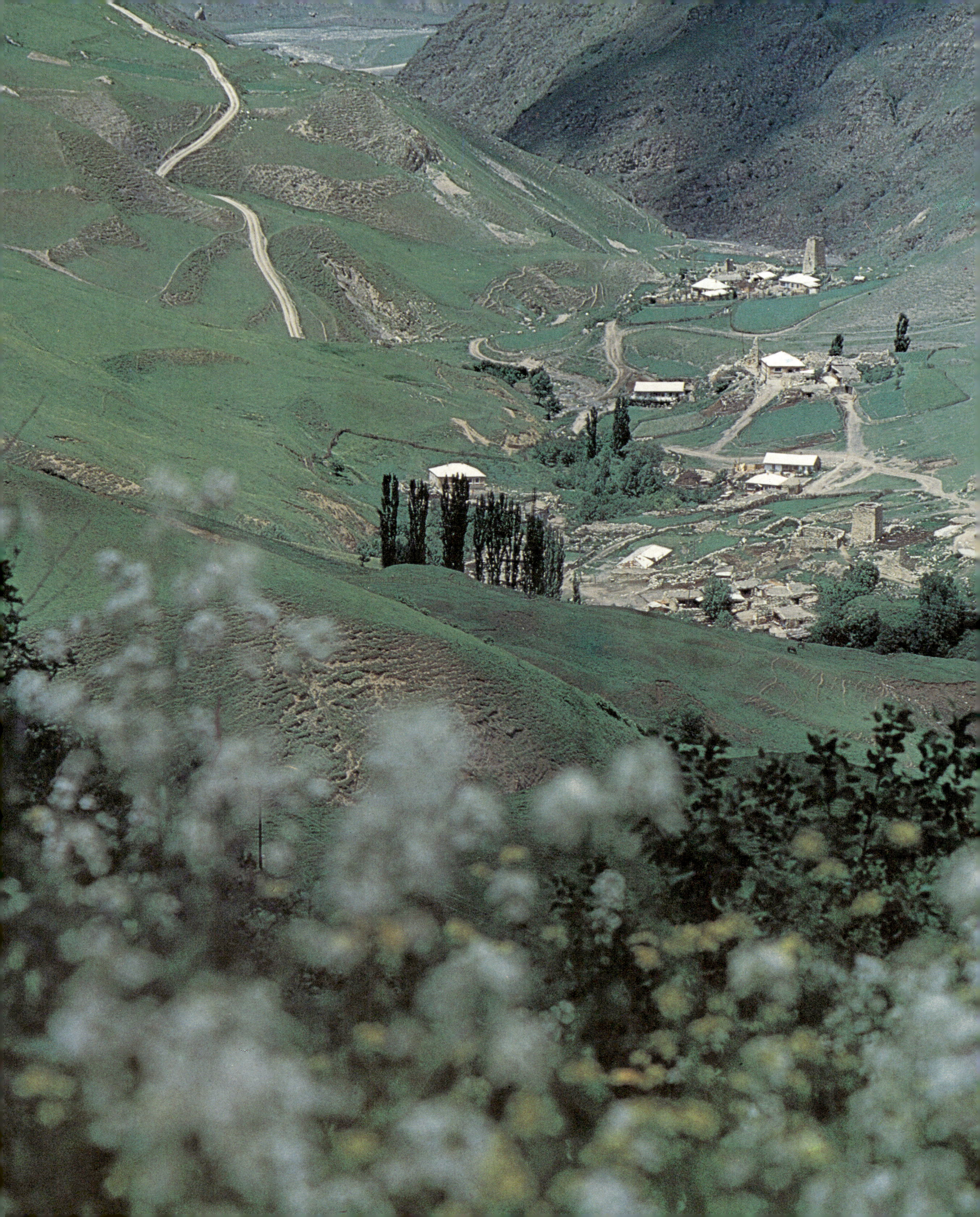

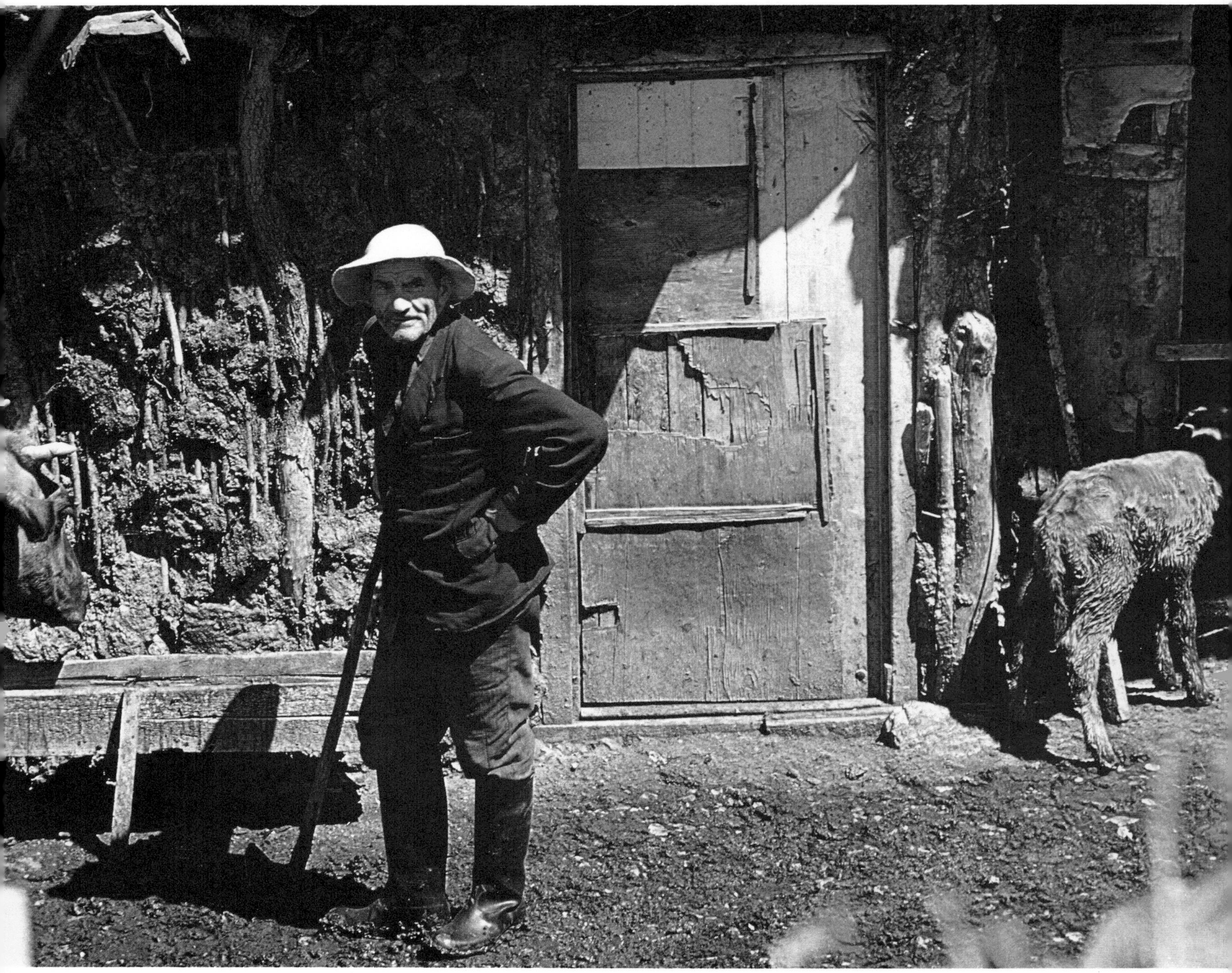

31 Ossetischer Bauer
Auf dem schlammigen Hof steht das neugeborene Kalb noch auf wackligen Beinen. Mit einem groben Tuch reibt der Ossete das Tier ab, aus dem baufälligen Stall ertönt Blöken. Der Hof, der sich an Wohnhaus und Stallung anschließt, ist etwa 100 Quadratmeter groß und hebt sich durch seine schlammige Farbe kaum von dem ebenfalls schmutzigen Braun der Holzgebäude ab.
Der Bauer ist einer der heute noch frei arbeitenden 100 000 Einzelbauern. Neben knapp 40 000 genossenschaftlichen Kolchosen beackern weitere 9 000 Sowchosen in Staatsregie zusammen 97 Prozent der landwirtschaftlichen Flächen. Auf den verbleibenden 18 Millionen Hektar dürfen Einzelbauern unter Staatsaufsicht frei schalten. Zu diesen Bauern kommen noch die bis zu einem halben Hektar großen Nebenhöfe, die Kolchosfamilien zur privaten Nutzung überlassen werden. Auf den privat genutzten Flächen erwirtschaften die Bauern mehr als die Hälfte der gesamten Milch-, Fleisch- und Eier-Erträge. Der Anreiz für diesen Eifer liegt wohl hauptsächlich am guten Erlös auf den freien Märkten. Die Verkaufspreise enthalten je nach Marktlage so beträchtliche Spannen, daß sich im Frühsommer für einen Grusinier die Flugreise nach Moskau mit etlichen Körben frischer Erdbeeren bezahlt macht.

32—33 Im Schlamm
Hühner, Gänse, Ziegen und im Süden Schafe werden von den Bauern privat gehalten. Als der Staat die »persönliche« Kuh abschaffen wollte, kam es zu großen Lücken bei der Milch- und Fleischversorgung, so daß heute Kühe wieder privat gehalten werden dürfen.

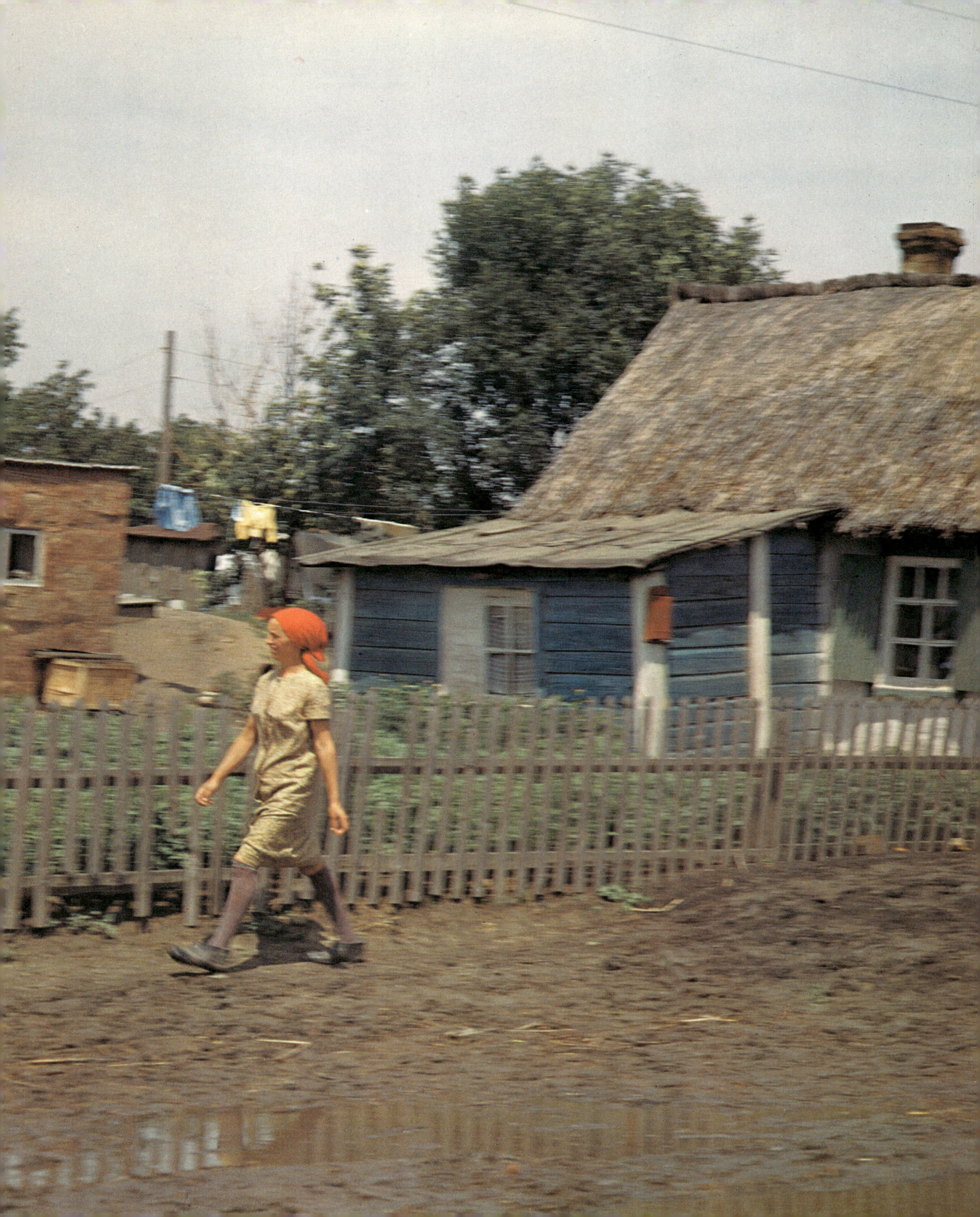

Russische Chronisten berichten

Man sagt, nur ein Russe könne Russen ganz verstehen. Nachfolgende Auszüge schildern das Leben auf dem Land.
Aus: »Die Russen« von Leonid Wladimirow:
... Die wahre Religion des durchschnittlichen Russen ist die Liebe zu seinem Land. Es hat keinen Sinn, die Wurzeln seiner Liebe in den althergebrachten Gebeten und Riten der orthodoxen Kirche zu suchen, sie läßt sich auch nicht aus dem neuen Mystizismus der geheiligten Schriften des kommunistischen Denkens ableiten. Die Religion, die ich meine, ist das Ergebnis von Land und Sprache, ist die Frucht der Kultur, der Lieder, der Folklore, das Resultat von Geschichte und Geographie und rührt sogar von dem besonderen russischen Klima her. Russe zu sein — Russe europäischer Prägung —, das ist etwas ganz Einmaliges, und jeder Russe fühlt das. Es ist etwas, das viel tiefer geht als gewöhnlicher Patriotismus, und es ist wahrscheinlich die größte, einzigartigste Stütze für jede russische Regierung, ganz gleich, wie schlecht sie ist. Das erklärt auch, wieso trotz des furchtbaren Terrors, den Stalin in den dreißiger Jahren in der Sowjetunion ausübte, Männer und Frauen wie eine Nation von Helden kämpften, um das russische Land gegen die einbrechenden Deutschen zu verteidigen. Ebenso, wie ein früheres Rußland unter der Knute eines autokratischen Zaren sich einmütig erhob, um Napoleon, den »Befreier«, hinauszuwerfen. Heute steht in der offiziellen Sowjetischen Enzyklopädie folgende Definition: »Gott — ein erfundenes mythisches Wesen.« Die Politik der sowjetischen Regierung in bezug auf die alten Religionen ist das Ergebnis dieser Auffassung ...
... Religionsunterricht darf unter achtzehn Jahren weder in einer Schule noch in einer sonstigen Institution an irgend jemanden erteilt werden. Hier wie überall im öffentlichen Leben ist das Kind einem ständigen »materialistischen« Druck ausgesetzt, der sich gegen alles richtet, was nicht in die offizielle Geisteswelt paßt. Haben die Eltern versucht, das Kind zu Hause, wo das erlaubt ist, in religiösen Dingen zu unterweisen, so werden diese schwachen Bemühungen wahrscheinlich von der allgemeinen Flut des systematischen antireligiösen Drucks durch den Staat sehr rasch hinweggeschwemmt. Aus diesem Grund haben die jungen Leute in Rußland auch nur ganz wenig echtes Wissen vom wirklichen Gehalt der alten Religion ...
Eine typische Antwort erhält man heute in der Sowjetunion, wenn man einen jungen Menschen nach seiner Einstellung zu Gott befragt:
»Wie kann ich an einen Gott glauben, der im Himmel thronen soll, wenn gleichzeitig unsere Sputniks die Erde umkreisen, dem Mond zufliegen und wir wissen, daß es in der Atmosphäre keine Lebewesen gibt.«
Gott ist für die vielen, die nicht an ihn glauben, »der gute alte Vater mit dem weißen Bart«, also ein Lebewesen aus einer vergangenen Epoche. Den Verlauf eines kirchlichen Festes schildert Leonid Wladimirow in einem Kapitel über das heutige religiöse Leben in der Sowjetunion: ...

34 Bäuerin am Don
Rußlands Dörfer versinken im Schlamm, sobald im Frühjahr der Boden auftaut. Die Kinder laufen dann barfuß. Erwachsene tragen Holzschuhe und Gummistiefel oder nicht mehr erkennbares Schuhwerk.
Das Leben der Bauern ist hier viel stärker vom Wetter geprägt als in unseren gemäßigten Breiten. Im Winter sind es strenger Frost und Schnee, im Herbst und Frühjahr der Schlamm und im trockenen Sommer der penetrante Staub, die das Leben erschweren.

Es näherte sich der höchste kirchliche Feiertag des Jahres — Pfingsten —, und die Hefe wurde zum Brennen von Schnaps benötigt. Pfingsten bedeutete für Danilowskoje mehr als Ostern oder Weihnachten, weil es von jeher für die Bauern dieses Ortes ein ganz besonderes Fest war. Obwohl der Großteil der Dorfkirchen schon seit mehr als dreißig Jahren geschlossen ist, nehmen die Bauern weiterhin ihre eigenen religiösen Festtage zur Kenntnis und feiern sie, so gut sie können ...
Und wirklich, Danilowskoje hat im Vergleich zu Tausenden anderer russischer Dörfer eine Reihe von Vorzügen. Erstens liegt es nur 12 Kilometer von der Gebietshauptstadt Kalinin entfernt, die 300 000 Einwohner hat. Zweitens liegt es an einer gutgepflasterten Straße, die nach Kalinin und weiter führt. Und drittens gibt es in Danilowskoje Elektrizität, und im Büro der Kolchose prunkt sogar ein Telephon, beides Annehmlichkeiten, die sechzig Prozent aller russischer Dörfer nicht aufzuweisen haben ...
Außer dieser Kirche gab es noch eine hölzerne Kapelle an der Straße, in der sich jetzt aber das Clublokal des Dorfes befindet. Dort treffen einander abends die Burschen und Mädchen (die wenigen, die in Danilowskoje geblieben sind) und tanzen auf dem eingefallenen Bretterboden zu kratzenden, abgespielten Schallplatten ...
Die Gäste tranken den selbstgebrannten Wodka aus großen Gläsern, murmelten zustimmend und lobten den Schnaps. In den Trinkpausen verschlangen sie große Mengen von der Wurst und den Heringen, die ich aus der Stadt mitgebracht hatte, und Salzgurken, die meine Hausfrau bereitet hatte.
Ich fand das alkoholische Gebräu einfach widerlich. Mir wurde schon vom Geruch allein übel. Sogar der miserable Wodka, der in den Cafés verkauft wird, war unvergleichlich besser, doch wer war schon wohlhabend genug, um die zwölf DM für den halben Liter zahlen zu können?
Bald ging es im ganzen Dorf hoch her, man sang und tanzte. Mehrere Harmonikas spielten, Mädchen kreischten, und Männer schrien. Die Leute gingen ungezwungen von Hütte zu Hütte, überall wurde ihnen ein Glas von dem Selbstgebrannten vorgesetzt und eine Kleinigkeit zu essen, was eben gerade zur Hand war. Mein Hausherr machte sich ebenfalls auf die Besuchstour und kam erst gegen Abend, völlig betrunken, nach Hause zurück. Fast wäre er am Zaun zusammengesunken, und als ich ihm bis zur Tür half, sagte er: »Du ... Weißt du, was du bist? Du bist ein dreckiger Jude, und ihr Juden seid alle ein verdammtes, nichtsaufendes Gesindel.«
Im Laufe des Abends kam es zu mehreren Raufereien. Das Klirren zerbrechender Fensterscheiben und Weibergezetter klangen durchs Dorf ...
Es war ein gelungenes Fest, noch wochenlang wurde in den Häusern und bei der Arbeit davon gesprochen. Das Pfingstfest wurde mit allen möglichen, erfundenen, vorwiegend lustigen Einzelheiten ausgeschmückt, und an den Abenden spannen passionierte Erzähler, die es in jedem Dorf gibt, den Faden ihrer eigenen Geschichten über das vergangene Fest im Dorf ...
Zu einer scharfen, die Verhältnisse auf dem Land während der Zarenzeit anprangernden Stellungnahme kommt Boris Pasternak in »Die blinde Schönheit«:
... Der Sommer war heiß, ein Cholera-Sommer. Also streute man in den Lagern Kalk ins Wasser. Braucht ein unwissender Mensch viel? Der Soldatenhaufe begann zu murren, die Ärzte wären Giftmischer. Man gäbe dem Volke Gift zu trinken, um es zu vernichten. Sie rotteten sich zusammen, rissen die Feldschern in Stücke, zertrümmerten die Kasernen, der Kommandostab verschwand auf Nimmerwiedersehen ...

Wenn, zum Beispiel, das gräfliche Kontor nichts mehr zu verkaufen hat, wenn es wie leergefegt ist? Was wird dann weiter werden? Was für ein Schicksal steht dann der Herrschaft bevor? Und was wird aus uns, den Leuten des Grafen?
Prochor: Dann wird es uns dreckig ergehen, mein Sohn. Dann wird man uns alle, die wir Leibeigene sind, auf der Auktion verkaufen. Das Gesinde, das zum Hof gehört, einzeln, nach Seelen, und die Fronbauern in ganzen Dörfern. Ja, und das auch nur, wenn wir nicht schon einer Kreditbank verpfändet sind. Und vielleicht sind du und ich hier auch schon Fremde und gehören einem Unbekannten! Man wird uns das nicht auf die Nase binden! . . .

Zum Schluß seines unvollendeten Dramas läßt Pasternak seine Hauptfigur Prochor eine Anklage gegen die damalige Gesellschaft, gegen das Regime und seine Mitläufer hinausschleudern. Eine Anklage, die so typisch für die Unzufriedenheit der Landbevölkerung während der letzten Zarenzeit ist:
. . . Prochor, diese Ideen kenne ich! Leute, die so wie du dachten, haben mit mir im Gefängnis gesessen und waren zur Zwangsarbeit verurteilt. Sie haben Aufklärung betrieben, ich habe es zur Genüge gehört.
Das Rußland der Gutsbesitzer ist bettelarm geworden und hat Bettler hervorgebracht. Aber nun wird die Sonne über ihm aufgehen. Jetzt kommt die Zeit der geschäftstüchtigen Männer, wie ich einer bin, derer, die es selbst zu etwas bringen, die sich in die Arbeit stürzen. Sie werden Rußland wieder gesund machen. Laß den Bauern nach seiner Befreiung zu sich kommen, selbständig werden, aus seiner Dunkelheit heraustreten! Doch ihr könnt ja nicht mitansehen, daß jemand durch eigene Arbeit zu etwas kommt, sein eigener Herr ist und alles hat, was er zum Leben braucht. Ihr alle bangt um sein Seelenheil. Doch lebendig werdet ihr ihn dann nicht in euer neues, gottloses, erdachtes, papiernes Paradies hineinkriegen, ihr verkehrten Sektierer, Heuchler und Blender!

Der russische Winter

Aus Leo Tolstois Erzählung »Der Schneesturm«:
… Der Schneesturm wütete immer schlimmer, und von oben fiel feiner, trockener Schnee; es begann anscheinend zu frieren: Nase und Wangen schmerzten mir immer mehr vor Kälte, und immer öfter kam ein kalter Luftstrom unter den Pelz, den ich vorn fest zusammenhalten mußte. Zuweilen polterten die Schlitten über die nackte, vereiste Erde, von der der Schnee weggeweht war. Da ich schon beinahe sechshundert Werst zurückgelegt hatte, ohne irgendwo zu übernachten, schloß ich unwillkürlich die Augen und nickte ein, obwohl mich der Ausgang unserer Irrfahrt aufs höchste interessierte. Als ich einmal wieder die Augen öffnete, war ich ganz erstaunt: die weiße Ebene war, wie es mir im ersten Augenblick schien, von einem grellen Licht überflutet; der Horizont hatte sich bedeutend erweitert, der niedrige schwarze Himmel war verschwunden, von allen Seiten sah man die weißen, schrägen Linien des fallenden Schnees, die Umrisse der vordern Troikas waren deutlicher sichtbar, und als ich die Augen hob, schien mir im ersten Augenblick, daß die Wolken sich verzogen hätten und der Himmel nur vom fallenden Schnee verdeckt sei. Während ich geschlafen hatte, war der Mond aufgegangen; nun warf er sein kaltes, grelles Licht durch das zerrissene Gewölk auf den fallenden Schnee. Alles, was ich deutlicher sehen konnte, war mein Schlitten mit dem Kutscher und die drei Troikas vor uns: zuerst kam der Kurierschlitten, auf dessen Bock immernoch der eine Kutscher saß, der die Pferde zu scharfem Trab antrieb; im zweiten Schlitten saßen zwei Kutscher, die die Zügel locker gelassen, sich aus einem Mantel einen Windschutz gemacht hatten und unaufhörlich ihre Pfeifchen rauchten, was man an den Funken, die ab und zu aufflackerten, erkennen konnte; im dritten Schlitten war niemand zu sehen: der Kutscher schlief wohl mitten im Schlitten. Seitdem ich wach war, hielt der Kutscher ab und zu seine Pferde an und sah sich nach dem Weg um. Wenn wir stehen blieben, hörten wir den Wind noch deutlicher heulen und sahen die erstaunlichen Schneemassen, die durch die Luft wirbelten. Im Mondlicht, das vom Schneegestöber verdunkelt wurde, konnte ich sehen, wie der kleine Postkutscher sich in dem hellen Nebel hin und her bewegte, mit dem Peitschenstiel den Schnee vor sich abtastete, dann wieder zum Schlitten zurückkehrte und von der Seite auf den Bock sprang; ich hörte durch das eintönige Pfeiffen des Windes die lauten Rufe des Kutschers und das Bimmeln der Schellen …

35 Schlitten in Susdal
Auf der mittelrussischen Hochebene liegt das Städtchen Susdal, einst Sitz russischer Großfürsten. Nach seiner Blütezeit im Mittelalter wurde es ein verträumter Landort, der neben zahlreichen Kirchen und Klöstern reichverzierte Holzhäuser wohlhabender Bürger aufweist. — Im tiefen Schnee sind Schlitten trotz aller Technik ein unentbehrliches Transportmittel.

36 + 37 Schlamm am Don — Staub am Pruth
Zwischen der asphaltierten Hauptstraße und dem Dorf am Don hat starker Regen die Straße aufgeweicht. Vier Lastwagen mit Jungvieh stecken bis zu den Achsen im Schlamm. Zur gleichen Zeit liegt dicker Staub auf der Dorfstraße am Pruth in der Moldau-Republik. Der Staub ist bei der trockenen Hitze ständiger Begleiter der Bauern.

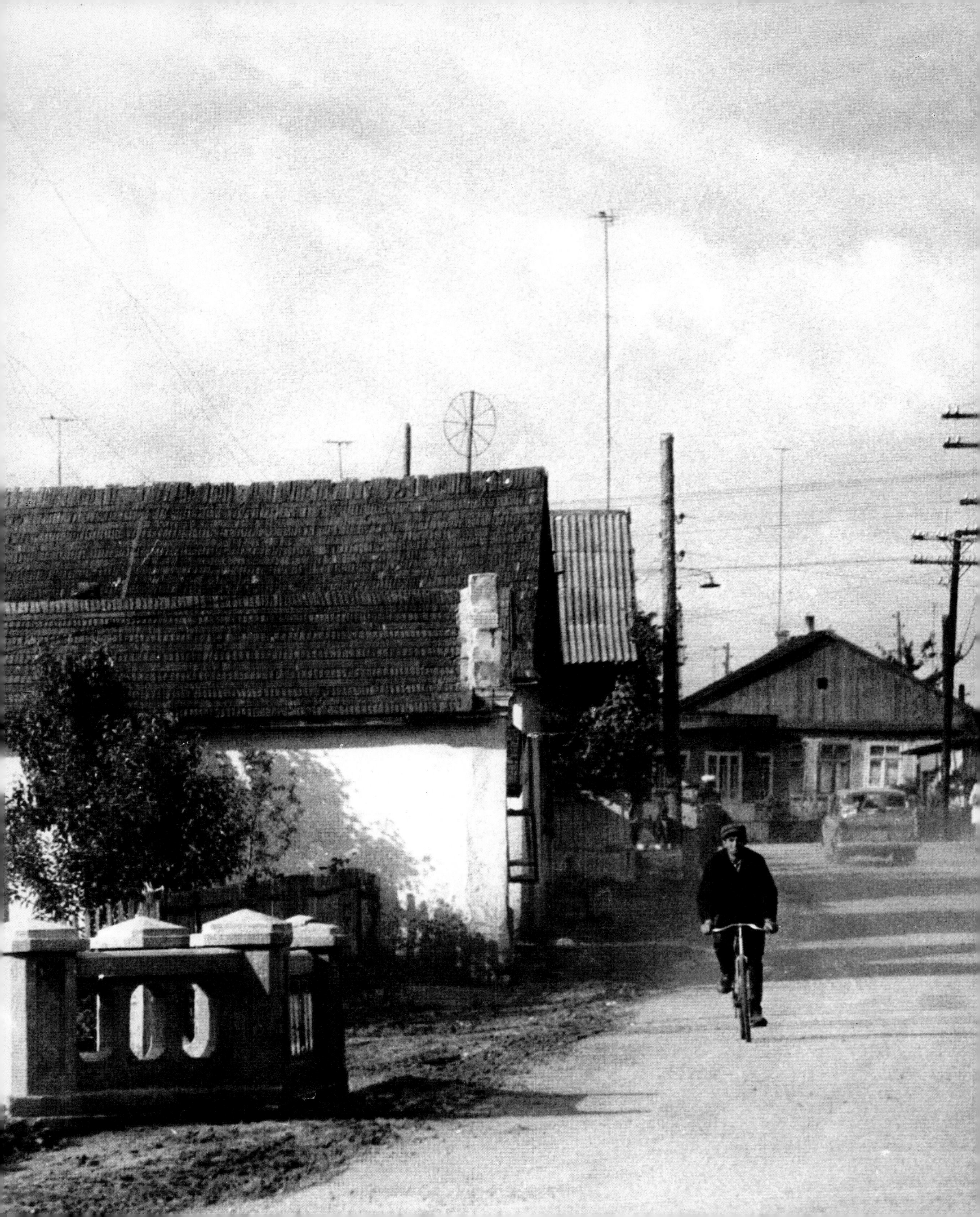

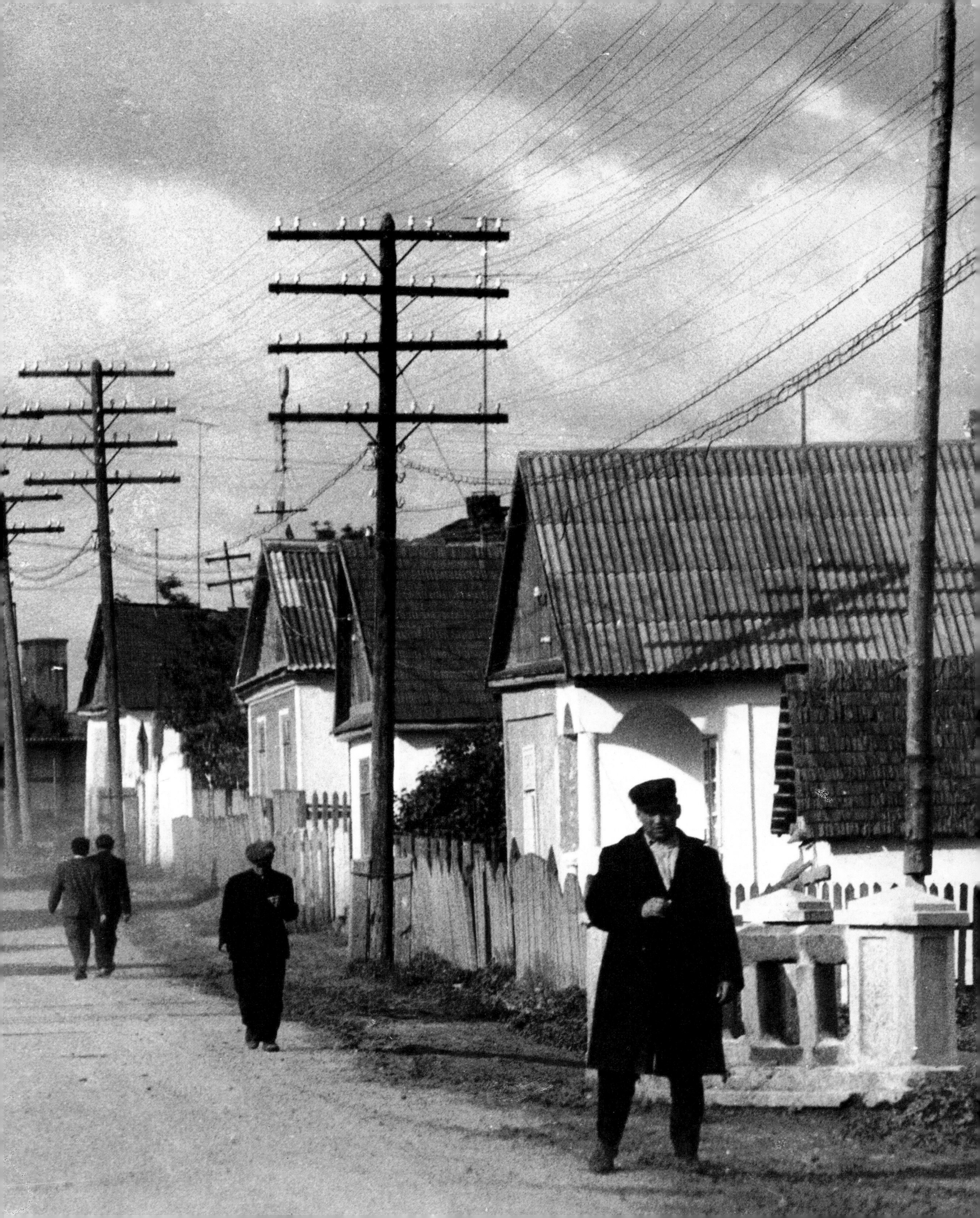

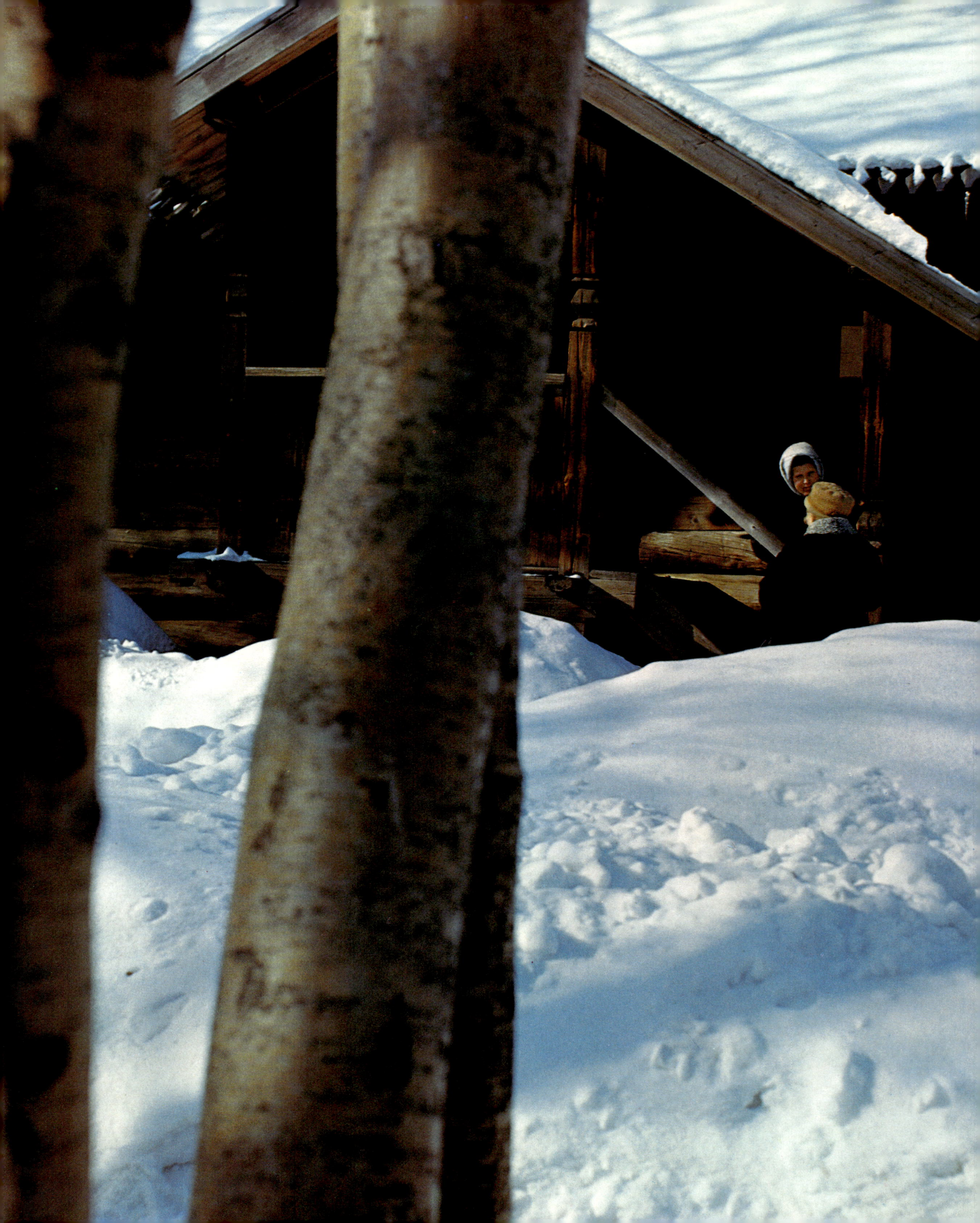

38 In Kolomenskoje
Vor dem alten Holzhaus schwatzen zwei Frauen. Fast zwei Meter hoch sind die Schneeberge daneben, nur der Eingang ist durch eine Überdachung geschützt. Während des langen, russischen Winters bedeutet ein warmes Heim nicht nur Geborgenheit und Komfort. Wärme ist eine Existenzfrage bei rund 190 Dauerfrosttagen wie in Archangelsk und 140 Frosttagen im Jahr in Moskau. Gleich bei Einbruch des Winters werden alle Fenster sorgfältig gegen Zugluft abgedichtet, Ritzen werden verklebt, das Haus wird winterfest gemacht. In Moskau liegen die Durchschnittstemperaturen im Januar bei minus 9,5 Grad, in Omsk in Sibirien bei minus 22 Grad.

39 Samowar
Der »dampfende, zischende« Samowar fehlt in keinem russischen Bericht über den kalten Winter. Wenn die Schneeflocken dicht um das Haus treiben, sorgt der Samowar für häusliche Geborgenheit. (Samowar heißt übrigens Selbstkocher und ist angeblich eine russische Volkserfindung.)

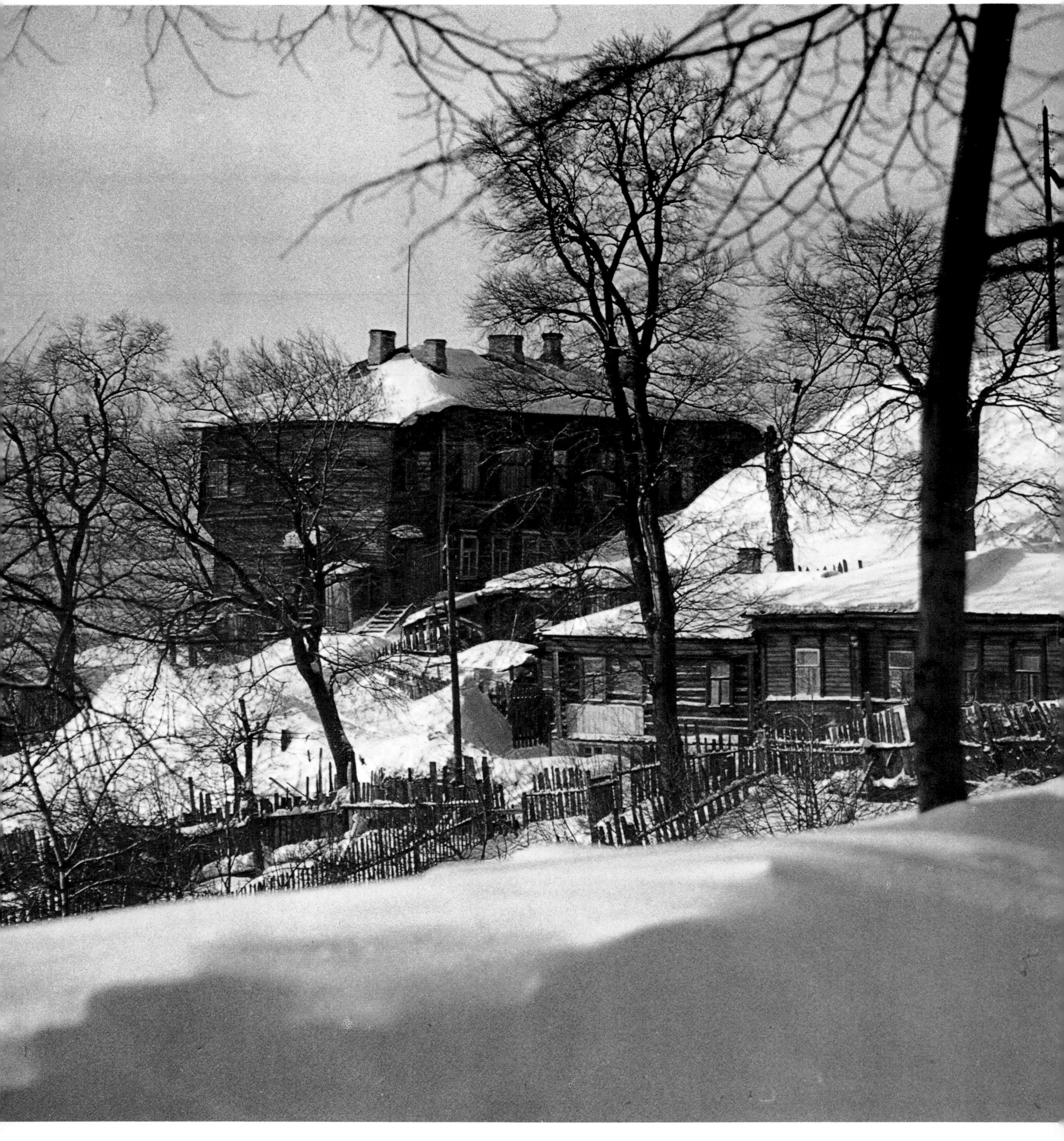

40　Holzhäuser in Wladimir
Die von Smolensker und
Nowgoroder Aussiedlern
im 11. Jahrhundert gegründete
Stadt gelangte als Residenz des
Fürst Andrei Bogoljubski zur ersten
Blüte. Im Verlauf ihrer
wechselhaften Geschichte
vernichteten 1185 und 1778
Großbrände fast die ganze Stadt.
Der Kreml-Kern mit Fürstenhof
und Kathedrale wurde
Ende des 12. Jahrhunderts durch
eine schwarze Tuffsteinmauer
vor weiteren Verheerungen
geschützt.
Fast alle anderen Bauten aber
wurden immer wieder aus
Holz errichtet. Heute müssen die
alten Holzhäuser neuen
Wohnblocks aus Betonteilen
weichen.

41 + 42　Eiszapfen und
Schneepuppe
Die Sankt Georgs-Kirche, eine der
ältesten Kirchen Rußlands,
wurde 1119 am Ufer des Wolchow
bei Nowgorod erbaut.
Den Kirchenkomplex, zu dem
früher auch ein Kloster gehörte,
umschließt eine mächtige Mauer.
Eine Handvoll einstöckiger
Häuser drängt sich zwischen
Kirche und Mauer, lange Eiszapfen
hängen an den Vordächern.
Auf dem Platz, seitlich der
Kathedrale, spielen Jungen auf
dem glatten Schnee Eishockey.
Einige haben Sportschläger,
die meisten benutzen grobe
Knüppel. An einem verschneiten
Tisch, neben diesem Platz,
sitzen drei etwa neunjährige
Mädchen und spielen Puppenstube.
Aus Schnee und Eis bauen sie
auf der Tischplatte Küche
und Kammer auf. Eines der Kinder
wiegt eine Schneepuppe wie
einen Säugling im Arm.

43 Verschneites Dorf bei Susdal
Ursprünglich lebten die Ostslawen in Lagern, die sie mit Pfahlpalisaden schützten. Skandinavische und byzantinische Einflüsse führten etwa im 8. Jahrhundert zu ersten Städtegründungen; die Siedlungen auf dem Lande wurden als Verkehrs-, Handels- und Verwaltungs-Stützpunkte ausgebaut. Erst nachdem im 15. Jahrhundert die Tataren besiegt worden waren, entstanden die langen Straßendörfer, deren Häuser sich zu beiden Seiten der einzigen halbwegs befestigten Landstraße aneinanderreihen.

Wintertag in Kolomenskoje: Kolomenskoje liegt vor den Toren des alten Moskau. Heute hat die schnellwachsende Hauptstadt das kleine Dorf und die naheliegende Kirche mit ihren Sehenswürdigkeiten eingemeindet. In einem hölzernen Zarenpalast wuchs der spätere Zar Peter I. auf, während im Moskauer Kreml seine Schwester Sophia den schwachsinnigen Iwan V. als Marionette auf dem Zarenthron hielt.

An sonnigen Wintertagen ist Kolomenskoje ein ländliches Ausflugsziel. Aus dem benachbarten Dorf kommen Mütter mit sorgsam eingepackten Kindern zu den Bänken, die oberhalb der Moskwa stehen. Der Blick geht von hier über den Fluß und die weite Ebene. Die Kinderwagen werden von Zeit zu Zeit dem Sonnenstand nachgerückt, so daß die Kleinen immer die volle Sonne auf ihre rosigen Bäckchen bekommen. Eine Gruppe Babuschkis — jene liebevollen und arbeitsamen Großmütter, die sich fast überall um die Enkel kümmern — wartet an der Kirchentreppe auf den Popen zur Taufe. Die Täuflinge auf den Armen sind ganz in rosa-weiße Decken gewickelt, der Himmel zeigt ein sonniges, matt-zartes Blau — ein Hauch alt-russischer Romantik liegt über Kolomenskoje.

Zum Parkplatz rollt ein Bus mit der Aufschrift »Touristen«. Als erster krabbelt ein emsiger Reiseführer heraus und dirigiert seine Moskauer Gruppe zur Wosnessenski-Kirche. Gewissenhaft, etwas pathetisch, berichtet er seinen Schützlingen von den Bauwerken und ihrer Geschichte. Nur einen Steinwurf entfernt, errichten Skilangläufer eine Zeitkontrolle. Auf schmalen Brettern, eine Startnummer umgebunden, tauchen die Läufer aus dem Wald auf und spurten nach kurzem Halt hinab zum Moskwa-Ufer.

*44 + 45   Eisfischer am Wolchow
Im nördlichen Rußland ist
Eisfischen ein beliebter Sport.
Trotz klirrender Kälte hocken die
Angler an einem armdick
ausgeschlagenen Loch und warten,
daß die Fische beim
Luftschnappen an den Köder
gehen.*

Winterreise: Die Chaussee von Leningrad nach Moskau ist frei. Auf der Fahrbahn liegt eine hartgefahrene Schneedecke. Zu beiden Seiten der Straße türmt sich Schnee, der von den Räumfahrzeugen zu Eiswällen gepreßt wurde. Der Fahrer des Wolga trägt einen dicken Wintermantel mit Fischgrätenmuster, dazu die herunterklappbare Pelzmütze. Im Wagen ist es warm, die Heizung arbeitet so kräftig, daß trotz 20 Grad Kälte die Scheiben nicht beschlagen. Draußen ziehen die letzten, grauen Wohnblöcke von Leningrad vorbei; die jüngsten von ihnen sind schlanker, höher und schmucker als die, die unmittelbar nach dem Krieg errichtet wurden.
Die Reifen des Fahrzeugs rollen mit einem gedämpften, beruhigenden Geräusch auf dem Schnee. Das Fahren erinnert an ein sanftes Schlittengleiten ohne Zeitbegriff. Dabei steht die Tachonadel konstant auf 80. Nur wenn auf der einsamen Chaussee Menschen auftauchen oder ein anderer Wagen anhält, drosselt auch unser Fahrer seine Geschwindigkeit bis zum Schritt-Tempo.

Die Landschaft verändert sich kaum: weiße Schneeflächen, die ohne Trennung in den weiß-grauen Himmel übergehen; dünne Schneeflocken, die die letzten Konturen verwischen. Am Straßenrand ducken sich unter der Schneelast die dunklen, eingeschossigen Holzhäuser, die mit dürren Brunnenbalken in Reih und Glied stehen. Eine Imbißstube mit dem Schild »Stolowaja« unterbricht die Front der Häuserzeile. Davor stehen ein Lastwagen und ein Bus. Fahrgäste, mit Körben und dicken Taschen beladen, warten auf die Abfahrt. Nach den Häusern liegt die Straße weiterhin frei vor dem dahinfahrenden Auto . . .

46+47 Winter in Susdal
Die flache Ebene, die sich
nordöstlich von Moskau unendlich
weit erstreckt, ist kalt.
Ein eisiger Wind läßt schon bei
15 Grad Kälte die Gesichter
erstarren. Die Schneezäune an der
Hauptstraße sollen Verwehungen
auffangen. Kirchtürme und
Kuppeln der alten Zarenresidenz
bilden noch heute eine
mittelalterlich anmutende
Stadtsilhouette.

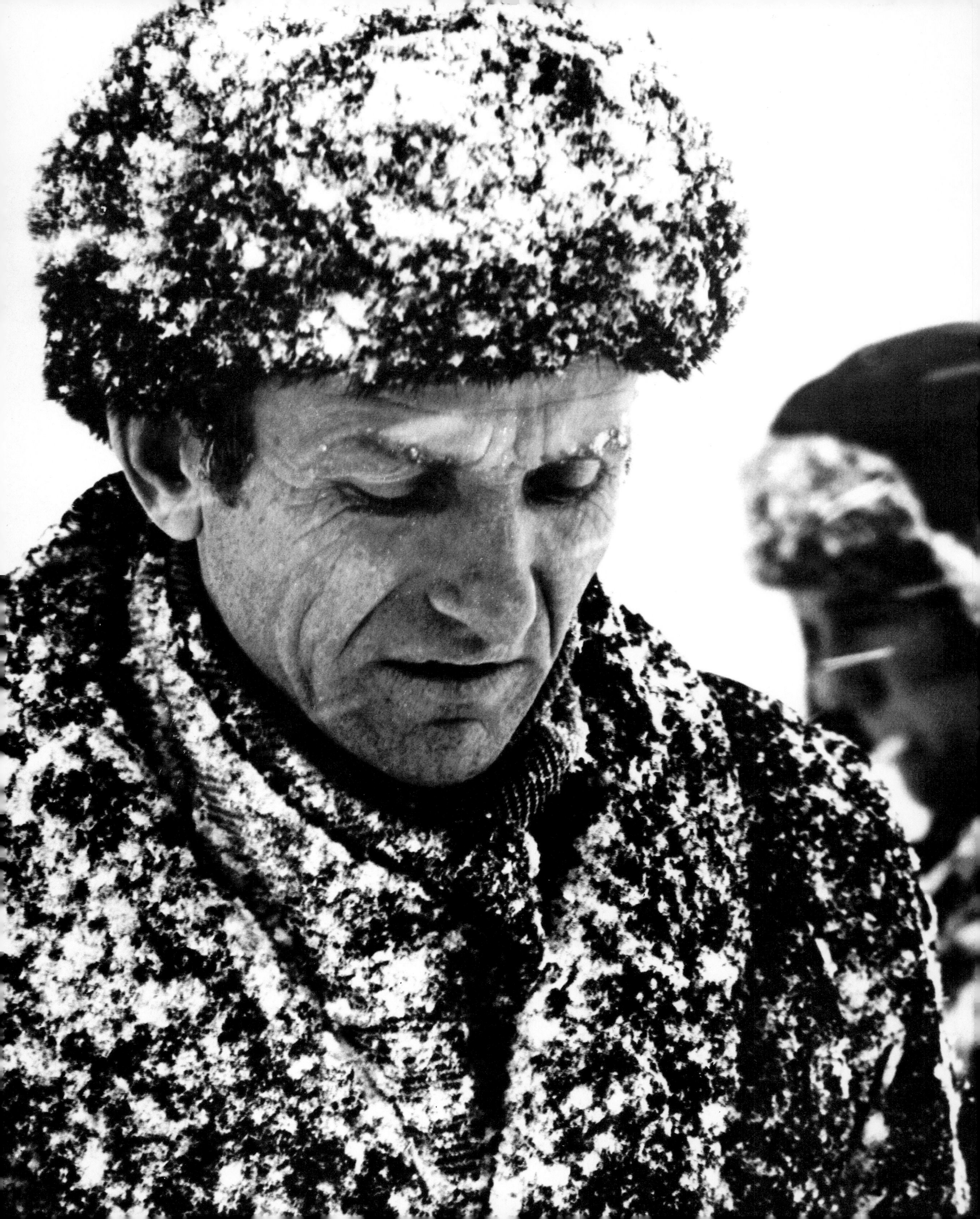

Alte Bauernwirtschaft: Kürzlich veröffentlichte die sowjetische Regierung Daten, die den Fortschritt auf dem landwirtschaftlichen Sektor seit der Revolution herausstellen. Demnach hatte das vorrevolutionäre Rußland 20 Millionen Bauernhaushalte, von denen nahezu zwei Drittel vor dem finanziellen Ruin standen. Ungefähr 30 Prozent dieser Bauernfamilien besaßen kein eigenes Pferd, 34 Prozent hatten kaum Ackergeräte und 15 Prozent der Bauern bestellten keine Äcker mehr. Die Muschiks litten unter schweren Schulden und Hypotheken, für welche sie hohe Zinsen an den Staat und die großen Gutsbesitzer zahlen mußten. Viele Höfe hatten zuwenig Land ...

In dem Bericht folgt dann die Mitteilung, daß bereits am zweiten Tag nach der Oktober-Revolution von 1917 durch ein Dekret alles Land verstaatlicht wurde. Tatsächlich waren in der Zarenzeit die Mißstände unerträglich geworden: Etwa 50 Prozent der Bauern waren bis 1861, als der »Befreier-Zar« Alexander II. die Leibeigenschaft aufhob, Leibeigene. Sie waren das absolute Eigentum ihrer Herren, waren an die Scholle gebunden, konnten jederzeit verkauft oder lebenslänglich unter die Soldaten gestellt werden. Ihr Los war womöglich noch schlimmer als das der Sklaven in den USA.

Durch die Neuverteilung des Landes wurden jedoch die wirtschaftlichen Probleme Mitte des 18. Jahrhunderts nur ungenügend gelöst. Denn meistens erhielten die Bauern zuwenig und minderwertigen Boden. Außerdem waren die Möglichkeiten, bei der Freilassung Land zu kaufen, in den Distrikten sehr unterschiedlich. In den Schwarzerde-Gebieten beispielsweise wurden die Höfe nach der Verteilung kleiner als vorher. Eine Tilgungssumme von sechs Prozent auf 40 Jahre belastete zudem die jetzt freien Bauern, die ja kein Kapital besaßen und den neuen Besitz abarbeiten sollten.

Zu den generellen wirtschaftlichen Problemen kam häufig die Unkenntnis der modernen, rationelleren Ackermethoden. Es herrschte großer Mangel an Geräten und Düngemitteln, so daß Felder brach lagen. In weiten Kreisen der Bauern machte sich eine dumpfe Hoffnungslosigkeit breit, wie ein Chronist dieser Zeit schreibt.

Die Reform von 1905 konnte in den wenigen Jahren bis zum Ersten Weltkrieg keine entscheidenden Verbesserungen herbeiführen, so daß die Bolschewisten 1917 bei der Oktober-Revolution mit einem großen Teil der unzufriedenen Bauern als Anhänger rechnen konnten. Weitere Zahlen mögen noch die tiefgreifenden Auswirkungen der landwirtschaftlichen Misere veranschaulichen: Bis 1914 waren 75 Prozent der arbeitenden Bevölkerung mit der Landwirtschaft verbunden, knapp 60 Prozent des Bruttosozialproduktes wurde damals von der Agrarwirtschaft bestritten. Mit berechtigtem Stolz können die Russen heute melden, daß 1966 die landwirtschaftliche Produktion 2,7mal größer war als im Jahre 1913, obwohl heute die Landwirtschaft nur noch 16 Prozent des Bruttosozialproduktes ausmacht und nur noch ein Viertel der Berufstätigen in der Landwirtschaft arbeitet.

48 An der Leningrader Chaussee Im Schneetreiben sind die Köpfe der Frauen vermummt, die Männer tragen dicke Pelzkappen. Die Leningrad—Moskauer-Chaussee wird gelegentlich von schmucken Holzhäusern mit Ziehbrunnen vor den Zäunen und Fernsehantennen auf den Dächern gesäumt. Die Straßenfassade wirkt im winterlichen Weiß aufgeräumt und liebenswürdig — wie zurechtgemacht für die Reisenden, die auf der festgelegten Route vorüberfahren.

Zur russischen Geschichte

In der Entwicklung der russischen Staatsbildung und der russischen Kultur gibt es mehrere tiefgehende Einschnitte, die bei oberflächlicher Betrachtung des Ablaufs der Ereignisse fast wie Unterbrechungen wirken. Da ist zunächst der Untergang des ersten Fürstenstaates von Kiew und der anderen frühen staatlichen Zentren durch die Welle des Mongolensturms im 13. Jahrhundert. Das Ergebnis war keine Entnationalisierung der Russen und auch keine Zerstörung ihrer erst ein paar Jahrhunderte alten christlichen Traditionen, aber die politische Unterwerfung unter die tatarischen Reiterhorden, denen man nicht nur tributpflichtig wurde, sondern lange Zeit hindurch auch so viel Gehorsam schuldete, wie sie verlangten. Sie konnten Durchzugsrecht nach weiter westlich gelegenen Gebieten fordern, bei Gelegenheiten auch Heeresfolge. Von ihnen hing es ab, wie die Erbfolge in den russischen Fürstentümern geregelt wurde. Vor den Herren der Goldenen Horde mußten sich die russischen Kleinherrscher von Wolhynien, von Wladimir-Susdal in der Gegend des heutigen Moskau und auch die von Nowgorod im Nordwesten immer wieder demütigen. Die Intensität der Tatarenherrschaft war allerdings in den verschiedenen Gegenden nicht die gleiche, und nirgends richteten die östlichen Fremdherrscher eigene Steuerverwaltung ein; zur Heranschaffung der Tribute von den Bauern dienten ihnen die einheimischen Fürsten, und auch die Klöster und Bischöfe beteiligten sich willig daran.
Der Zerfall der Tatarenherrschaft wurde nicht durch Widerstand der unterworfenen Russen bewirkt, sondern durch inneren Streit unter den Horden und durch ihre Ablenkung nach den asiatischen Teilen ihrer Herrschaftsgebiete. Der Umfang der zerstörenden Wirkung dieses jahrhundertelangen Zwischenspiels muß trotzdem furchtbar gewesen sein. Das erste Zentrum russischer Kultur, Kiew, verschwindet für mehrere Generationen ganz von der für uns noch sichtbaren Bildfläche. Die ersten Selbständigkeitsregungen zeigen sich dann dort, wo die Tataren sich am frühesten zurückgezogen hatten, und das Ergebnis ist, daß in diesen Landschaften sich vom Westen her andere, nichtrussische Gegenkräfte erheben, so vor allem das litauische Großfürstentum, das seinen Machtbereich bald auch in slawisch besiedelte Provinzen vorschiebt und sich dabei selbst teilweise slawisiert; seine Verwaltungssprache war eine russische Mundart, aus der sich dann die weißrussische Sprache entwickelte. Andere Gegenkräfte im Umkreis der Ostsee und ihrer Zuflüsse erhoben sich in den dorthin vorgedrungenen Deutschritterorden und in der schwedischen Ostkolonisation.
Die Neubildung des nächsten Mittelpunkts russischen Eigenlebens

vollzog sich dann durch geduldige Ausnutzung von zunehmenden Lücken der mongolischen Macht durch die zunächst mehr passive, immer zähe Verhandlungs- und Verwaltungskunst der Moskauer Großfürsten. Vielleicht hat der Zwang zu Intrige und Bestechung am Hof der tatarischen Oberherren kaum weniger tief auf die Verwaltungs- und Herrschaftspraktiken der nächsten Jahrhunderte eingewirkt als das Vorbild des höfischen Lebens von Byzanz mit seinen aus der Antike übernommenen Rechtsformen und seiner literarischen Kultur.
Auf jeden Fall war das um den großfürstlichen Moskauer Hof des 15. Jahrhunderts konzentrierte und auf die »Sammlung« immer weiterer »russischer Länder« bedachte Staatswesen ganz anderer Art als das Klewer Fürstentum des früheren Mittelalters und die patrizische Handelsaristokratie des gleichzeitig zur Blüte gelangten Nowgorod im Norden, das sich gegen den aufsteigenden Moskauer Staat nicht lange behaupten konnte.
Eine neue Unterbrechung der geschichtlichen Entwicklung folgte dann in der Zeit der »Wirren« nach dem Aussterben der ersten Moskauer Dynastie. Wieder sind es ausländische Mächte, die von außen her in die russische Geschichte eingreifen, diesmal vor allem das inzwischen mit Polen vereinigte Litauen vom Westen her. Die monarchistische Geschichtsschreibung der Zarenzeit rechnete die neue Konsolidierung in erster Reihe der aus den Machtkämpfen des beginnenden 17. Jahrhunderts erfolgreich aufgestiegenen Dynastie der Romanow zu, deren erste Träger indes nur durch Verbindung mit der Kirche und einer sich neu formierenden Bürokratie mit den wirren Zuständen ihrer Zeit einigermaßen fertig wurden.
Die Festigung der Autokratie der Zarenmacht vollzog sich nicht geradlinig, sondern ging noch durch schwere Krisen hindurch, bis die gewaltige Persönlichkeit Peters I. die kaiserliche Führung durch Zurückdrängung aller konkurrierenden Kräfte im Hochadel und in der Armee auf eine für lange Zeit unerschütterliche Basis stellte. Zu Peters Helfern gehören dabei auch die Ausländer, die er zur Modernisierung von Staat und Wirtschaft heranzieht. Nur so gelingt es ihm, auch mit dem Schwedenkönig Karl XII. fertig zu werden, der vergeblich noch einmal an die Faktoren appelliert, die sich im Lande selbst der zentralen Führung widersetzen wollen, darunter den letzten repräsentativen ukrainischen Kosakenhetman Mazepa.
Die Rationalisierung des Staates von oben her, die der große Zar ins Werk setzte, entspricht der Zeitendenz von Absolutismus und Merkantilismus auch im Westen. Sie wird von den Nachfolgern fortgesetzt, genauer: von den Nachfolgerinnen, denn die nächsten vier Inhaber des Zarenthrones sind, ein paar episodenhafte Figuren ohne historische Wirkung abgerechnet, durchweg Frauen. Einige von ihnen regieren allerdings nur mit Hilfe männlicher Günstlinge und mit ungleichen Erfolgen. Die kraftvolle Katharina II., die noch einmal die Verbindung des Zarenthrones mit den geistigen Mächten der westlichen Aufklärung erneuert, ist jedoch selbst fast im gleichen Maße wie Peter die führende Persönlichkeit ihrer Epoche in Osteuropa. Innenpolitisch arbeitet sie auf Konsolidierung der konservativen Elemente im Lande hin, ja, trotz ihrer auf humanitären Ton gestimmten brieflichen Diskussion mit berühmten französischen Freunden ist sie durch Unterdrückung der arbeitenden Bauern zugunsten der adeligen Gutsbesitzer eigentlich eine ausgesprochene Reaktionärin. Außenpolitisch setzt sie die Ausdehnung der russischen Macht nach dem Westen hin fort, die Peter mit dem von seinen Vorgängern vergeblich angestrebten Vorstoß ans

baltische Ufer und mit der Verlegung der Hauptstadt in das westliche Petersburg großzügig begonnen hatte. Die erste Teilung Polens schiebt die Grenzen des Zarenreichs bereits weit nach Mitteleuropa hinein. Rußland ist seit dem 18. Jahrhundert eine der großen Mächte Europas. Es trägt entscheidend dazu bei, daß der Versuch Napoleons zur Unterwerfung des ganzen Erdteils unter französische Führung scheitert. Ja, nachdem Katharinas Enkelsohn Alexander I. nach dem Sieg über den französischen Kaiser als einer der Triumphatoren in Paris eingeritten ist und bei der Neuordnung Europas auf dem Wiener Kongreß ein entscheidendes Wort mitgeredet hat, übernimmt die russische Politik in der »Heiligen Allianz« der siegreichen Monarchien zeitweise geradezu die Führung. Im Westen entzieht sich allerdings Großbritannien nach einigen Jahren ihrem Einfluß, aber im östlichen und mittleren Europa entscheiden russische Diplomatie und russische Waffen noch 1848 die Niederlage der demokratischen Revolution. Erst zehn Jahre später wird dem Vordringen des russischen Einflusses auf dem Festland bis auf weiteres eine Schranke errichtet.

In östlicher Richtung hat die Einbeziehung weiter asiatischer Gebiete unter die russische Herrschaft schon drei Jahrhunderte früher begonnen. Die ersten Handelskolonien im westlichen Sibirien sind nicht aus staatlicher Initiative hervorgegangen, sondern aus Unternehmungen des großen Nowgoroder Handelshauses Stroganow. Die Zaren des 18. Jahrhunderts erweitern und festigen diese Expansion. Sie stellen sie früher unter ihren Schutz als etwa die britische Krone die Unternehmung der Ostindischen Kompanie. Das dünnbevölkerte Sibirien verwandelt sich in dieser Zeit in eine großrussische Siedlungskolonie, die verwaltungsmäßig einen gleichberechtigten Teil des Gesamtreiches bildet, wirtschaftlich allerdings nur langsam in der Erschließung ihrer riesigen Rohstoff- und Kraftreserven vorwärtskommt.

Aktuellere außenpolitische Akzentuierung erhält im 19. Jahrhundert die Einflußnahme Rußlands auf die Balkanvölker und die Einwirkung des Russentums auf die Slawen der österreichisch-ungarischen Monarchie. Zielsetzung der Petersburger Politik in Südosteuropa ist für manche russischen Politiker die Beteiligung ihres Staates an der Erbschaft des vom Verfall bedrohten Nationalitätenreiches der Türkei. Dort lockt die Aussicht auf Beherrschung der Meerengen zwischen dem Schwarzen und dem Mittelmeer. Hilfe für die orthodoxen Glaubensbrüder unter türkischer Oberhoheit wird von einigen Ideologen als religiöse Pflicht ausgegeben. Verbindung mit den Slawen auch in Mitteleuropa schwebt schon den russischen Dichtern am Anfang des 19. Jahrhunderts als der große »allslawische« Traum vor, dessen Verwirklichung auf weite Sicht Rußlands internationale Mission sei. Beide Tendenzen — die Expansion nach dem Südosten und der Panslawismus — müssen auf die Dauer die Zusammenarbeit mit dem anderen konservativen Kaiserreich, das der Verbündete des Zaren gegen Napoleon war, mit Österreich-Ungarn, untergraben.

Diese weitreichende Zielsetzung der Außenpolitik dient den zaristischen Regierungen gleichzeitig auch als Ablenkung von innenpolitischen Problemen. Schon bald nach den Napoleonischen Kriegen hatten sich freiheitliche Kräfte in der dünnen Bildungsschicht gerührt, die sich meist aus Gutsbesitzersöhnen, jungen Offizieren und Schriftstellern zusammensetzte. In dem rasch unterdrückten Aufstand der »Dekabristen«, die im Dezember 1823 den Tod des Zaren Alexander und

die zunächst ungeklärte Regelung seiner Nachfolge für ihre liberalen und sozialen Ziele zu nutzen suchten, hatte sich eine von westeuropäischen Eindrücken angeregte Opposition zum ersten Mal sichtbar gerührt. Das Ergebnis waren nur weitere Straffung der Selbstherrschaft und Fortdauer der bäuerlichen Leibeigenschaft, die sich in den vorhergehenden Jahrhunderten herausgebildet hatten.
Der Gegensatz zwischen dem autokratischen Regime und den freiheitlichen Tendenzen unter den Gebildeten verhärtete sich unter dem entschieden konservativen Zaren Nikolaus I. immer mehr. Die mangelnde Äußerungsfreiheit der Kritiker des Regimes im Lande erhöhte die innere Spannung. Wer sich literarisch nicht frei aussprechen konnte, zog es immer häufiger vor, ins Ausland zu gehen, wo sich in den nächsten Jahrzehnten eine lebhafte Emigrationsliteratur mit starker Rückwirkung auch auf Rußland selbst formierte. Bauernbefreiung, erweiterte Selbstverwaltung, Meinungsfreiheit waren die aktuellen Forderungen der Opposition. Nicht nur »Westler«, sondern auch »Slawophile« fürchteten, daß ein starr autokratisch bleibendes Rußland seinen Einfluß in Europa wieder verlieren müßte. Einige der führenden Schriftsteller des Landes nahmen sich, teils in verdeckter literarischer Form, teils — im Ausland — ganz offen solcher Gedanken an. Zu ihnen gehörte der schwungvolle Publizist Alexander Herzen und der große Erzähler Iwan Turgenjew.
Der Nachfolger von Nikolaus I., sein Sohn Alexander II., entschloß sich 1861, die unhaltbar gewordenen Formen der Leibeigenschaft durch ein Manifest zur »Bauernbefreiung« zu überwinden, die den Bauern volle persönliche Rechtsfähigkeit gab, ihre wirtschaftliche Lage allerdings in vielen Fällen noch verschlechterte. Die Bauern erhielten zu wenig Land und wurden mit schweren, wenn auch auf mehrere Jahrzehnte verteilten Zahlungslasten für ihren Loskauf beschwert. Man hat berechnet, daß sich in den nächsten 45 Jahren der Umfang des bäuerlichen Besitzes flächenmäßig nur um etwa ein Zehntel vermehrte, während sich die Kopfzahl der bäuerlichen Bevölkerung gleichzeitig verdoppelte. Im Durchschnitt war das Bauernland schwerer verschuldet als das der adeligen Gutsbesitzer. Alexander II. wurde trotzdem als »Zar-Befreier« gefeiert. Seine Absichten waren auch sicherlich wohlwollend, aber die Wirkung seiner Politik verminderte die inneren Spannungen nicht. War es, wie manchmal behauptet, ein Irrtum der Geschichte, daß gerade dieser Kaiser wenige Jahre später einem Attentat zum Opfer fiel? Sein Sohn Alexander III. lenkte jedenfalls daraufhin die Politik des Staates in noch härtere konservative Formen zurück.
Von Demokratisierung des Regimes konnte nun erst recht keine Rede mehr sein. Die Vorstellungen, die in der Opposition darüber herrschten, waren sehr ungleicher Art. Sie waren vor allem weit entfernt von den Zielsetzungen der Regierung. In der zweiten Hälfte des 19. Jahrhunderts formierten sich politische Ideologien, die vom Anarchismus über den Sozialismus marxistischer Prägung bis zu einem romantischen Bauernsozialismus reichten und neben denen sich ein bürgerlicher Linksliberalismus und eine Art von gemäßigtem und meist kompromißbereitem Nationalliberalismus in den Vordergrund schoben. Unter den Anarchisten und unter den Agrarsozialisten gab es Revolutionäre der Tat, die auch den individuellen Terror für eine geeignete Waffe zum Umsturz der politischen Verhältnisse hielten. Unter den Marxisten gab es viele Spielarten, darunter eine Richtung, die sich auf die Anwendung wirtschaftlicher Kampfmittel der notleidenden Klassen verlassen wollte, eine andere, die eine gewisse Zusammenarbeit

mit dem radikalen Bürgertum für möglich hielt, weil einer sozialen Revolution eine politische Demokratisierung vorangehen müßte. Der linke Flügel der Marxisten, den seit Anfang des Jahrhunderts Wladimir Lenin führte, lehnte dagegen solche Kompromisse mit der bürgerlichen Demokratie ab und hielt nur die armen Bauern für eventuelle Bundesgenossen der revolutionären Teile der Arbeiterklasse. Ideologisch hatte sich der Marxismus anfangs mit der Auffassung auseinanderzusetzen, daß sich aus der traditionellen russischen Dorfgemeinschaft unter Überspringung westlicher Wirtschaftsformen direkt eine spezifisch russische, sozialistische Gesellschaftsverfassung entwickeln könnte. Dagegen wandte sich bereits der erste bedeutende Vermittler Marxscher Lehren im russischen Sprachgebiet, der Kleinadelige Georgij Plechanow, der im Ausland eine kleine Kampfgruppe russischer Sozialisten bildete. Alle späteren Parteien dieser Richtung sind aus dieser Gruppe hervorgegangen, insbesondere auch die sozialdemokratischen Menschewiken und die linksradikalen Bolschewiken. Ihrer beider Namen stammen von einer Spaltung der sozialistischen Bewegung im Jahre 1902, bei der Lenins Bolschewiki die Mehrheit der Delegierten einer Tagung hinter sich brachten, die Gegengruppe unter dem weicheren Martow in der Minderheit blieben. Die Auseinandersetzungen in der Arbeiterbewegung drehten sich dann um Beteiligung oder Nichtbeteiligung am Scheinparlamentarismus der vom schwachen Zaren Nikolaus II., dem letzten Monarchen, bewilligten Duma, einem Parlament mit mehrfach geändertem Wahlrecht, in dessen Glanzzeit die Führung bei den bürgerlichen Linksliberalen (Spitzname: Kadetten) lag. Der kaiserliche Hof, erschreckt durch Massenkundgebungen nach der Niederlage Rußlands im Kriege gegen Japan (1904/05), räumte diesem Parlament niemals wirklichen Einfluß ein. Reformer aus der Bürokratie, die durch eine Änderung der agrarischen Besitzordnung die inneren Spannungen zu mildern suchten, fielen in Ungnade, ehe sie mit ihren Plänen weiterkamen. Revolutionäre wie Lenin mußten ihre Wirksamkeit in die Emigration verlegen und von dorther publizistisch auf die Heimat Einfluß zu nehmen versuchen. Das Signal zum Sturz des Zaren gab die Niederlage im Ersten Weltkrieg. Aber nicht die Linksradikalen waren es, die den Monarchen zum Rücktritt zwangen, sondern liberale und demokratische Patrioten, die den Untergang ihres Vaterlandes befürchteten. Erst nachträglich ist durch eine Verkürzung des geschichtlichen Rückblicks das Sowjetregime zum Besieger der Monarchie umgedeutet worden. Erster Träger der Republik war indes im Frühjahr 1917 eine Koalition aus gemäßigten Liberalen, Rechtssozialisten und Bauernsozialisten. Sie scheiterte, weil sie den Versuch machte, den Krieg gegen die Mittelmächte fortzusetzen, und weil sie mit den wirtschaftlichen Schwierigkeiten und der Unruhe unter der landhungrigen Bauernschaft nicht fertig wurde. Indes hielten selbst die an Ort und Stelle gebliebenen Führer der Bolschewiken, Männer wie Kamenew und Stalin, den Augenblick für eine Machtergreifung ihrer Partei im Frühherbst 1917 noch nicht für gegeben.
Erst als Lenin selbst kurz darauf aus dem Ausland zurückkehrte – die kaiserlich deutsche Regierung hatte ihm freies Geleit nach der Heimat gegeben, weil sie von seiner Wirksamkeit Zersetzung der russischen Front erhoffte –, änderte sich die Taktik der Kommunisten. Lenin stand damals noch unter dem Eindruck, daß in allen kriegführenden Ländern die Revolution unmittelbar bevorstehe, und so drängte er denn auch zu einer zweiten Revolution in Rußland. Er benutzte dazu das Nebeneinander einer gewählten Nationalversammlung, in der die große

Mehrheit aus gemäßigten Sozialisten bestand, und eines Arbeiter-und-Soldaten-Rats, in dem er seinen eigenen Anhängern die Führung zu verschaffen wußte. Mit der Losung »Alle Macht den Räten« bewirkte er die Ausschaltung der Gemäßigten und die Bildung der ersten Sowjetregierung unter der Führung seiner Partei. Anfangs bezog er noch den linken Flügel der Sozialrevolutionäre (Bauernsozialisten) in diese Führung ein, die aber bei erster Gelegenheit ebenfalls beiseite geschoben wurden.

Seit jenen »Tagen, die die Welt veränderten«, wie ein westlicher Bewunderer Lenins sie genannt hat, ist Rußland und sind weite Gebiete der nichtrussischen europäischen Völker, die zum Zarenreich gehört hatten, ein Staat unter der roten Flagge der kommunistischen Revolution. Dem Oktoberumsturz (der nach dem westlichen Kalender Anfang November 1917 stattfand) folgte ein mehrjähriger Bürgerkrieg. Monarchistische Offiziere, um ihr Eigentum besorgte Großbauern und um nationale Selbständigkeit bemühte Fremdvölkergruppen stellten sich der kommunistischen Regierung entgegen. Einige von ihnen fanden Unterstützung bei ausländischen Mächten. Die ukrainischen Nationalisten erhielten sie in Deutschland, andere gegenrevolutionäre Fronten bei den Regierungen der Westmächte, die sich durch das Ausscheiden des kommunistisch gewordenen Rußland aus ihrer Allianz verraten fühlten. Auch das von Lenin in nationale Unabhängigkeit entlassene Polen versuchte die Verwirrung in Osteuropa noch zum Vorschieben seiner Grenzen tief in ukrainische und weißrussische Gebiete hinein auszunutzen und erreichte damit einen Teilerfolg im Frieden von Riga (1921). Aber die Sowjetmacht behauptete sich am Ende, wenn das Land auch durch Krieg, Bürgerkrieg und Umsturz seiner Wirtschaftsverfassung in schwere Not geriet.

Lenin trug dieser fast ausweglos erscheinenden Lage Rechnung, indem er den harten »Kriegskommunismus« mit seinen rücksichtslosen Eingriffen in das wirtschaftliche Leben durch eine »Atempause« beendete und zu einer — sicherlich von vornherein nur als Provisorium gedachten — »Neuen Ökonomischen Politik« umlenkte. Der privaten wirtschaftlichen Betätigung wurde wieder Raum gegeben, und sogar ausländische Unternehmungen erhielten Konzessionen zur Ausbeutung wertvoller Rohstoffe, wenn sie dafür neues Kapital und Fachleute zur Verfügung stellten. Der schlimmsten Versorgungsnot steuerte gleichzeitig eine von dem Norweger Nansen organisierte internationale Hilfsaktion. Außenpolitisch half sich das neue, jetzt wieder von Moskau aus gelenkte Regime, indem es im Westen gemeinsame diplomatische Demonstrationen mit der anderen besiegten Nation des Weltkrieges, mit Deutschland, ins Werk setzte (Vertrag von Rapallo über gegenseitigen Verzicht auf Kriegsentschädigungen 1922), im Osten aber von der gegenseitigen Eifersucht zwischen Amerikanern und Japanern profitierte, die einander nicht die Ausnutzung der Schwäche Rußlands durch Vordringen in Ostsibirien gönnten.

Als Lenin, erst 53 Jahre alt, im Januar 1924 die Augen schloß, war die Sowjetunion über die großen Krisen der Revolution und ihrer Folgen einigermaßen hinweg. Sie stand damals allerdings zunächst ohne die autoritative Führung da, die sechs Jahre lang nur durch die mächtige Persönlichkeit und das Ansehen ihres Gründers und ersten Führers gegeben war. Bis zum heutigen Tage sind diese Jahre unter der Führung Lenins in der Erinnerung seines Volkes das Heldenzeitalter der Sowjetunion geblieben.

Kiew, Nowgorod und Susdal
Kirche und Staat in der frühen Geschichte

Das Schicksal der russisch-orthodoxen Kirche war von Anfang an eng mit der politischen Geschichte und mit dem Aufstieg des Landes verknüpft. Während die erste Missionierung durch byzantinische und vereinzelt auch lateinische Missionare im Kiewer Raum erfolgte, verbreitete sich das Christentum erst Ende des 10. Jahrhunderts, nach der Taufe Wladimirs von Kiew. Ähnlich wie in Mitteleuropa war eine entscheidende Missionierung des Volkes von der religiösen Aufgeschlossenheit des Landesherrn abhängig. Kiew wurde das erste nicht nur staatliche, sondern auch kulturelle und religiöse Zentrum im russischen Raum. Das Wohl der Kirche war mit der staatlichen und wirtschaftlichen Macht des Großfürsten untrennbar verbunden, vor allem deshalb, weil es keine eigene und wirtschaftlich unabhängige Kirchenorganisation gab.
Im Norden entwickelte sich zur gleichen Zeit Nowgorod von einer erfolgreichen und wohlhabenden Handelsstadt zum kulturellen und später auch zum religiösen Kernpunkt. Mit dem Niedergang der Macht der Kiewer Großfürsten erlangten die einzelnen Gebiete größere Selbständigkeit, und Nowgorod löste sich schließlich im 12. Jahrhundert gänzlich aus dem Kiewer Herrschaftsbereich. Es konnte damals seinen Einfluß von der Ostsee bis zum Ural ausdehnen. Da Nowgorod das Glück hatte, vom Mongolensturm (13. Jh.) nicht berührt worden zu sein, wurde es nicht, wie zahlreiche andere blühende Städte, zerstört.
Die Nowgoroder Schule, die durch die schönsten Ikonen bekannt wurde, entwickelte sich in enger Verbindung mit der religiösen und kulturellen Blüte, wie sie staatliche Prosperität fast immer gewährleistet. Die Tataren unterbrachen zwar fast alle politischen und wirtschaftlichen Kontakte zum Westen, da sie aber nur nach politischer Macht und ökonomischem Gewinn strebten und das religiöse Leben tolerierten, blieb die Substanz des orthodoxen Christentums relativ unbeschadet.

Die Tataren gestatteten den meisten Klöstern freie Arbeit — allerdings um den Preis politischer Enthaltsamkeit und der Unterwerfung unter ihre Oberhoheit. Als nach anderthalb Jahrhunderten die fremden Herren vertrieben wurden, konnten die Klöster, die den Nationalgedanken bewahrt hatten, bei der russischen Erneuerung eine führende Rolle übernehmen.
Die Befreiung 1480 war vom Großfürstentum Moskau ausgegangen; Moskau war zum neuen politischen Schwerpunkt geworden — und alte Städte wie Susdal und Wladimir, die ihre kulturelle Blüte im 12. und 13. Jahrhundert hatten, gingen nach Beendigung der Tatarenherrschaft im Moskauer Großfürstentum auf.

49 Frauenstatuette aus Kostenki I
Der russische Archäologe Jefimenko grub zwischen 1923 und 1936 in Kostenki I bei Woronesch am Don eine der schönsten steinzeitlichen Figurinen aus. Die Statuette stammt aus der Übergangszeit vom Mittel- zum Jungpaläolithikum. Sie wird auf das 25. bis 30. Jahrtausend v. Chr. datiert. (Statue aus den Sammlungen der Eremitage in Leningrad.)
Die ältesten Menschenfunde im Gebiet der Sowjetunion gehören zum Neandertaler-Typ aus den Kijk-Koba-Höhlen bei Simferopol auf der Krim.

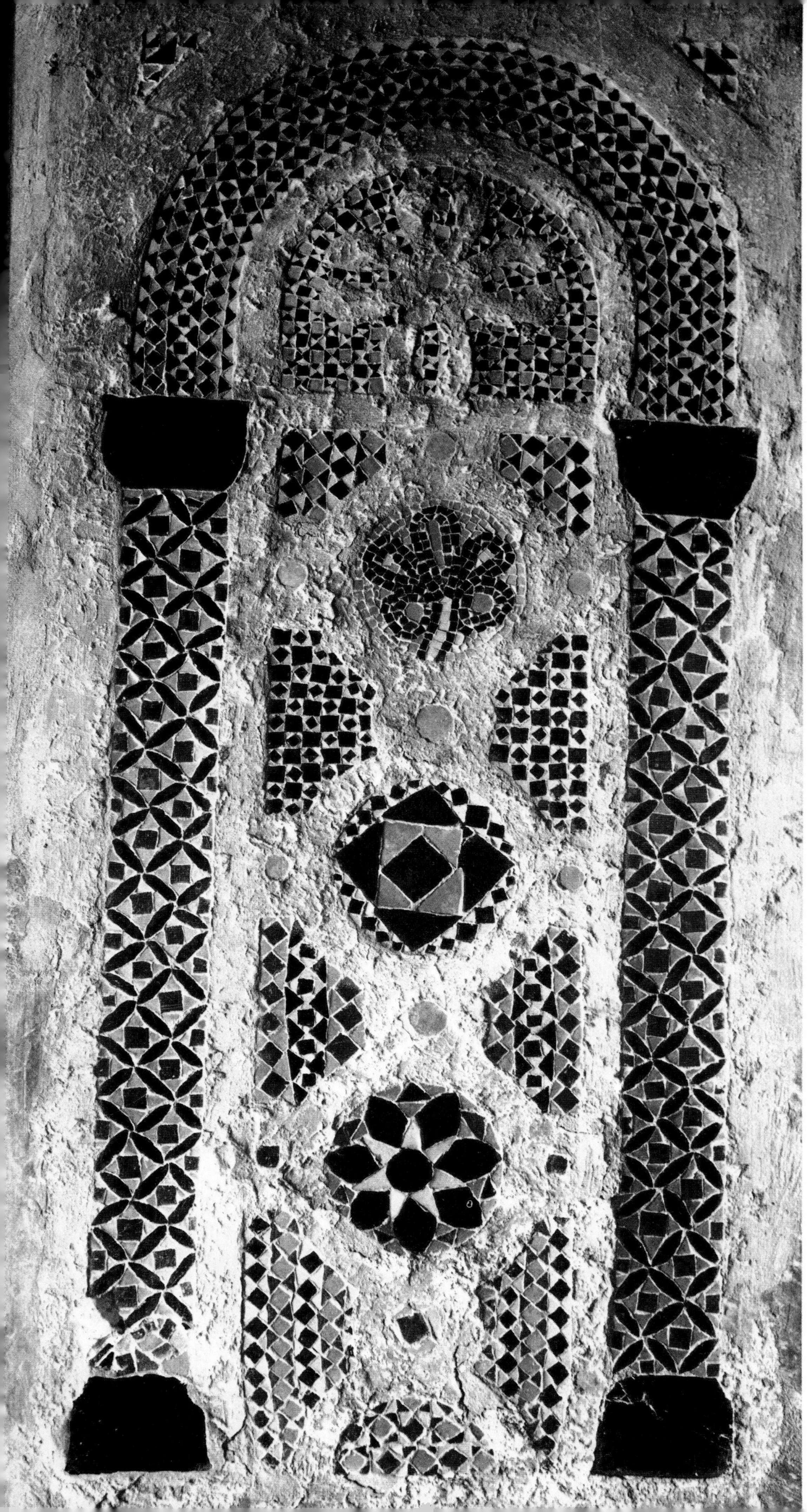
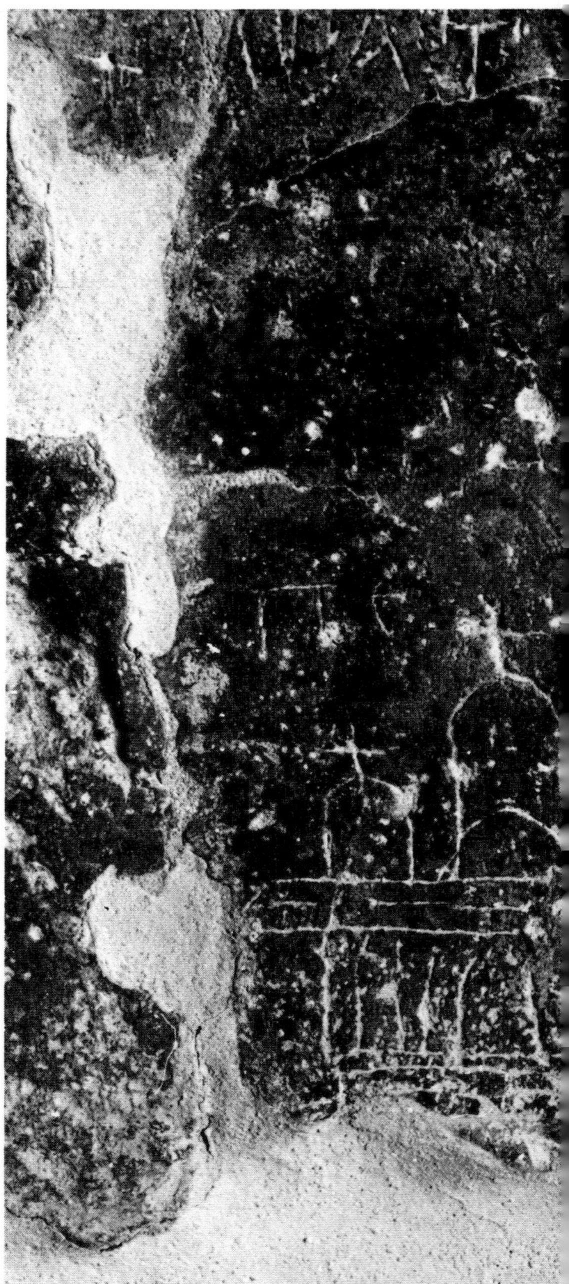

50 + 51 Aus der Sophienkirche in Nowgorod

Alte Chroniken berichten von der Entstehung Nowgorods im 9. bis 10. Jahrhundert. Dank seiner günstigen Verkehrslage war die Stadt bereits im 11. Jahrhundert neben Kiew das bedeutendste kulturelle Zentrum Rußlands. In der Sophienkathedrale, die zwischen 1045 und 1062 erbaut wurde, sind noch die Überreste eines Wandmosaiks im byzantinischen Stil und das Fragment eines größeren Sgrafitto aus dem 12. Jahrhundert zu sehen. Beides sind seltene Überreste aus der Zeit des frühen russischen Christentums, denn das meiste der monumentalen Kunst wurde im Verlauf der wechselhaften Geschichte zerstört.

52 Holzkirche aus Nord-Rußland
Der Reichtum an Holz und die aus
Skandinavien übernommenen
Vorbilder führten zur Ausbildung
der Holzarchitektur. Bis weit in die
Neuzeit wurde diese Bauweise
auch für Sakralbauten
angewendet. – Die hier abgebildete
Verklärungskirche aus dem
17./18. Jahrhundert wurde nach
Susdal transportiert und wird dort
als Architektur-Denkmal
erhalten.

53 Marien-Ikone aus Susdal
Die Gottesmutter von Wladimir,
die das Jesuskind an ihre
rechte Wange schmiegt, ist eines
der am häufigsten dargestellten
Marienbilder in Rußland.
Diese Ikone stammt aus dem
17. Jahrhundert.
Die silbergetriebene, später
vergoldete Metallhülle, die das
Heiligenbild bis auf Gesicht
und Hände verdeckt, heißt Oklad.

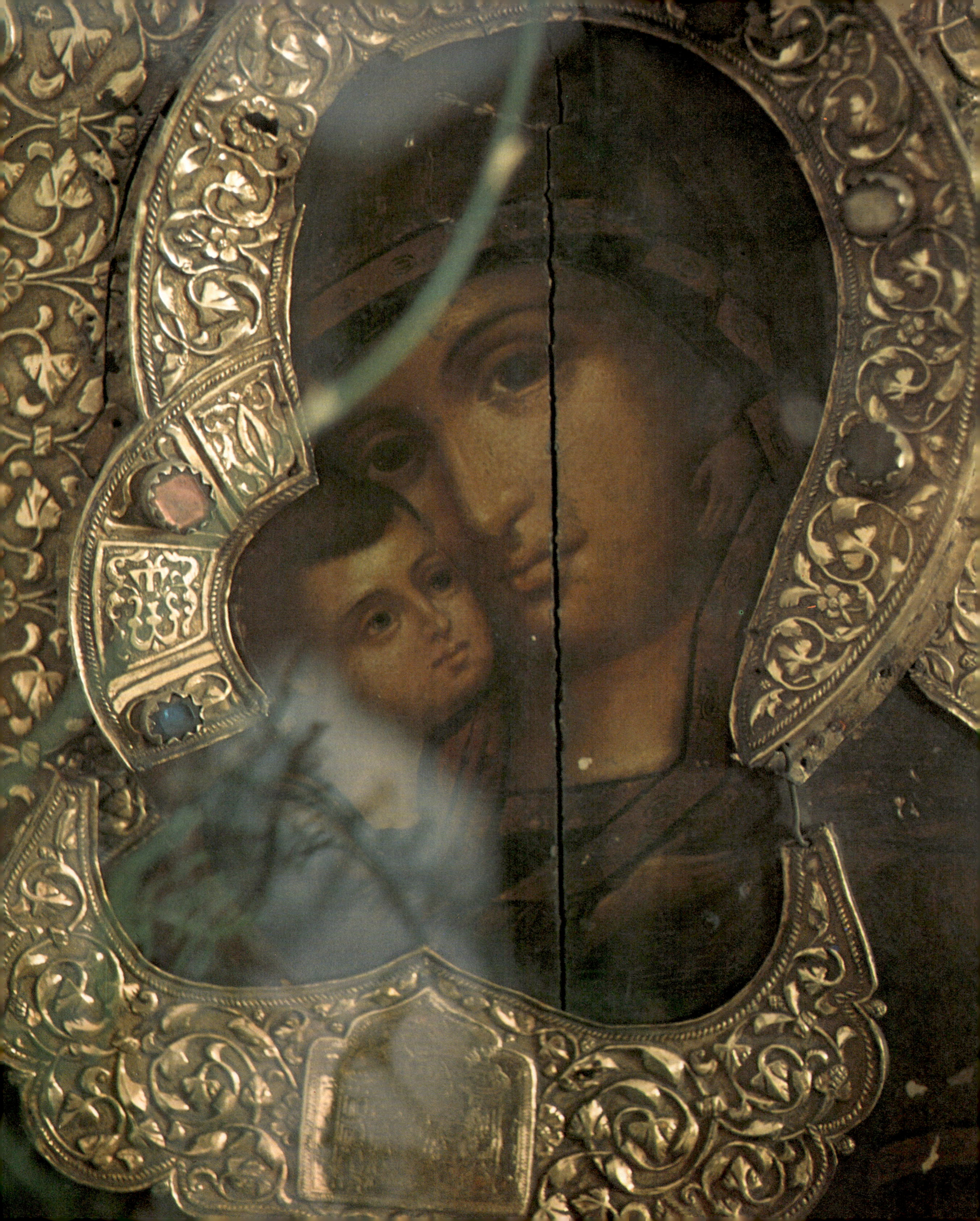

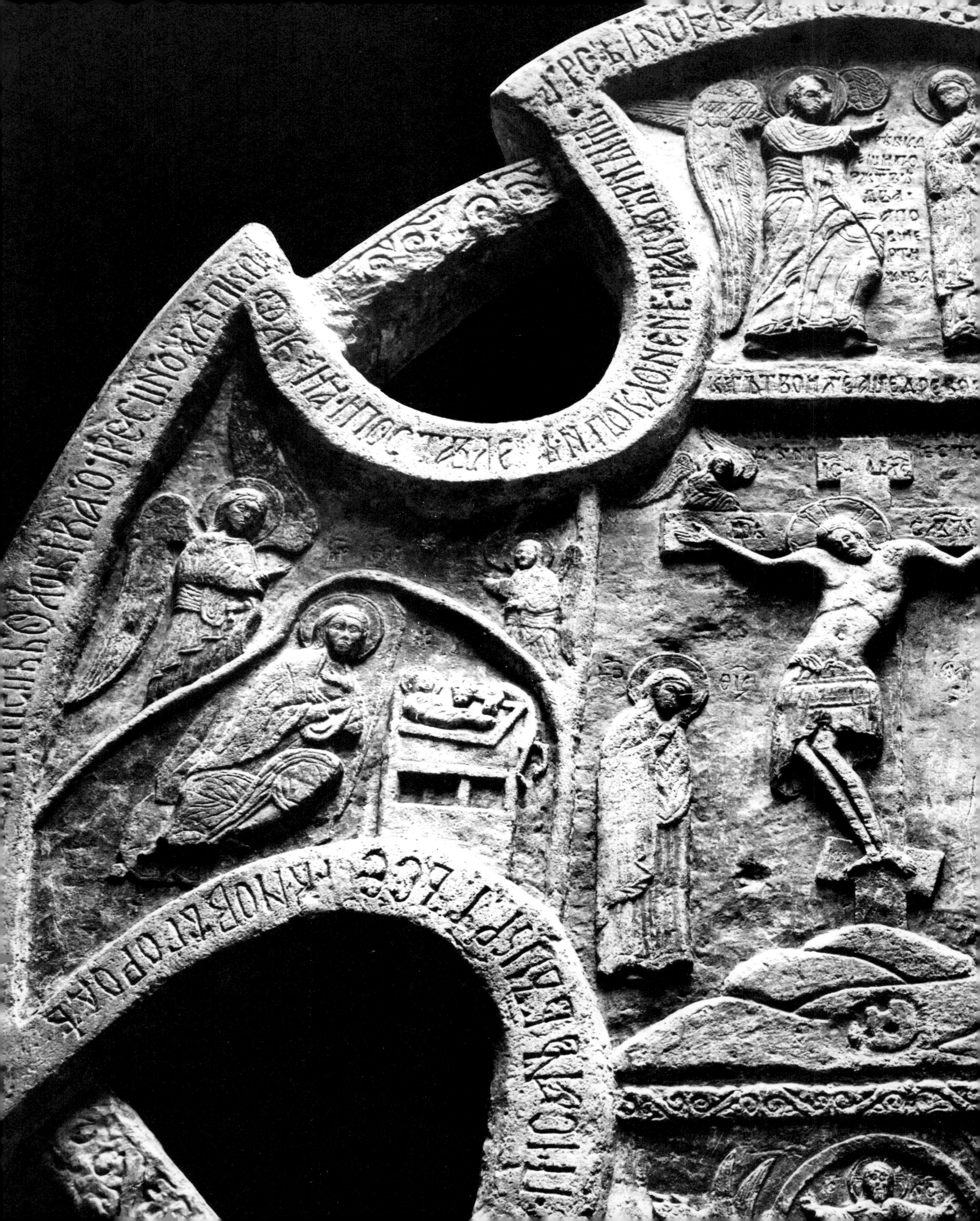

54 Steinkreuz von Nowgorod
Erzbischof Alexej ließ nach der Überlieferung im 14. Jahrhundert dieses gewaltige Steinkreuz herstellen. Es erhielt den Namen »Alexejenski-Kreuz« und wurde, wie es damals in Nowgorod üblich war, auf der Straße zur Verehrung aufgestellt.

55 Nowgoroder Kreml
Um 1045 schützten die Nowgoroder ihren Kreml erstmalig mit einer Holzpalisade. Die Burg erhebt sich auf einem kleinen Hügel am westlichen Wolchow-Ufer. Auf der gegenüberliegenden Flußseite liegt der Jaroslaw-Hof mit der Handelsstadt, durch die Nowgorod berühmt wurde.
Die Rundbogenarkaden stammen aus der Zeit des letzten Umbaues des Handelshofes im 18. Jahrhundert. Im Hintergrund ist der Glockenturm des Kreml sichtbar.

56 + 58 *Lawra-Kloster in Kiew*
Patriarch Photios aus Byzanz ließ 860 die erste Kirche in Kiew bauen und begann mit der christlichen Missionierung. Durch den Zusammenbruch der Herrschaft von Askol'd hatten diese frühen Bemühungen wenig Erfolg, und erst mit der Taufe des Fürsten Wladimir Swjatoslaw um 990 begann die intensive und erfolgreiche Bekehrung von Kiew aus. Bald darauf gründete um 1051 der Mönch Hilarion mit den bis dahin in den Höhlen des Petschersk lebenden Mönchen das obere Lawra-Kloster, das sich zu einem der wichtigsten Kulturzentren entwickelte. Heute gelangt man durch einen Bogengang unter der barocken Dreifaltigkeitskirche in das große Kloster-Areal.

57 Sophienkirche zu Kiew
Für den späteren
russisch-orthodoxen Baustil wurde
die Kiewer Sophienkirche richtungweisend. In ihr wurde erstmals der
von Byzanz bestimmte Stil durch
einheimische Vorstellungen
modifiziert. Nach der Zerstörung
durch die Mongolen 1240 konnte die
Kirche erst zur Zeit des Barock
wiederaufgebaut werden.
Das Marienmosaik,
von byzantinischen Künstlern um
1030 geschaffen, hat die Zerstörung
überdauert; es gehört zu den
schönsten Mosaiken Rußlands:
Unter der betenden Gottesmutter
sind die Apostel dargestellt.
In der Kathedrale fand 1051 die
entscheidende Gründung der
russischen Kirche statt. Jaroslaw
von Kiew hatte die Bischöfe
zusammengerufen und ließ Hilarion
zum ersten russischen
Metropoliten der Russisch-Orthodoxen Landeskirche wählen.

59 Alexanderkloster in Susdal ▶
Auf einem flachen Hügel über dem
Fluß Kamenka erhebt sich die
Wosnessenski-Kirche, die 1695 im
Mittelpunkt des Alexanderklosters
erbaut wurde. Typisch für die
Susdal-Wladimir-Epoche ist der
achteckige freistehende
Glockenturm mit einem
Arkadengeschoß und mit spitzem
Zeltdach.

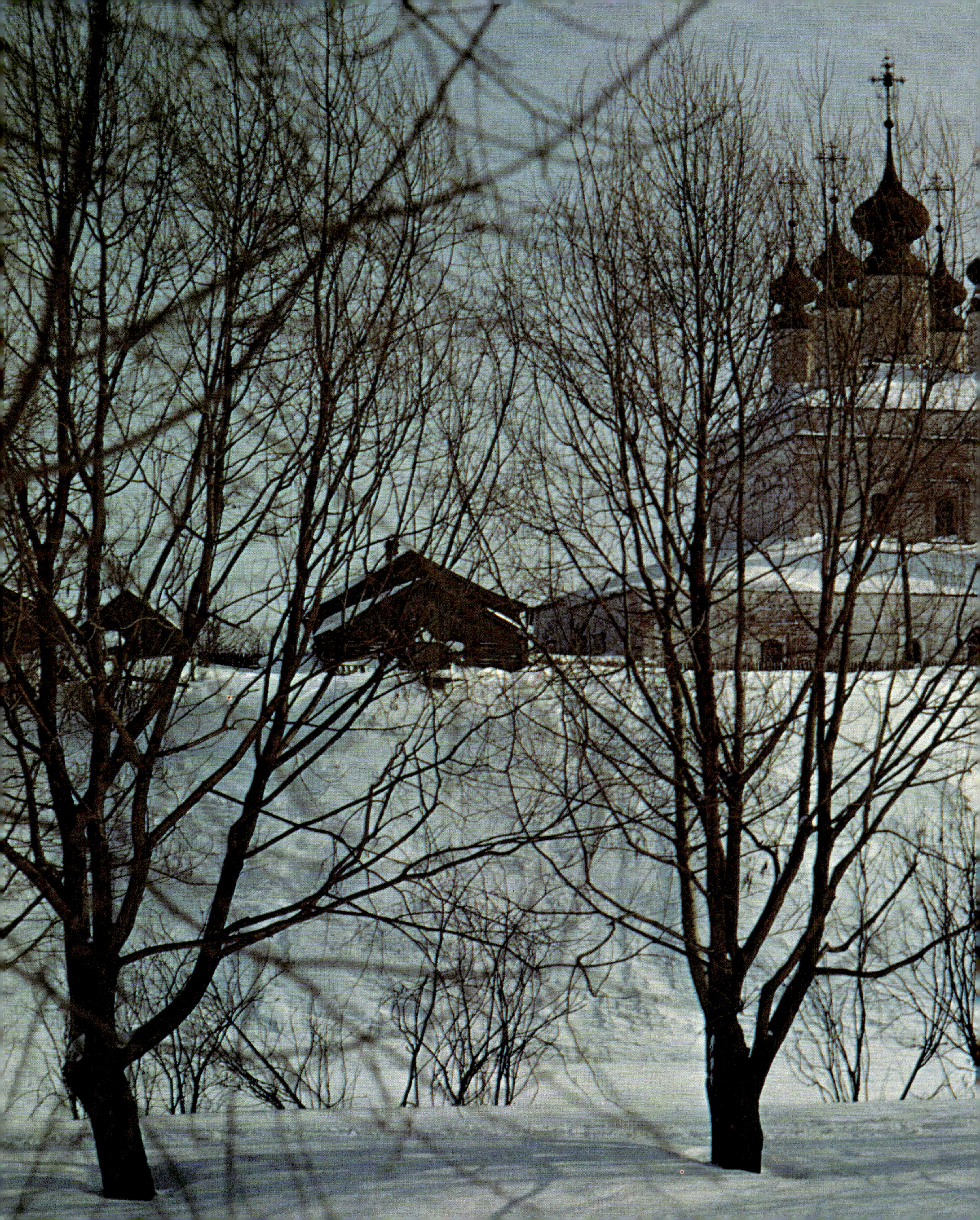

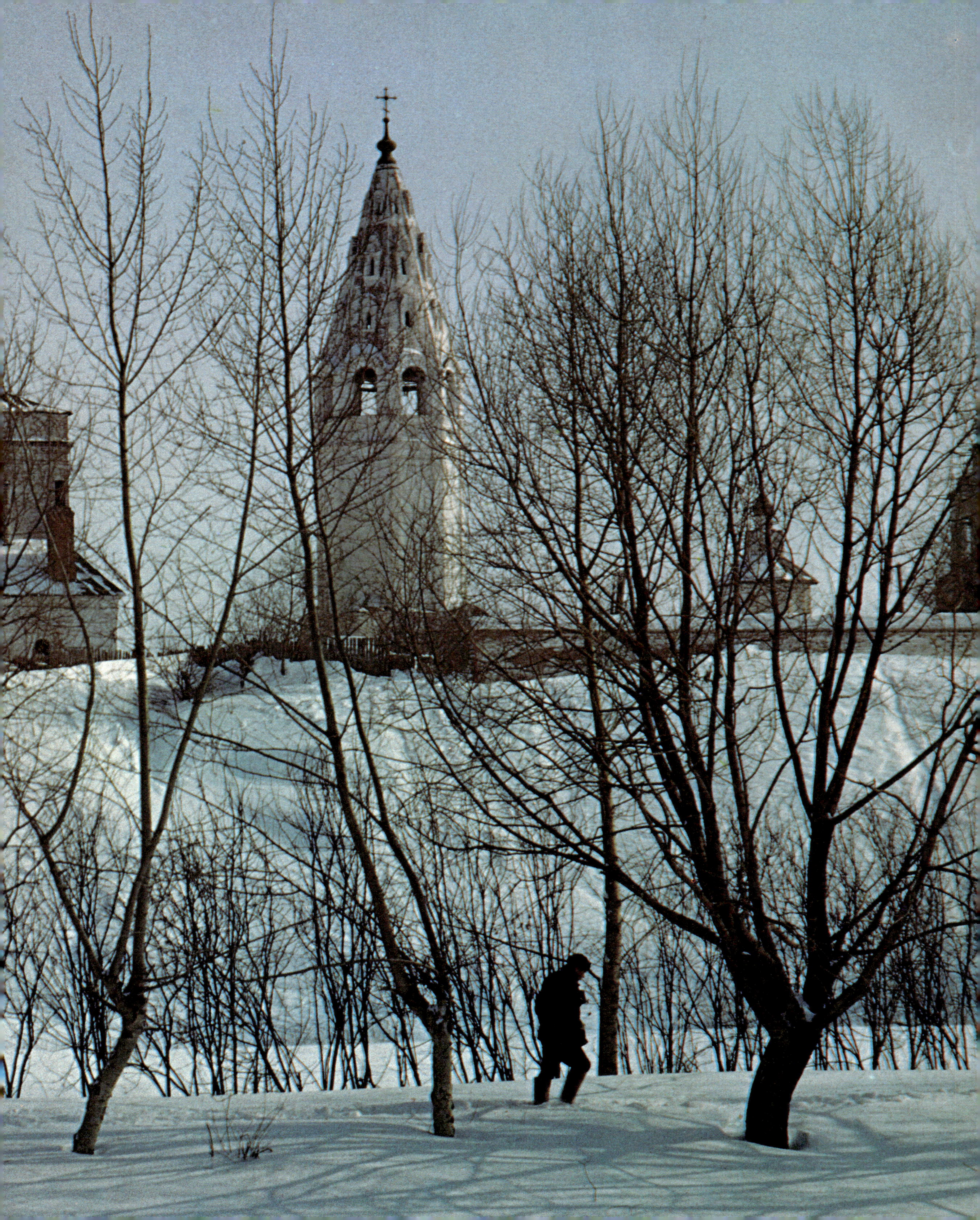

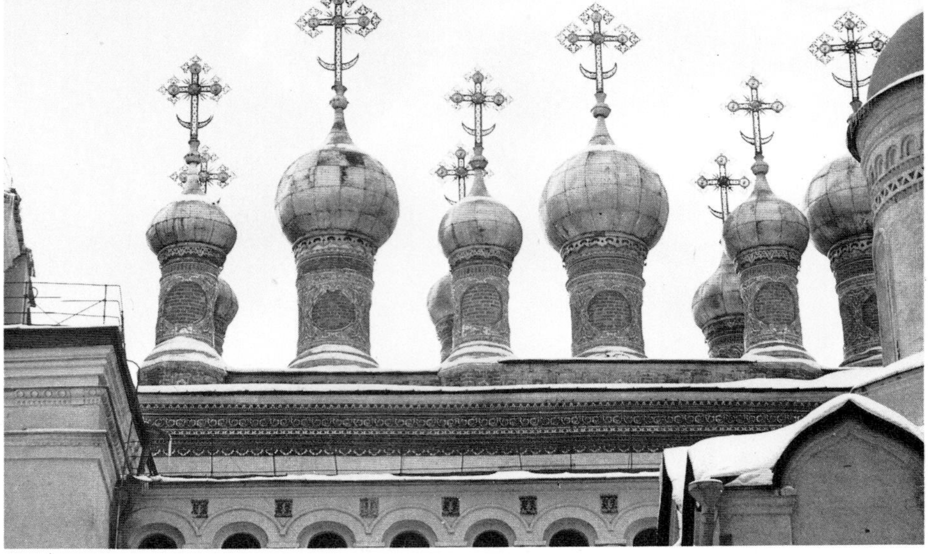

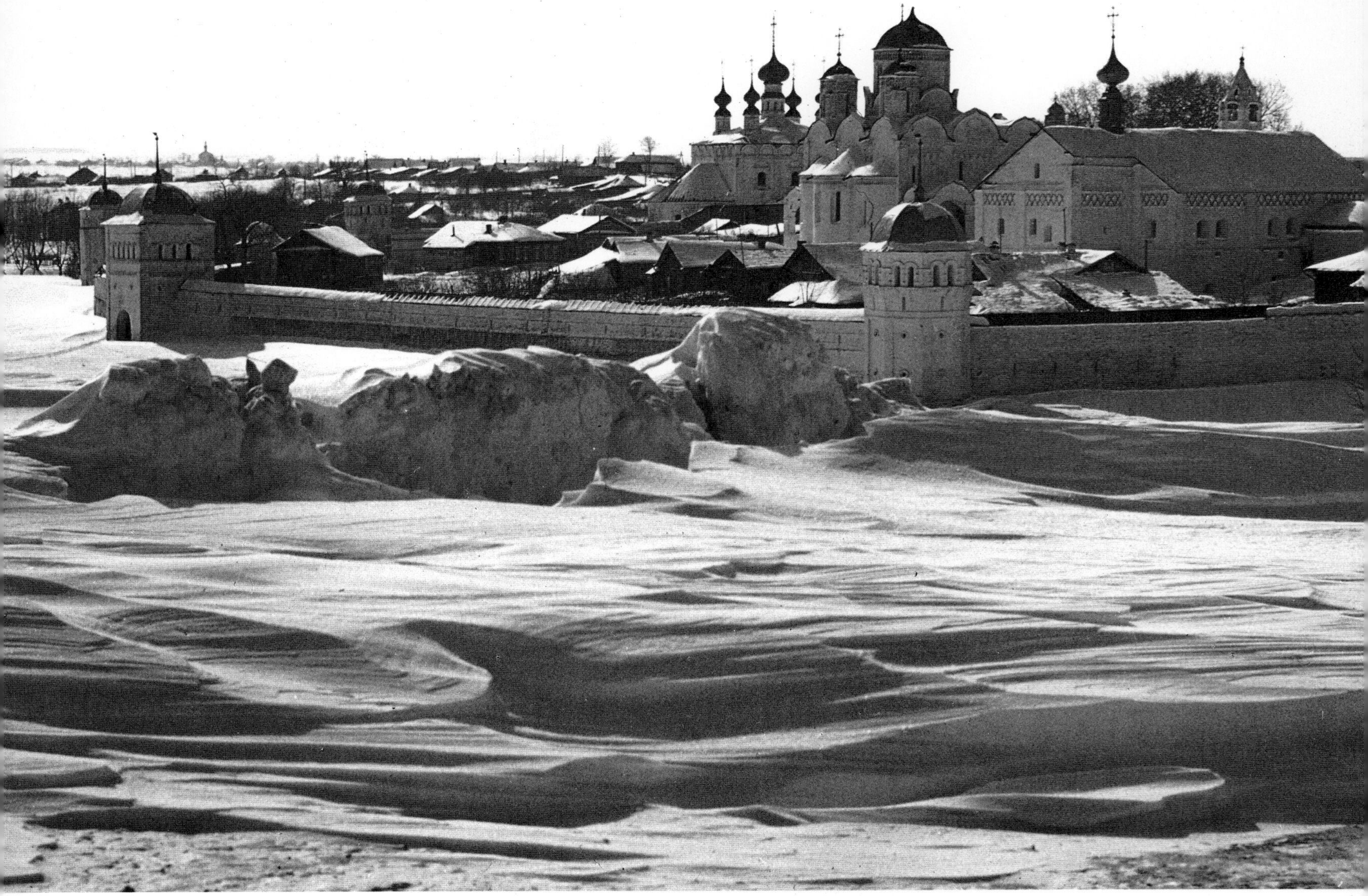

Kirchgang: Die Angaben über die heutige Religiosität in der Sowjetunion sind nicht eindeutig durchschaubar. In einer offiziellen Verlautbarung heißt es zwar, daß nur noch die Babuschkis, die alten Mütterchen, die ohnehin »immer weniger würden«, die Gottesdienste besuchen. Bei anderer Gelegenheit wird betont, daß der freien Religionsausübung keinerlei Schranken gesetzt werden, und daß die Zahl der Gläubigen nicht rückläufig sei. Andererseits wird die Kirche daran erinnert, sich an das Bibelwort zu halten, in dem es heißt: »Mein Reich ist nicht von dieser Welt.« Der Staat respektiert heute im allgemeinen die innere Organisation der Kirche, erwartet aber die Nichteinmischung in die staatlichen Bereiche. Diese staatlichen Aufgaben umfassen jede Art der Bildung, allen Schulunterricht und auch die karitativen Maßnahmen. Der Kirche wird nur das Seelenheil ihrer Gläubigen überlassen. Und diese Gläubigen nehmen anscheinend nicht ab, so daß bei gewissen Altersgruppen nach wie vor eine starke Bereitschaft für die kirchliche Seelsorge besteht. Die Jugend allerdings steht, beeinflußt durch eine umfassende staatliche Erziehung, abseits. Für sie ist Gott vollends unglaubhaft geworden, seitdem Satelliten und Kosmonauten den Himmel bevölkern.

Morgen in Wladimir: Der Wind, der etwas Schnee über den Kreml bläst, ist bitterkalt. Kurz nach sieben Uhr geht hier Anfang März die Sonne auf; um diese Zeit zeigt das Thermometer 22 Grad minus. Alle Wege im Kreml scheinen verwaist, nur gelegentlich huschen kleine Gruppen dunkel gekleideter Frauen zur Uspenski-Kathedrale. Das Kircheninnere wirkt nach dem blendenden Schnee undurchdringlich dunkel. Hinter dem Windfang sitzt die Türhüterin und verkauft lange, schmale Opferkerzen. Vor den Nischen, Seitenaltären und Heiligenbildern brennen überall diese Wachslichter. Sie sind die einzige Beleuchtung des hohen Kuppelbaues. Durch die schmalen Fenster dringt nur mattes Licht. Dichtgedrängt stehen die Frauen im Kirchenschiff, alle sind mit dunklen Mänteln und hellen Kopftüchern bekleidet. Die Stimme des Popen klingt klar und rein, eine zweite, tiefere Stimme übernimmt den Wechselgesang der Liturgie. Plötzlich kommt Bewegung in die Betenden, die Frauen werfen sich auf ihre Knie und küssen, den Oberkörper auf und ab wiegend, in rhythmischen Abständen den steinernen Boden. Einige der Babuschkis können nur mit Hilfe ihrer Nachbarinnen aufstehen, ihre Rücken sind rund und steif nach vorn gebeugt — ihr Alter ist kaum zu schätzen. Eine Handvoll Männer fallen in diesem andächtigen Frauenkreis auf; auch sie sind kaum jünger als 40 Jahre. Der Pope selber trägt einen dichten, dunklen Bart, er ist jung, knapp 30 Jahre. Den Gottesdienst zelebriert er mit selbstverständlicher Würde nach dem Ritual, dem für unsere Begriffe viel byzantinischer Pomp, aber auch viel Feierlichkeit anhaftet.
In der orthodoxen Kirche gibt es keine Messe und keine Kirchengebote, fast alles beruht auf Freiwilligkeit. Der Gläubige geht möglichst zum sonntäglichen Hauptgottesdienst, oft auch noch am Samstagabend in die Kirche. An den Wochenenden sind jene Kirchen, an denen noch Geistliche wirken, vielfach gut besucht — und man kann dann auch einige jüngere Familien beim Gebet antreffen.

60 Kuppeln der Erlöserkathedrale im Moskauer Kreml
Im Moskauer Kreml wurde zwischen 1482 und 1490 nach dem Vorbild der Kathedrale von Wladimir die Blagoweschtschenski-Kirche gebaut Ihre Doppelarkaden wurden später bei zahlreichen russischen Kirchen nachgeahmt.

61 Frauenkloster in Susdal
Zahlreiche russische Zaren und Fürsten verschickten ihre nicht mehr geliebten Frauen in das Prokow-Kloster. Auch Peter I. verbannte — wie schon Wassili III. — seine erste Frau Eudoxia Lopuchina in das Susdaler Kloster.

Rußlands orthodoxe Kirche

Eine der großen Entscheidungen, die Rußlands Geschichte und Kultur geprägt haben, war die Annahme des christlichen Glaubens in seiner griechisch-orthodoxen Form vor fast 1000 Jahren unter dem Kiewer Großfürsten Wladimir, der dafür nachträglich heiliggesprochen wurde. Daraus ergab sich zunächst eine weitgehende geistige Abhängigkeit von der oströmischen Kaiserstadt am Bosporus. Diese lockerte sich indes schon, als der Patriarch von Konstantinopel im 14. Jahrhundert einen russischen Metropoliten in Moskau einsetzte, der sich in manchen Fragen an seinen Großfürsten, in anderen an seinen geistlichen Oberherrn in Ostrom anlehnen konnte. Seinen Nachfolgern ging dieser Rückhalt verloren, als das Oströmische Reich im 15. Jahrhundert vor den andrängenden Türken zusammenbrach und der Moskauer Kirchenfürst sich immer mehr und einseitiger an die weltliche Macht seines Staates anlehnen mußte. Die Kirche hat den Großfürsten diesen Schutz auch reichlich vergelten können. Die orthodoxe Theologie war es, die den Moskauer Herrschern den Kaisertitel verschafft hat. Die große Formel, mit der dieser Anspruch begründet wurde, stammt aus einem Sendschreiben des Mönches Fiofej aus Pskow vom Anfang des 16. Jahrhunderts, in dem es heißt: »Unser Herrscher ist auf der ganzen Erde der einzige Zar über die Christen, der Lenker der heiligen Throne der Allgemeinen Apostolischen Kirche, die anstelle der Römischen und der Konstantinopler Kirche in der von Gott geretteten Stadt Moskau besteht . . . Denn zwei Rom sind gefallen, aber das dritte steht und ein viertes wird es nicht geben!«
Der Kirche, die diese theologische Sanktionierung der Ansprüche Moskaus vertrat, halfen die Zaren bei der gewaltsamen Unterdrückung aller Ketzereien, und die Kirche unterstützte die Herrscher ihrerseits bei dynastischen Ehestreitigkeiten. Thron und Altar hielten seit jener Zeit in Rußland zusammen. Es kamen freilich Zeiten, in denen aufgeklärte Monarchen daran interessiert waren, innerhalb der Kirche liturgische und theologische Reformen zu fördern, während die Vertreter der schlichten Volksfrömmigkeit im Lande sich allen Neuerungen entgegenstellten. Ein solcher Konflikt wurde im 17. Jahrhundert sogar bis zu einer Krise in den Beziehungen zwischen Staat und Kirche verschärft, als der reformfreundliche Patriarch Nikon in Streit mit den sogenannten Altgläubigen geriet, die blutig verfolgt wurden, sich aber mit ihren abweichenden Anschauungen bis in die Gegenwart hinein zäh gehalten haben. Die offizielle Kirche geriet damit in noch tiefere Abhängigkeit vom Zarenhof. Nikon selbst wurde schließlich von dem Herrscher, der ihn anfangs unterstützt hatte, in die Verbannung geschickt. Im 19. Jahrhundert war die Übermacht des Staates in der Kirche so groß, daß als höchste Instanz in geistlichen Angelegenheiten nicht mehr ein priesterlicher Würdenträger amtierte, sondern ein vom Selbstherrscher

eingesetzter »Heiliger Synod«, an dessen Spitze meist ein Jurist stand. Die Volksfrömmigkeit zog sich in diesen Zeiten immer mehr in die Sekten zurück, aber der Glanz der amtskirchlichen Autorität wurde durch staatliche Förderung des Baus prächtiger Gotteshäuser und durch glanzvolle Ausgestaltung der Liturgie, vor allem auch in ihren musikalischen Formen, immer wieder zum Strahlen gebracht.

Was ist von alledem im kommunistischen Rußland übriggeblieben? Die Religionspolitik der Sowjetmacht wandte sich nach der Revolution zunächst mit großer Schärfe gegen die orthodoxe Kirche, die sich durch ihr Bündnis mit dem zaristischen Regime politisch in den Augen der Kommunisten völlig kompromittiert hatte. Eine amtlich geförderte »Gottlosen-Bewegung« trat in Wettbewerb mit der überlieferten Religion, die als »volksverdummender Aberglaube« denunziert wurde. Repräsentative Gotteshäuser wurden vom Staat übernommen und zu Museen umgewandelt. Priester, die sich solchen Aktionen widersetzten, wanderten in die Verbannung. Für kurze Zeit erhob sich sogar innerhalb der Geistlichkeit eine Bewegung, die auf Preisgabe der alten Tradition und Anpassung an die neue politische Lage drang, die sogenannte »Lebendige Kirche«, die allerdings keinen größeren Anhang gewann. Formelle Loyalitätserklärungen des Patriarchen jener Zeit, der vorübergehend in Haft genommen worden war, hatten geringe Wirkung. Immerhin kam 1927 eine Art von erster Übereinkunft zwischen der Kirchenleitung und der Sowjetregierung zustande, die wenigstens den Rest der noch bestehenden kirchlichen Organisation formell legalisierte. Sehr viel weiter ging eine Annäherung zwischen Kirche und Staat während des Zweiten Weltkrieges, als Stalin daran interessiert war, alle patriotischen Kräfte gegen den äußeren Landesfeind zu mobilisieren. Die Sowjetregierung erlaubte damals die Neuwahl eines Patriarchen, nachdem dieses oberste Amt der Kirche einige Jahre unbesetzt geblieben war. Der neue Patriarch forderte zur rückhaltlosen Unterstützung der Landesverteidigung auf. Manche Gläubigen nahmen ihm diese Solidarisierung mit der kommunistischen Staatsmacht übel, aber die Kirchenverfolgung durch die deutschen Okkupationsbehörden sorgte dafür, daß die neue Haltung der Sowjetpolitik auch den widerstrebenden Frommen als das kleinere Übel erschien. Stalin war auch darauf bedacht, daß die neue Politik der relativen Duldsamkeit gegenüber der Orthodoxie äußerlich sichtbar wurde. Der Patriarch erhielt in der kleinen Klosterstadt Sagorsk bei Moskau eine eigene Residenz mit Gotteshäusern und Seminargebäuden. Loyale Kirchenfürsten wurden ins Ausland geschickt, um in den dortigen religiös gesinnten Kreisen Zeugnis für den Religionsfrieden in Rußland abzulegen und für die Sowjetunion zu werben. Die Agitation der antikirchlichen Organisation ging inzwischen weiter. Wieviel sie in der Bevölkerung erreicht hat, ist schwer abzuschätzen. Man kann überall in größeren russischen und ukrainischen Städten an Sonn- und Feiertagen überfüllte Gottesdienste in den noch dafür zur Verfügung stehenden Kirchen erleben. Die Zahl dieser ihrem alten Zweck nicht entfremdeten Kirchen ist allerdings relativ gering geworden. In einer Stadt wie Kiew mit rund 1,4 Millionen Einwohnern gibt es nur noch acht jeden Sonntag geöffnete orthodoxe Gotteshäuser, daneben allerdings mindestens ebenso viele Versammlungshäuser christlicher Sekten, unter denen vor allem die Baptisten in der Nachkriegszeit starken Zulauf gefunden haben. Ein erfahrener und kritisch urteilender Geistlicher sagte uns: »Die Mehrzahl unserer Landsleute sterben als Christen. Ob sie auch als Christen gelebt haben, weiß nur Gott. Ich fürchte, das hat immer nur ein Bruchteil derer getan, die die Taufe erhalten haben.«

Ikonen, Kunst und Kirchen, mittelalterliche Zeugen

Das Wort Ikone kommt von dem griechischen Wort »eikon« (εικων) und bedeutet Bild. Die Ikone ist jedoch mehr als nur Abbild, denn sie *offenbart* die heilige Gestalt und wird zur gültigen Stellvertretung des Urbildes. Heinz Skobucha schreibt in einer kurzen Zusammenfassung über die russische Ikonenmalerei:

»Die ersten Maler auf russischem Boden waren Künstler, die mit der byzantinischen Geistlichkeit nach der Bekehrung 988 in das Land kamen. Die russischen Schüler blieben daher begreiflicherweise zunächst im Banne der byzantinischen Kunst, aber im 12./13. Jahrhundert erkennen wir in den wenigen erhalten gebliebenen Ikonen bereits deutliche Ansätze zu einer spezifisch russischen Malerei. Am klarsten tritt das Beispiel Nowgorods vor Augen. Hier kam in den Ikonen das lebhafte Spiel kräftiger Farben zum Ausdruck, hier gab man einer expressiven Zeichnung den Vorzug vor höfischer Eleganz und Grazie. Nowgoroder Ikonen haben etwas von dem ungebrochenen Selbstbewußtsein eines Bürgertums an sich, das sich nirgendwo anders in ähnlicher Form im orthodoxen Raum entfalten konnte. Das wird an einem Vergleich mit Moskauer Ikonen deutlich, die viel stärker am Höfischen orientiert sind. Mit Andrej Rubljow am Beginn des 15. Jahrhunderts erreicht die Moskauer Malerei ihren Höhepunkt: die harmonischen Farben füllen sich mit einer fast überirdischen Innigkeit und Zartheit. Der Weichheit der Zeichnung entspricht ein Reichtum koloristischer Töne, der nach diesem begnadeten Meister nicht mehr erreicht wurde. Im 16. Jahrhundert bringt Iwan IV. die Angliederung der russischen Teilfürstentümer an Moskau zum Abschluß. Das Russische Reich gewinnt Macht und Ansehen. Nach der Unterwerfung Nowgorods hört dieses eigenwillige Zentrum auf, eine Rolle zu spielen. Einige seiner Künstler mögen in den Norden Rußlands ausgewichen sein, andere wird das aufstrebende Moskau angezogen haben. Jedenfalls fließen im 16. Jahrhundert Moskauer und Nowgoroder Stilelemente zu einer Art von Reichskunst zusammen und bestimmen die russische Ikonenmalerei.«

62 Ikone: Christuskopf
Durch ihren Ausdruck erinnert diese Ikone an byzantinische Vorbilder. Sie stammt aus der Nowgoroder Schule des 16. Jahrhunderts. Zu jener Zeit gliederte Moskau zahlreiche Fürstentümer seinem Herrschaftsbereich ein.
Für Nowgorod bedeutete die Unterwerfung das Ende seiner eigenständigen Kunstschule. (Die Ikone hängt heute in der Tretjakow-Galerie in Moskau.)

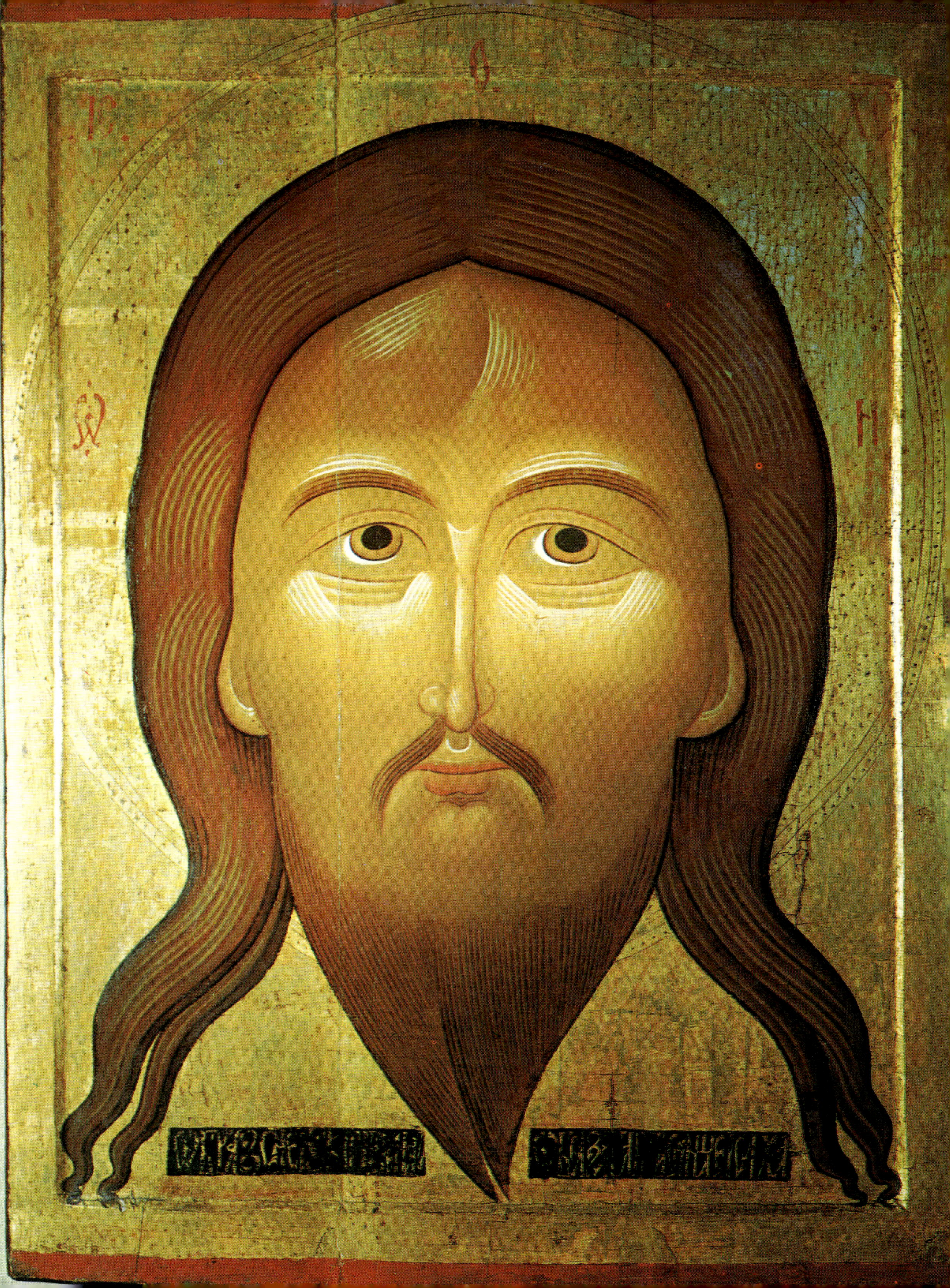

63 Am Grabmal
Der Glaube an Wunderheilungen war früher sehr ausgeprägt. So waren in alten Zeiten ständig viele Tausende von Pilgern auf entbehrungsreichen Fußwanderungen unterwegs. Berühmte Wallfahrtsorte waren das Sagorsker Kloster und das Kiewer Lawra-Kloster. Wunderheilungen wurden an fast allen Pilgerorten kirchlich bestätigt.

64 Ikonen-Detail: Geißelung Christi
Viele Heiligen-Ikonen wurden mit kleinen Szenen aus dem Leben Christi oder aus dem Wirken der Heiligen umrandet.

65 Am Hofplatz von Jaroslaw
In Nowgorod waren die Kirchen im Bazar die religiösen Mittelpunkte der einzelnen Zünfte. Um den Hofplatz von Jaroslaw stehen noch heute sieben dieser formstrengen Kirchen.

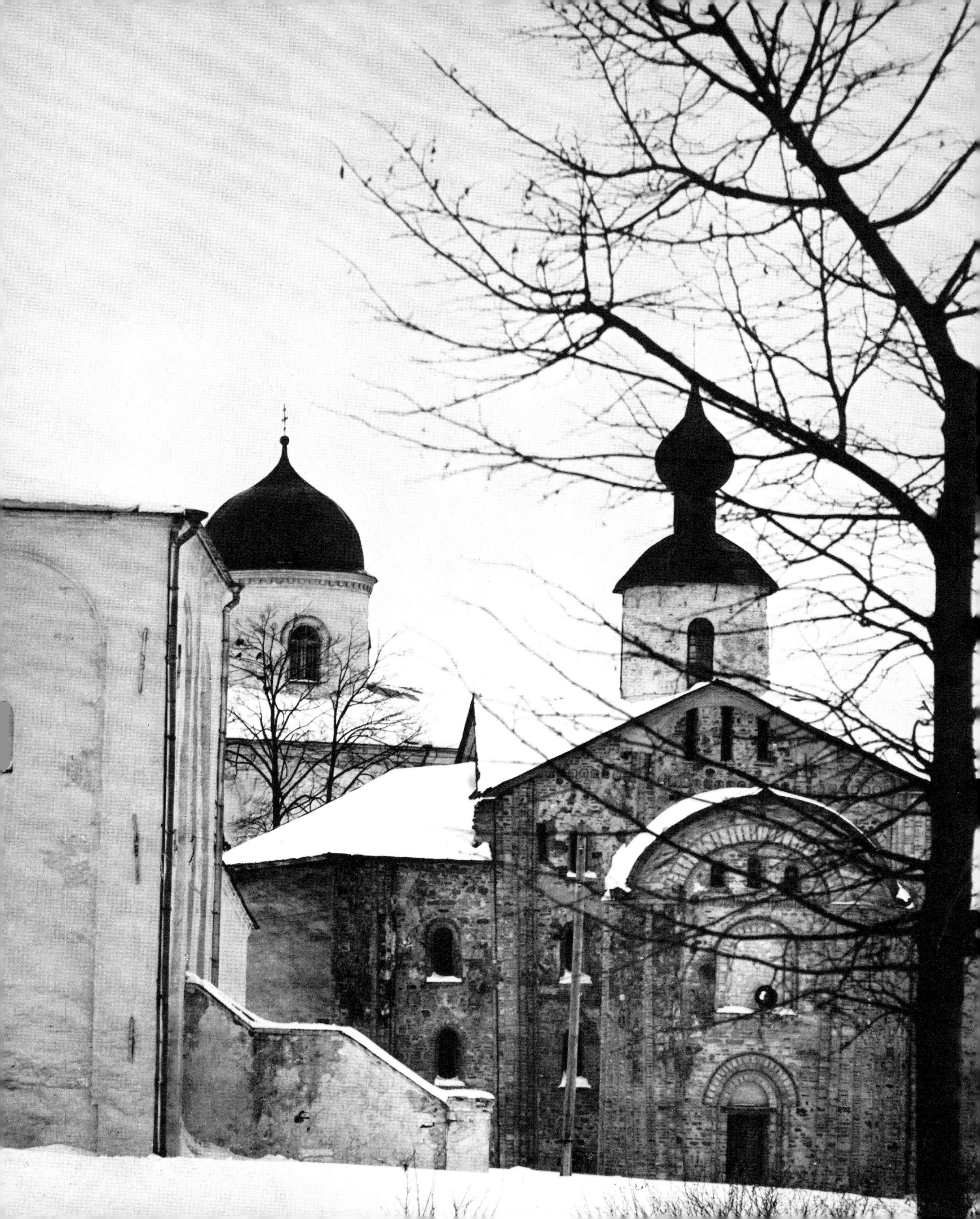

66 Ikone: Der heilige Georg
Die Legende vom Kampf des
heiligen Georg mit dem Drachen ist
eines der häufigsten Ikonen-
Motive Rußlands. Fast bei allen
kehrt die Abbildung der
burgartigen, mittelalterlichen Stadt,
die vom heiligen Georg beschützt
wird, wieder. Diese »Tschudo-
Georgija o zmiji«-Ikone stammt aus
dem 15. Jahrhundert (heute in
der Moskauer Tretjakow-Galerie).

67 Ikone: Der heilige Nikolaus
Ihr Titel lautet: »Nikolaj Zarajskij,
umgeben von Episoden aus
seinem Leben«. Dieses Bild wurde
Ende des 14. Jahrhunderts
gemalt und ist in der Anordnung für
viele Heiligen-Ikonen typisch:
bei ihnen sind um das Hauptbild
des Heiligen Szenen aus
dessen Wirken dargestellt.
(Das Bild ist heute in der Moskauer
Tretjakow-Galerie.)

68 Ikone: Höllendarstellung
Ikonen mit Szenen des Jüngsten
Gerichts und der Höllenqualen
waren Adaptionen römisch-
katholischer Vorstellungen, denn
die orthodoxe Kirche kennt
nicht die Androhung des
Fegefeuers als Sühne für irdische
Sünden. (Ausschnitt aus einer Ikone
im Moskauer Jungfrauenkloster.)

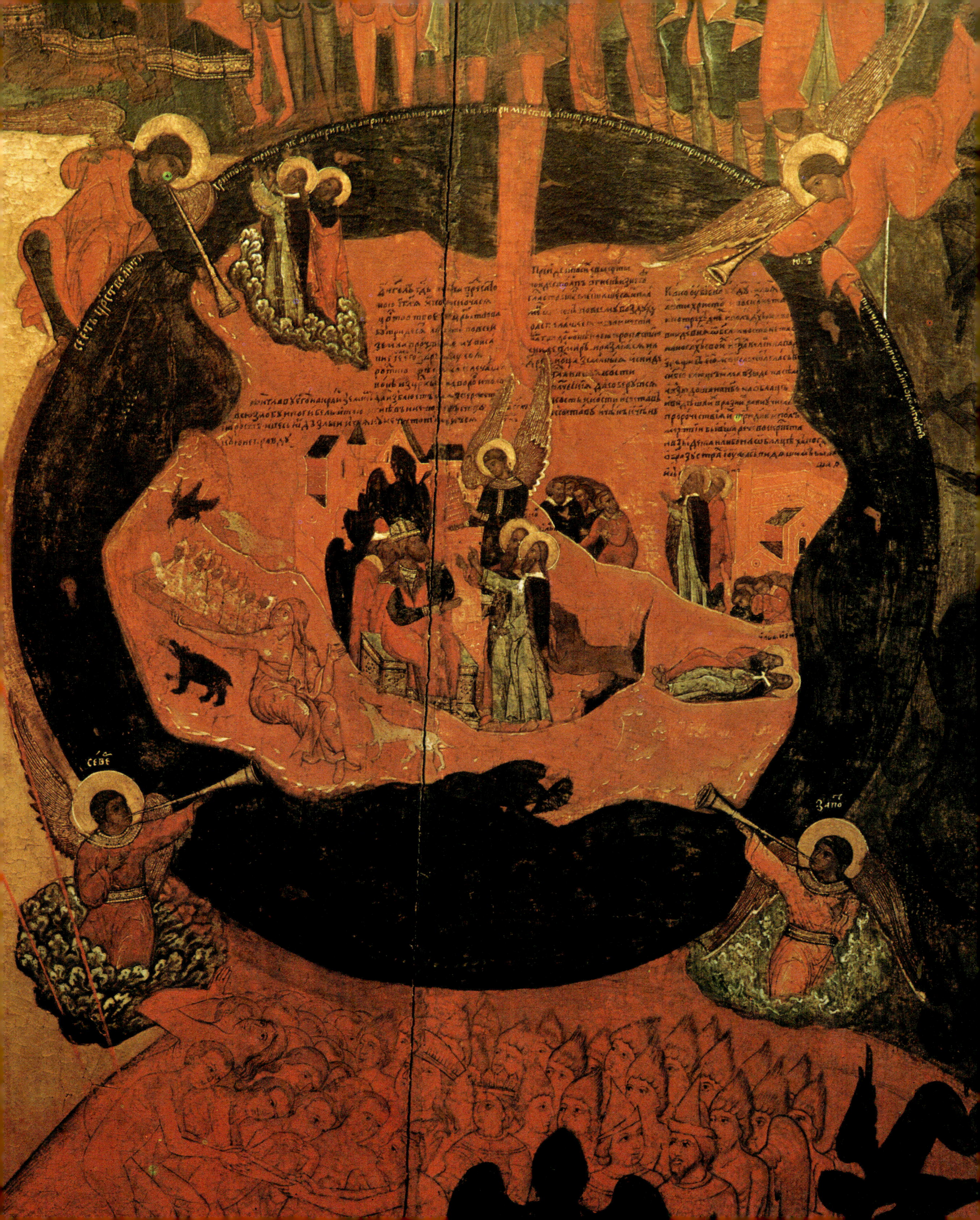
СЕВЕ
Запо

69   Epitrachelion
Diese Stola eines Priesters der Ostkirche aus dem 13. und 14. Jahrhundert ist mit Zwischenwandemail und Perlen verziert; sie wird im Moskauer Kreml-Museum aufbewahrt. Die Handwerker kamen bis zur Regierungszeit Peters I. großenteils aus Westeuropa: Engländer, Holländer und Preußen stellten das größte Kontingent ausländischer Meister, die in Rußland eine Handwerkstradition begründeten, während die kirchliche Kunst durch ihren Ursprung im Oströmischen Reich meist im alten byzantinischen Handwerk ihre Wurzeln hatte.

70 Nowgoroder Kirchentor
Dies Bronzetor hat eine abenteuerliche Reise hinter sich. Im 12. Jahrhundert wurde es in Magdeburg von dem Meister Requinus mit Reliefs aus dem Alten und Neuen Testament hergestellt. Da die Portalflügel für die Kirche der damaligen schwedischen Hauptstadt bestimmt waren, wurden die Inschriften in lateinischer Sprache angebracht. Beim Sieg der Nowgoroder über das schwedische Heer wurde auch dies Tor erbeutet und gelangte so als Trophäe nach Nowgorod, wo es in den Westeingang der Sophienkathedrale eingebaut wurde. Später hat man zusätzlich die russische Übersetzung hinzugefügt.

71+72 Bibel-Handschrift
Zwischen dem 12. und dem 16. Jahrhundert entstanden in Rußland zahlreiche, künstlerisch wertvolle sakrale Kunstgegenstände. Reich ausgeschmückte Bibel-Handschriften wurden meist in den Klöstern abgeschrieben. Goldschmiedearbeiten entstanden vielfach in den ausländischen Handwerksbetrieben, die oft in einem eigenen Stadtteil lagen.

73 Rubljows »Jüngstes Gericht«
Von den berühmten Fresken des Jüngsten Gerichtes in der Uspenski-Kathedrale von Wladimir sind nur noch Fragmente erhalten. Diese ausgewogene Darstellung sitzender Heiliger soll 1408 angeblich von Andrej Rubljow und Daniel Tschorny restauriert worden sein. Rubljows zarter, lyrischer Stil wurde in Form und Farbe entscheidendes Vorbild für die russische Ikonen-Kunst. Seine berühmteste Ikone ist das dem heiligen Sergius von Rodonesch gewidmete Dreifaltigkeitsbild.

74 Glockenturm von Wladimir
Durch die 1158 von Andrei Bogoljubski begonnene Aufbauarbeit gelangte Wladimir zur Blüte. Die Uspenski-Kathedrale wurde klassisches Vorbild für die gleichnamige Moskauer Mariä-Himmelfahrts-Kirche.

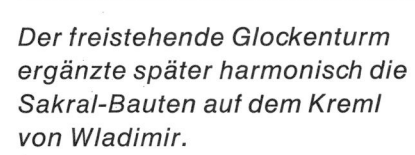

*Der freistehende Glockenturm
ergänzte später harmonisch die
Sakral-Bauten auf dem Kreml
von Wladimir.*

*75 Betende Frau
In allen »arbeitenden« Kirchen
Rußlands brennen Kerzen.
Sie werden für den Heiligen, für
das Seelenheil eines Verstorbenen
oder als Fürbitte für irgendein
Anliegen angezündet.*

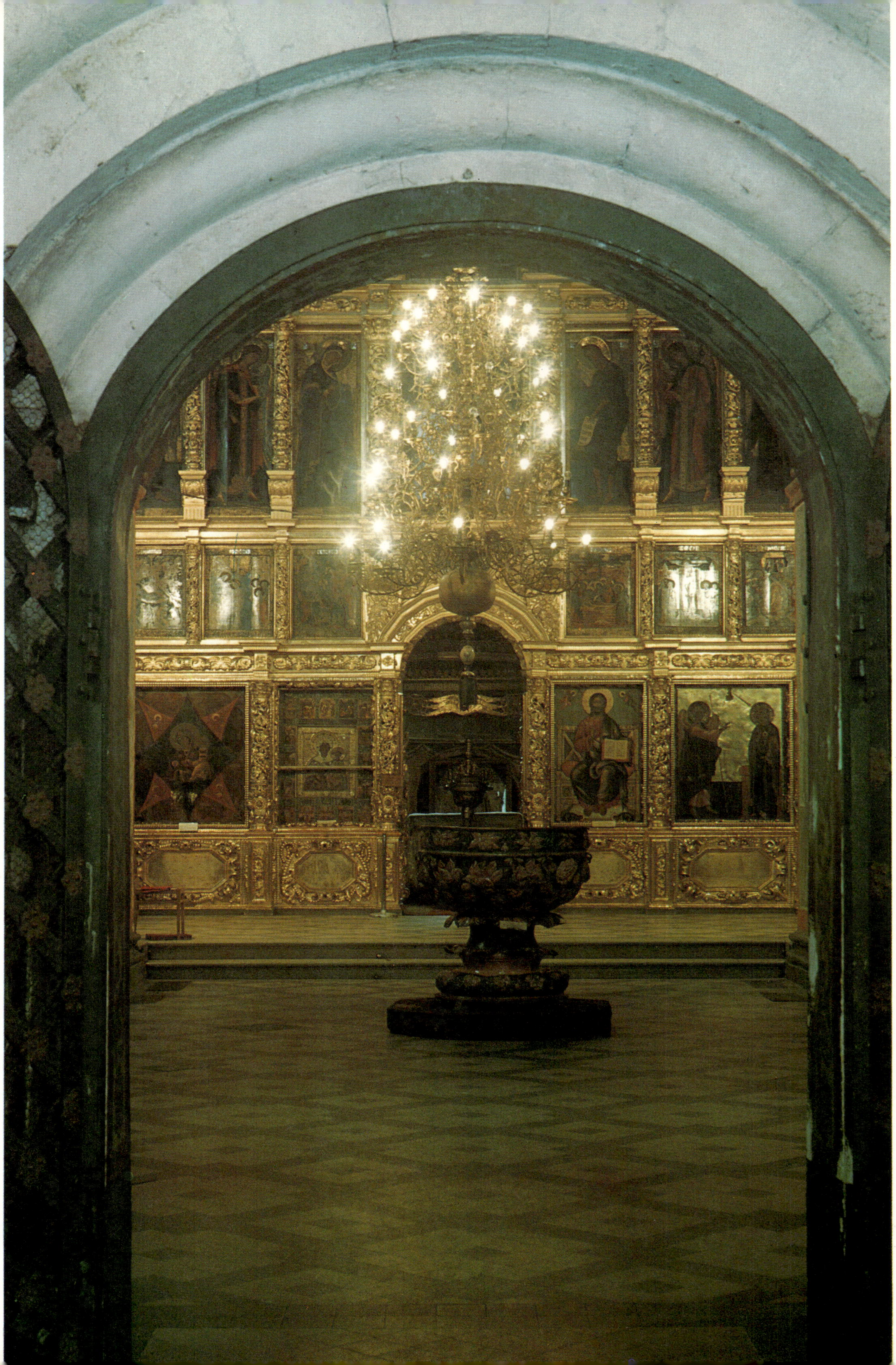

76   Ikonostase des Moskauer
Jungfrauenklosters
*Die reich verzierte Bilderwand
trennt in orthodoxen Kirchen den
Altarraum vom Betraum der
Gemeinde. Nur die Geistlichen
haben Zutritt zum Altar,
der Gläubige betet in Richtung zum
Altar, hat jedoch die Ikonostase
vor Augen.*
*Das Moskauer Jungfrauenkloster
ist besonders reich an historischen
Erinnerungen. Hier wurde die
Regentin Sophia von Peter I.
gefangengehalten; hier mußte sie
die Hinrichtung von 300 ihr treu
ergebenen Strelitzen erleben.*

77   Uspenski-Kathedrale   ▶
in Moskau
*Diese älteste, majestätische
Kreml-Kirche wurde nach dem
Vorbild der Kathedrale von
Wladimir gebaut. Der italienische
Baumeister Fioravanti arbeitete von
1475 bis 1479 an diesem
Meisterwerk russischer Baukunst.
Seit dem 16. Jahrhundert war sie
die Krönungskirche der Zaren.
Sie beherbergt den
Krönungsthron der Zaren, einen
Baldachinsessel von Iwan dem
Schrecklichen und die Gräber von
neun Moskauer Patriarchen.*

78   Schmuckanhänger
*Dieser Anhänger aus dem
17. Jahrhundert ist eine typisch
russische Goldarbeit mit
Emaille-Einlagen.*

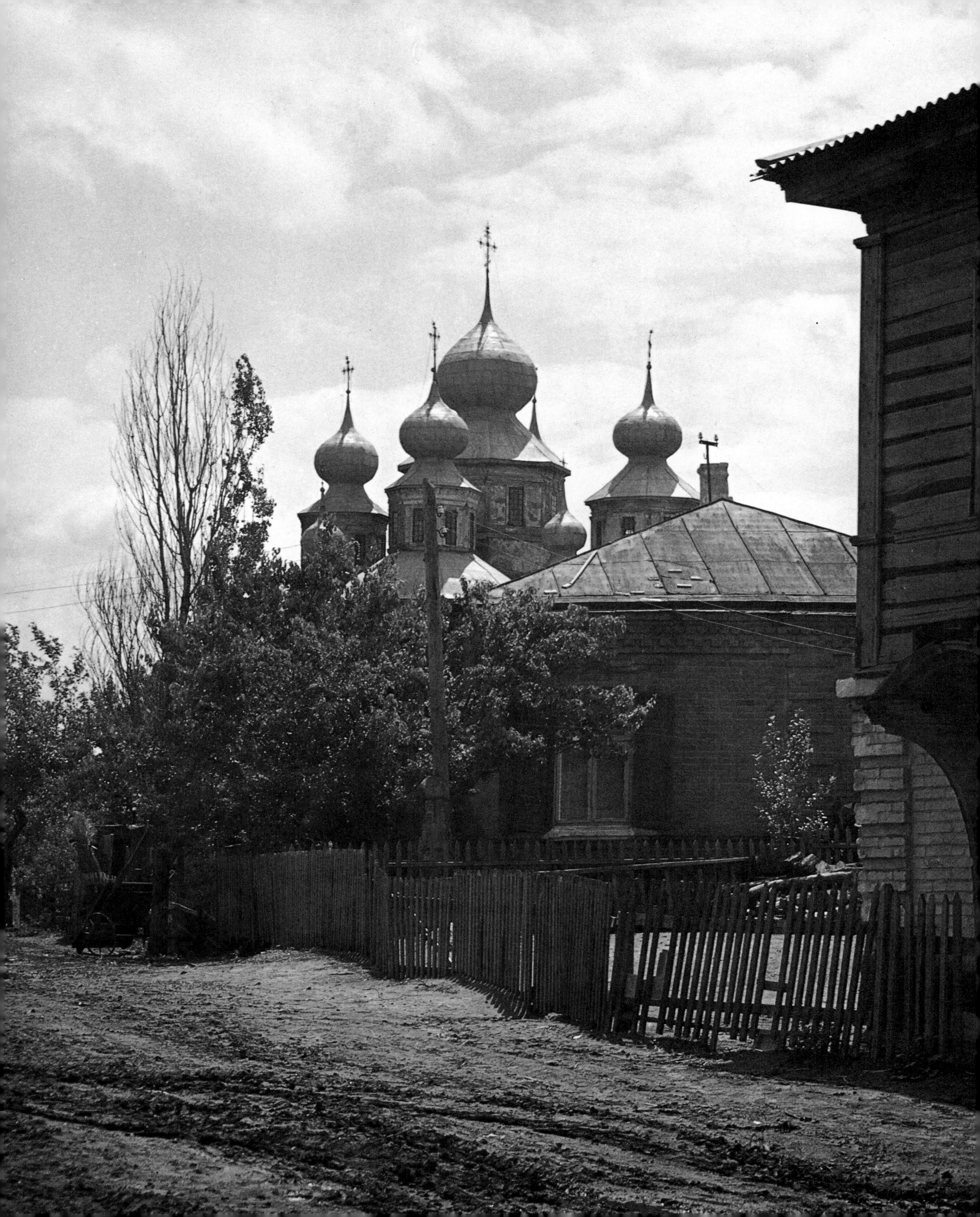

Kirche und Alltag: Zahlreiche Kirchen verdanken ihre Restaurierung und liebevolle Neuausstattung einerseits der Rückbesinnung der Russen auf ihre Geschichte, andererseits dem Fremdenverkehr. In den Revolutionsjahren und während der ersten Stalin-Ära wurden unschätzbare kulturelle Werte sinnlos vernichtet, nur weil in dieser Zeit die Kirchen als Hochburgen der feudalistisch-kapitalistischen Gesellschaftsordnung galten. Diese Zeit der Zerstörung ist lange vorbei — und sogar nach dem letzten Krieg, zu einer Zeit, als überall Mangel an Baumaterialien und Wohnungen herrschte, wurde mit dem Wiederaufbau zerstörter Kulturdenkmäler begonnen. Dieser Aufbau blieb allerdings auf die bedeutendsten, kulturell besonders wertvollen Bauten beschränkt.

Außer dem sichtbaren Aufbau haben sich nach dem Zweiten Weltkrieg auch die Voraussetzungen für die Seelsorge und die Priesterausbildung gebessert. 1945 wurde das Konzil der heiligen Synode, ein aus sechs Bischöfen bestehendes Kollegium, wieder ins Leben gerufen, welches der Moskauer Patriarch Alexis als Primus inter pares leitete. (Ein Oberhaupt, wie es die katholische Kirche besitzt, kennt die orthodoxe Kirche nicht.) Ungefähr 70 bis 80 Klöster sollen heute wieder in der UdSSR tätig sein; aus ihnen gehen, der alten Tradition folgend, die höheren Geistlichen hervor. Im Sankt Sergius-Dreifaltigkeitskloster zu Sagorsk wird außerdem in einem Seminar der Priesternachwuchs ausgebildet.

Mit der Normalisierung des offiziellen Verhältnisses zwischen Staat und Kirche — zuletzt durch Vereinbarungen nach Stalins Tod — scheinen sich auch die menschlichen Beziehungen der Sowjets zu den Gläubigen auszupendeln. Anfangs hatte die Partei die krasse Ablehnung der russischen Orthodoxen eifrig unterstützt.

Bei einem Besuch des Kreml in Moskau, beim Rundgang durch die Uspenski-Kathedrale, die heute Museum ist und in der seit dem 16. Jahrhundert die Zaren gekrönt wurden, nehmen heute rund 90 Prozent der männlichen Besucher ihre Mützen und Hüte ab; auch die Soldaten scheinen mit ihren harten Stiefeln auffallend leise, ja beinahe ehrfurchtsvoll durch die Kirche zu gehen.

In der Erzengel-Michael-Kathedrale ruhen in hohen Sarkophagen die Zaren seit der Zeit Iwan Kalitas bis zu Peter I. Auch hier drängen sich, gleich nach der Öffnung der Kirche, die Besucher in dichten Scharen. Die Stein- und Bronzeplatten der freistehenden Särge sind an den Kanten glänzend und abgegriffen, denn die vielen Besucher streichen mit der Hand über die Grabsteine. Jugendliche studieren mit Führern in der Hand eingehend die Sarginschriften. Die ehrfürchtige Stille wird von keinem lauten Wort durchbrochen.

Im allgemeinen werden heute Alte wie Junge, die sonntags zur Kirche gehen, toleriert. Den Kirchen scheint innerhalb ihres Areals eine autonome Selbständigkeit zugestanden zu werden; anders lassen sich sonst die Bettler, die armselig und ungewaschen auf den Kirchentreppen hocken, nicht erklären. Von den Straßen der Städte würden derartige Gestalten in kürzester Frist von der Miliz vertrieben werden. Trotz aller Duldung besteht der Staat auf seiner Vormachtstellung: treffen beispielsweise im engen Tor zum Jungfrauenkloster ein Armeelastauto und der Wolga-Wagen mit dem Bischof als Insassen zusammen, erzwingt sich der Staat die Vorfahrt: das Bischofsauto muß rückwärtsfahren, um die Passage freizugeben.

79 Landkirche in Tscherkassk
In Alt-Tscherkassk, der früheren Kosaken-Atamanen-Hauptstadt am Don, besteht noch ein Stück Alt-Rußland. An Regentagen sind die Straßen knöcheltief aufgeweicht, die Kosaken leben in ihren alten Holzhäusern und arbeiten in der Landwirtschaft, die heute zu einer Kolchose zusammengefaßt ist. Am Sonntag wird in der Kirche, die während der Woche als Museum dient, ein Gottesdienst zelebriert.

Rußland zwischen Europa und Asien

Wir haben im einleitenden Kapitel daran erinnert, wie nahe Städte wie Moskau, Kiew, Leningrad bei Westeuropa liegen — nicht nur verkehrs-, sondern auch kulturgeographisch. Ihre Architektur, ihr künstlerisches und wissenschaftliches Leben, ihre wirtschaftliche Entwicklung gehören zu Europa, wenn auch zu einem Stück unseres Erdteils, das eine andere Sozialverfassung aufweist als der Westen. Niemand kann sich heute das europäische Musikleben ohne die wichtigen Bildungsstätten und die großen Instrumentalvirtuosen aus Odessa denken. Ohne das Konservatorium von Stolarski, ohne Künstler wie die beiden Oistrach, Gilels, Rostropowitsch und andere kommen auch die Konzertprogramme westeuropäischer und amerikanischer Zentren nicht zu vollem Glanz. Politisch ist der Gedanke einer europäischen Sicherheitskonferenz zuerst von Moskau in die Debatte geworfen worden, sicherlich von einer sowjetischen Konzeption der internationalen Politik aus, aber doch eben auch unter Betonung des Lebensinteresses des größten Staates des europäischen Festlandes am Frieden des ganzen Erdteils. Aber die Sowjetunion ist nicht nur ein europäischer Staat. Sie kontrolliert auch den größten Flächenanteil am asiatischen Festland. Sie ist auch durch das Ende des Zweiten Weltkrieges zu einer Weltmacht aufgerückt, die ihre Präsenz in allen Teilen der Erde angemeldet hat, weit über ihre eigenen Staatsgrenzen hinaus. Der geltende Waffenstillstand für Südasien ist im sowjetischen Taschkent von einem russischen Staatsmann vermittelt worden, die Unabhängigkeit des mittelamerikanischen Kuba von der ihm so nahen Weltmacht der Vereinigten Staaten hat eine Vereinbarung zwischen Moskau und Washington zwar nicht in Rechtsform gebracht, aber doch tatsächlich ausgehandelt. Die längste Grenze hat die Sowjetunion nicht mit ihren europäischen Nachbarn oder mit denen im Mittleren Osten, sondern mit der aufsteigenden asiatischen Großmacht China. Man hat bis tief in die erste Hälfte unseres Jahrhunderts hinein Rußland militärisch als eine Landmacht definiert, während Großbritannien und die Vereinigten Staaten damals vorwiegend als Seemächte galten, denen die Kontrolle der Ozeane zufiel. Es gab sogar spekulative Politiker, die darauf ihre Hoffnungen auf Erhaltung des Weltfriedens bauten: Der Walfisch und der Bär seien zu verschiedenartige Lebewesen, um einander ernsthaft angreifen oder gar besiegen zu können. Derartige Denkkategorien sind heute, im Zeitalter der interkontinentalen Raketen, Weltraumsatelliten und anderen jenseits von Land und Meer bewegten Waffen und Stützpunkte, nicht mehr anwendbar. Auch die Russen haben längst den Ehrgeiz, nicht nur auf dem festen Land, sondern ebenso zur See und in der Atmosphäre und im Weltraum strategisch präsent zu sein. Sie sind sowohl Europäer wie Asiaten, sowohl Landmacht wie See- und Luftmacht. Immerhin liegt das Schwergewicht ihrer geopolitischen Kraft nach wie vor im europäischen Teil ihres Reiches, bevölkerungsmäßig, wirtschaftlich und auch politisch.

Kommunisten asiatischer Herkunft sind in den letzten Jahrzehnten wiederholt bis in die obersten Spitzen von Partei und Staat aufgestiegen, aber die Mehrzahl der leitenden Funktionäre dieser obersten Machtkörper sind nach wie vor europäische Russen, Ukrainer, Weißrussen und Balten.
Der Anteil der asiatischen Gebiete an der sowjetischen Volkswirtschaft ist allerdings in ständigem Wachsen. Die Verlegung großer Produktionszweige nach Westsibirien und nach Mittelasien ergab sich seit einer Reihe von Jahrzehnten aus den dort vorhandenen und noch ungenutzten Rohstoffvorkommen und Energiequellen. Diese Verlegung wurde dann gewaltsam in raschem Tempo gefördert, als der deutsche Angriff während des Zweiten Weltkrieges eine Umgruppierung der kriegswichtigen Industrie nach Osten notwendig machte. Aber auch später drängte die Staatsführung immer wieder auf beschleunigten wirtschaftlichen Aufbau der östlichen Landesteile und auf Ostwanderung junger Arbeitskräfte aus dem russischen Europa in die noch unerschlossenen Gebiete Asiens. In einer Konferenz vor jungen Bauarbeitern verlangte Chruschtschow im April 1956, die kommunistische Jugend, die in ihrer Organisation damals rund 18,5 Millionen Mitglieder zählte, solle auf einen Schlag mindestens 300 000 bis 500 000 ihrer Besten für die wichtigsten Bauvorhaben des sechsten Fünfjahresplanes in dieses Neuland schicken: »Wir wissen, daß unsere Jugend sich nicht fürchtet vor den Frösten jener Gegenden, vor der sibirischen Taiga ...
Für die neuen Baustellen in den östlichen, noch nicht erschlossenen Gebieten des Landes sind natürlich wirklich kühne und tapfere junge Menschen nötig. Die Bedingungen werden dort in den ersten Jahren hart sein. Mögen das zunächst vor allem alleinstehende junge Männer und Mädchen sein, dann werden sie sich bei gemeinsamer Arbeit gut kennenlernen, viele von ihnen werden heiraten und einen Hausstand gründen.«
Das Ergebnis dieser neuen Welle der Ostkolonisation läßt sich von Außenstehenden schwer abschätzen. Erst die Einzelergebnisse der neuen Bevölkerungsstatistik werden wohl ein etwas genaueres Urteil ermöglichen. Nach dem Eindruck unbefangener Reisender ist die Besiedlung Westsibiriens und einiger Teile von Mittelsibirien in den letzten 15 Jahren tatsächlich stark intensiviert worden. Auch die größte mittelasiatische Sowjetrepublik, Kasachstan, hat nach dem Kriege eine bedeutende russische und ukrainische Einwanderung erlebt, die dort die früheren asiatischen Einwohner weit in die Minderheit gebracht hat.
Im fernen Osten scheint die Ansiedlung von russischen Kolonisten weniger erfolgreich gewesen zu sein. Dort soll es auch noch in den letzten Jahren sogar eine gewisse Rückwanderung nach dem Westen gegeben haben. In Anbetracht der chinesischen Nachbarschaft zu diesen Gebieten dürfte das den Sowjetbehörden einige Sorgen machen.
Der Zwang zur wachsenden Verlagerung wirtschaftlicher und bevölkerungspolitischer Anstrengungen nach dem Osten kann eines der Motive für den Wunsch der Moskauer Politik bilden, die Grenzen ihres Machtbereichs im Westen etwas mehr zu entlasten. Das muß keine Erscheinung von langfristiger Dauer sein, aber eine solche Akzentverlegung von ökonomischen, bevölkerungspolitischen und auch sicherheitspolitischen Anstrengungen von Europa nach Asien hin kann auch keine Wirkung haben, wenn sie nur ganz kurzfristig versucht werden soll.
Rußland, so hat ein angelsächsischer Kulturgeograph vor einem halben Jahrhundert konstatiert, sei für den eurasiatischen Kontinent geradezu das Herzland. Das bedeutet, daß die geopolitische Planung dieses ganz auf vorausschauende Disposition eingestellten Staatswesens immer zugleich europäisch und asiatisch sein muß.

Historischer Grenzschutz
Wehrbauten zwischen Nord und Süd

Die mittelalterliche Geschichte Rußlands ist gekennzeichnet durch zahlreiche Kriege und Niederlagen, die nach der frühen Blütezeit des Großfürstentums Kiew, des Stadtstaates Nowgorod und des Großfürstentums Wladimir zur Verarmung des Landes führten. Die Mongolen besiegten 1223 erstmals das Heer der vereinigten russischen Fürsten: für 200 Jahre untersteht Rußland der tatarischen Herrschaft; und seit dieser Zeit betrachteten die Russen den »Osten« als eine große Gefahr, die erst dann beseitigt ist, wenn er der eigenen, der russischen Kontrolle unterstellt ist. Das ständige Wachrufen dieser Gefahr war die Grundlage der späteren *kolonialen* Ostpolitik: sie nahm mit dem Vorstoß nach Sibirien und zum Südosten ihren Anfang und endete erst mit der Besetzung der Küsten am Japanischen Meer.

Ein zweiter Gegner erwuchs Rußland in seinen starken, westlichen Nachbarstaaten. Im 14. Jahrhundert, als Moskau die ersten Kämpfe zur Abschüttelung des Tatarenjochs führte, stießen litauische Truppen tief nach Rußland vor, besiegten die Tataren und unterwarfen sich weite Gebiete. Der Aufbau eines neuen russischen Reiches unter Moskaus Führung prallte hart mit den Interessen der Balten und Schweden im Westen zusammen. Es folgte eine fast endlos scheinende Kette kriegerischer Auseinandersetzungen mit Livland, mit Polen, mit Schweden und mit deren Verbündeten. Aus russischer Sicht waren es Feldzüge zur Sicherung des eigenen Lebensraumes, für die westlichen Nachbarn hingegen bedeutete das Erstarken und Vordringen der Russen eine ernste Bedrohung.

Der dritte Machtfaktor, mit dem sich die Russen auseinandersetzen mußten, waren im Süden die Türken. Für die Russen wurden die Kämpfe gegen Türken und Perser, ähnlich wie an der Ostsee, Sicherungsfeldzüge für Handelswege. Diese Zwei- und Dreifrontensituation erklärt das übertriebene russische Sicherheitsverlangen; es diente aber auch als Deckmantel für die Eroberungen, die immer wieder bis in die Gegenwart hinein vorgetragen wurden.
Die Burgen und Befestigungen im Norden, Westen und Süden Rußlands sowie die zahlreichen russischen Wehrbauten im Osten sind steinerne Zeugen der russischen Geschichte. Viele dieser Festungen wurden durch spätere Kriege zerstört, und die hölzernen Befestigungen der Pionierstädte im Osten haben die stürmischen Zeiten nur selten überlebt.

80 Burgkirche über Mtscheta
Schon vor 3000 Jahren stand hier, am Zusammenfluß von Kura und Aragwi, 14 Kilometer nördlich des heutigen Tbilissi, eine kaukasische Hauptstadt.
Die Griechen nannten die Stadt Armocica, die an einer strategisch wichtigen Schlüsselstellung zwischen kleinem und großen Kaukasus lag und die den Zugang zur Grusinischen Heerstraße kontrollierte. Über dem Tal, auf einer runden Anhöhe, erhebt sich die befestigte Dschwari-Sadkari-Kirche, die in Kriegszeiten häufig als Festung benutzt wurde. Erismtawar Stephanos baute diese Kreuzkuppelkirche von 586 bis 604, vierhundert Jahre bevor Kiew zum Christentum bekehrt wurde.

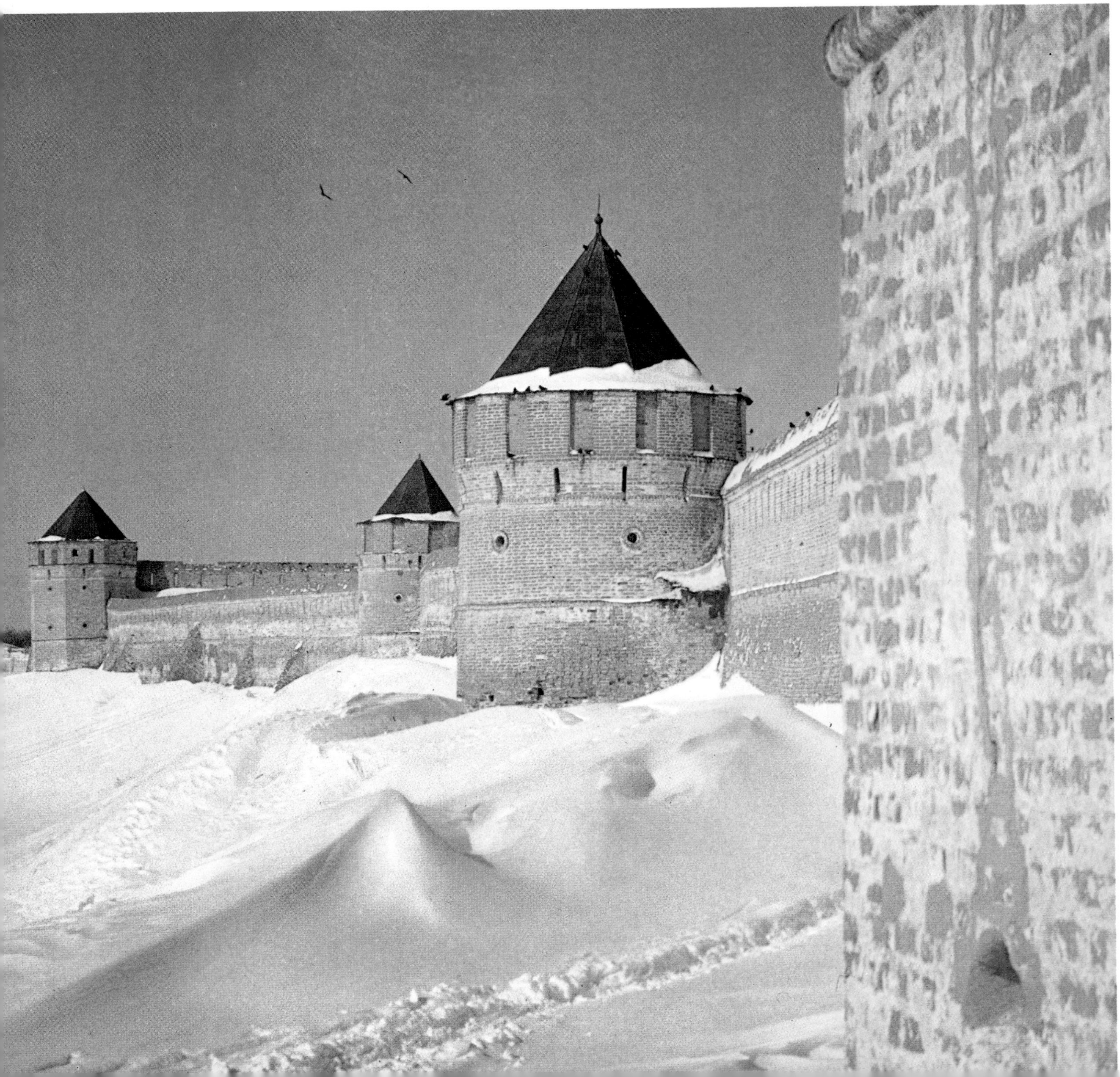

81   Burgkloster in Susdal
Das Spas-Jewfimi-Kloster wurde im 14. Jahrhundert aus Holz gebaut; es diente in der unruhigen Zeit nach der Tatarenbesetzung als Festung. Im 16. und 17. Jahrhundert wurde es durch umfangreiche Wehranlagen aus Ziegelmauerwerk geschützt. Es ist eines der wenigen erhaltenen Wehrbauten aus Rußlands Vergangenheit.

82   Revolutionskämpfer-Monument
Das Standbild symbolisiert die ständige Verteidigungsbereitschaft der Russen nach Ost und West.

83   Festung Kamenez-Podolski
1396 wurde der Bau dieser großen Befestigungsanlage abgeschlossen, die die südwestliche Ukraine vor Polen-Litauen schützen sollte. Es gab um diese Festung ständig wechselvolle Kämpfe zwischen Türken und Russen.

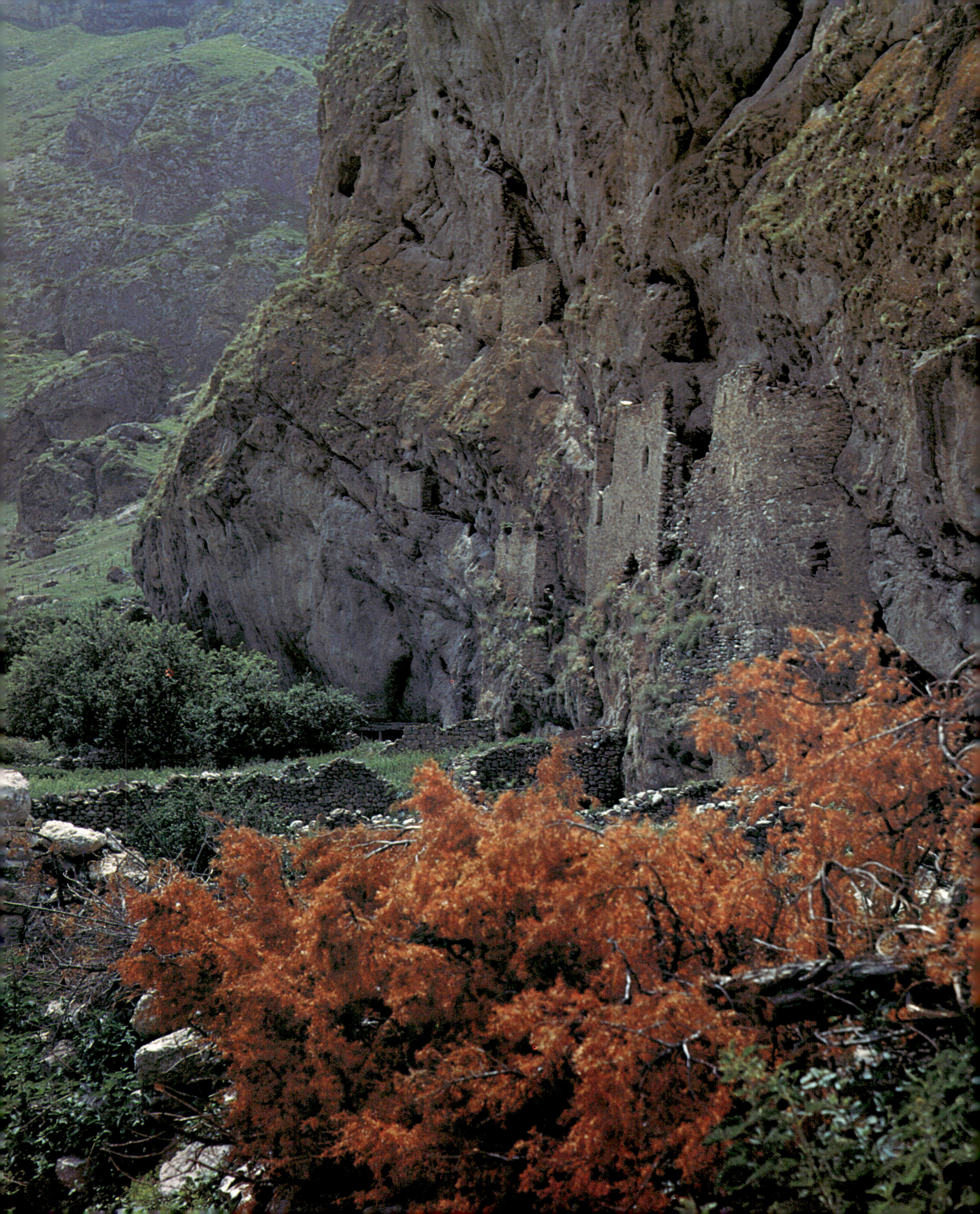

84 Felshäuser bei den Osseten
Heute leben noch knapp eine halbe Million Osseten, die eine iranische Sprache sprechen, im mittleren und südlichen Kaukasus. Sie gelten immer noch als besonders kriegerisch — sogar die Blutrache ist bei ihnen noch Sitte. Die Häuser, die sich festungsähnlich an den Fels pressen, wurden wahrscheinlich als Schutzbauten bei Auseinandersetzungen mit anderen kriegerischen Stämmen errichtet.

85 Kaukasus-Aul mit Wachtturm
Im Kaukasus lebten Angehörige von beinahe 200 Stämmen und Stammessippen, die sich gegenseitig immer wieder befehdeten. Die Hauptgruppen sind die Georgier (im Russischen Grusinier genannt), die westlichen Bergvölker (wie die mohammedanischen Tscherkessen und Abchasen) sowie die östlichen Bergvölker (die Tschetschenen und Inguschen). Im weiteren Sinne gehören auch die Armenier und Aserbaidschaner dazu. Das größte kaukasische Reich war im 12. Jahrhundert das georgische: es reichte vom Schwarzen bis zum Kaspischen Meer. Unter Giori III. besaß Georgien eine hohe Kultur mit berühmter Dichtkunst.
Anfang des 19. Jahrhunderts eroberten die Russen den nördlichen Kaukasus und Georgien bis Tiflis. Als Grund für die Ausdehnung ihres Herrschaftsgebietes nannten sie die Schaffung einer gut zu verteidigenden Südgrenze gegen Perser und Türken.
Zahlreiche, in der Literatur oft beschriebene Aufstände und Kriegszüge beherrschten das vergangene Jahrhundert — und erst 1864 wurde die Eroberung des Kaukasus abgeschlossen. Kleine Festungen und die schlanken Wachttürme sind noch heute Zeugen jener Kämpfe.

86   Bei Ordschonikidse
Als Fort Wladikawkas wurde Ordschonikidse 1784 bei der beginnenden Eroberung des Kaukasus-Gebietes gegründet. Es war die nördliche Schlüsselstellung, die den Zugang zur georgischen Heerstraße sicherte. Im Koban-Tal, im ossetischen Kaukasus, reihen sich an einigen Hängen alte Totenhäuser.

87 + 88   Ossetische Totenhäuser
Der Ursprung dieser kleinen turmähnlichen Gebäude ist noch umstritten. Angeblich sollen die Totenhäuser in Zeiten der Pest als letzter Krankenplatz und zugleich als Bestattungsort gebaut worden sein. Die etwa vier mal vier Meter großen Steinbauten haben im Innern an den Wänden mehrere übereinander befestigte Bretterliegen. In einigen der kleinen Pyramiden lagern noch heute Skelette; ein mit Stoffetzen umhüllter, mumifizierter Arm hängt geisterhaft von einer der Pritschen herab. Die kleinen Gebäude besitzen an zwei Seiten zur Windrichtung Lüftungsschlitze, so daß die Toten durch den dürren Bergwind rasch eintrockneten.

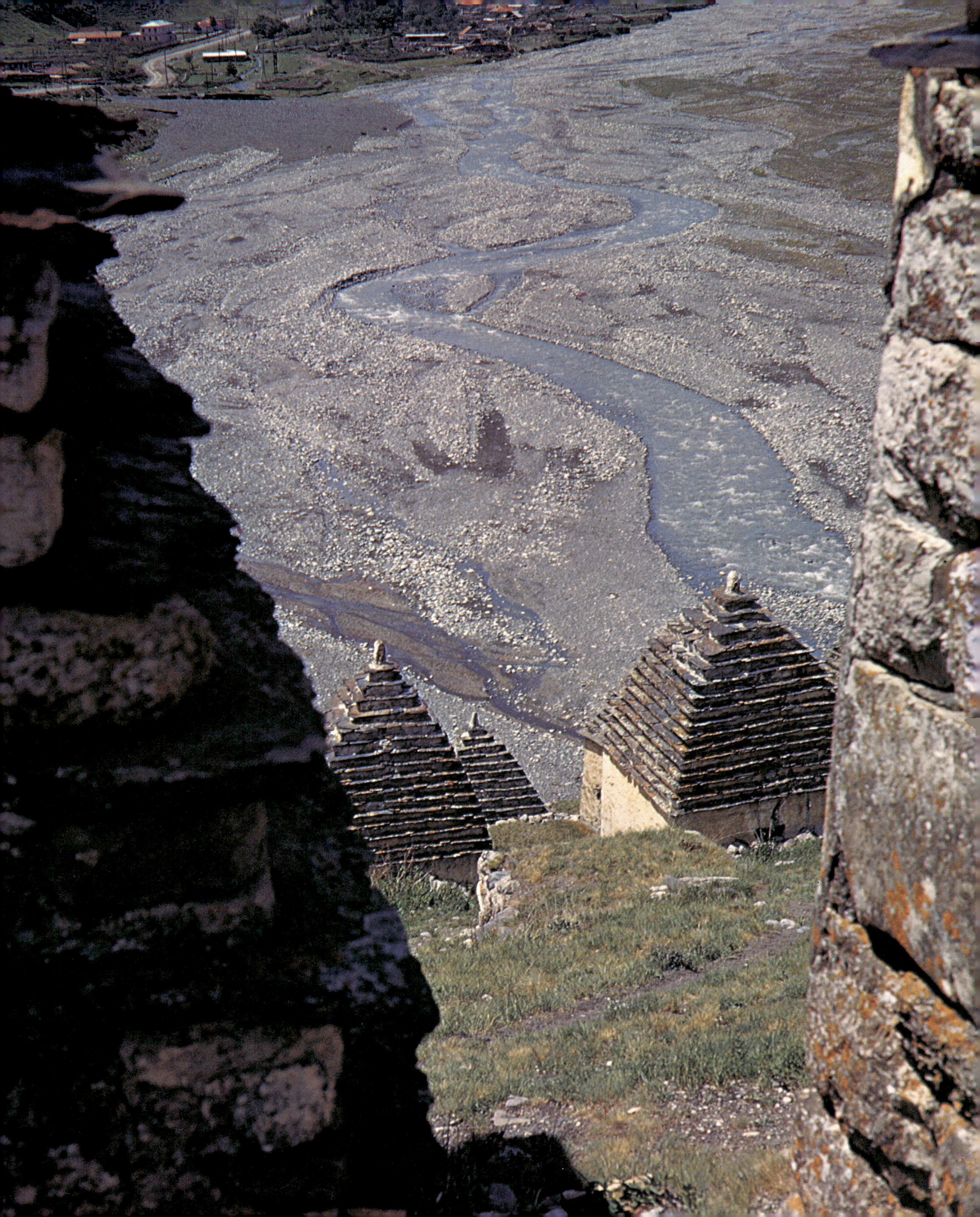

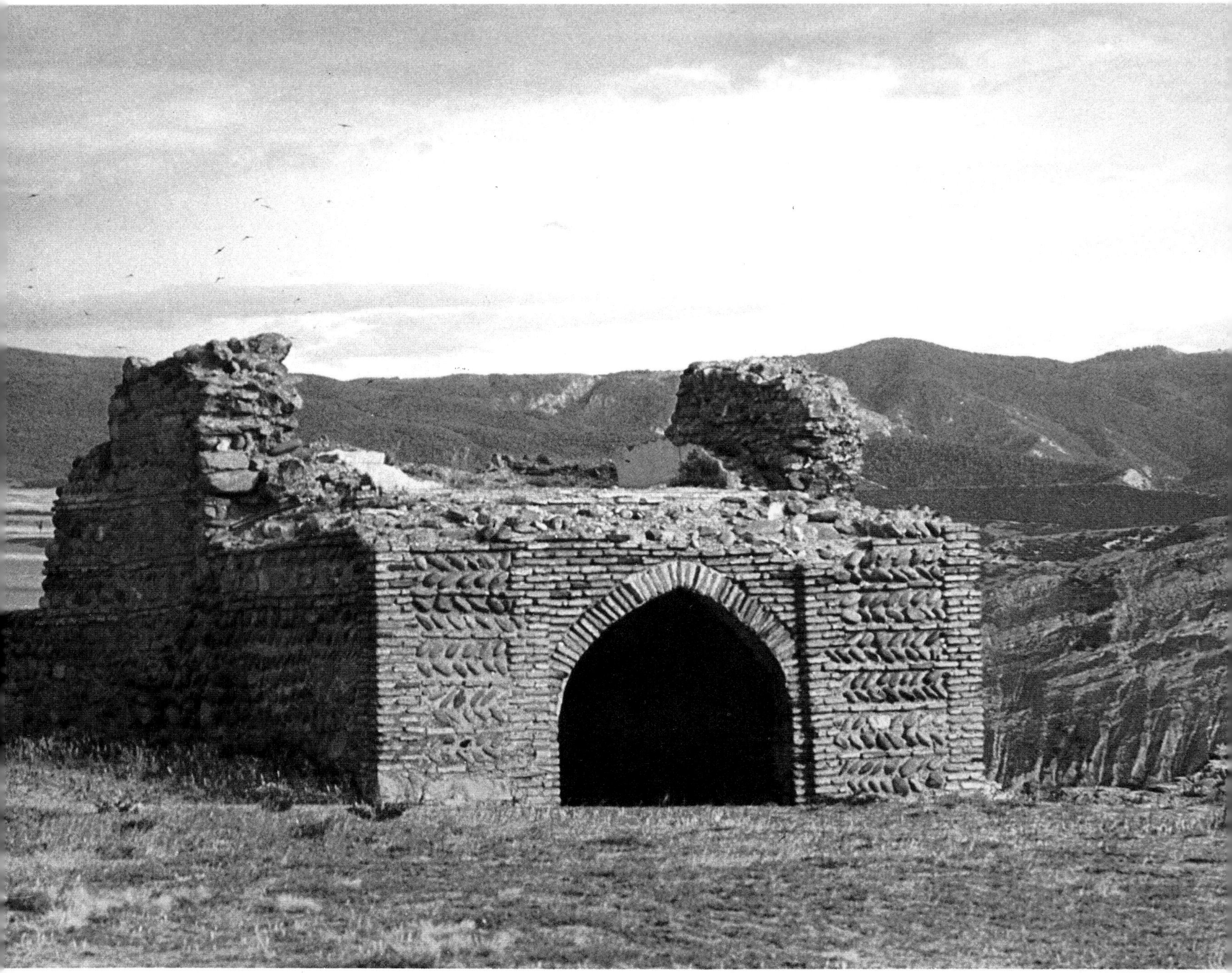

Sewastopol im Mai 1855: Leo Tolstoi berichtet über die Belagerung im Krimkrieg; sein anschließender Vorschlag für eine friedliche Lösung der Kriege hat an Aktualität nichts eingebüßt.

»Schon sind sechs Monate vergangen, seit die erste Kanonenkugel pfeifend die Bastionen von Sewastopol verließ und die Erde in den Befestigungen des Feindes aufwühlte, und seitdem fliegen unaufhörlich Tausende von Granaten, Kanonenkugeln und Gewehrkugeln von den Bastionen zu den Laufgräben und von den Laufgräben zu den Bastionen, über denen beständig der Engel des Todes schwebt.

Tausende haben sich in ihrem Ehrgeiz gekränkt gefühlt, Tausende haben ihren Ehrgeiz befriedigt und gesättigt, Tausende haben in den Armen des Todes Ruhe gefunden. Wie viele Sternchen wurden aufgenäht, wie viele abgetrennt, wie viele Annen- und Wladimirorden, wie viele rosa Särge und leinene Leichentücher! Und immer noch hallen dieselben Töne von den Bastionen; immer noch blicken an klaren Abenden die Franzosen mit unwillkürlichem Beben und abergläubischer Furcht aus ihrem Lager auf die schwarze aufgewühlte Erde der Bastionen von Sewastopol, auf die schwarzen Gestalten unserer Matrosen, die sich dort bewegen, und zählen die Schießscharten, aus denen die gußeisernen Kanonen hervorlugen; immer noch beobachtet vom Telegraphenhügel ein Steuermannsmaat durchs Fernrohr die bunten Gestalten der Franzosen, ihre Batterien, Zelte und Kolonnen, die sich auf dem Grünen Berg bewegen, und die in den Laufgräben aufpuffenden Rauchwölkchen; und immer noch strömen mit dem gleichen Kampfeseifer aus aller Welt verschiedenartige Menschenmassen mit noch verschiedenartigeren Wünschen nach diesem schicksalsschweren Ort.

Aber die Frage, die die Diplomaten nicht gelöst haben, kann noch weniger mit Pulver und Blut gelöst werden. Mir ist oft ein merkwürdiger Gedanke gekommen: wie, wenn die eine kriegführende Partei der anderen vorschlüge, aus jeder Armee einen Soldaten zu entlassen? Dieses Verlangen könnte seltsam erscheinen, aber warum sollte man es nicht erfüllen? Dann auf jeder Seite einen zweiten entlassen, einen dritten, einen vierten und so weiter, bis in jeder Armee nur noch ein Soldat vorhanden ist (vorausgesetzt, daß die Armeen gleich stark sind und daß Quantität und Qualität ersetzt werden könnte). Und dann, wenn wirklich verwickelte politische Fragen zwischen vernünftigen Vertretern vernünftiger Geschöpfe durch Kampf entschieden werden müssen, sollten sich diese zwei Soldaten herumprügeln — der eine sollte die Stadt belagern und der andere sie verteidigen. Diese Überlegung mag paradox erscheinen, aber sie ist richtig. Tatsächlich, was für ein Unterschied besteht denn zwischen einem Russen, der gegen einen Vertreter der Verbündeten kämpft, und achtzigtausend Russen, die gegen andere achtzigtausend Soldaten kämpfen? Warum nicht fünfunddreißigtausend gegen fünfunddreißigtausend? Warum nicht zwanzigtausend gegen zwanzigtausend? Warum nicht zwanzig gegen zwanzig? Warum nicht einer gegen einen? Das eine ist nicht logischer als das andere. Das letztere ist viel logischer, weil es menschlicher ist. Eins von beiden; entweder der Krieg ist ein Wahnsinn, oder wenn die Menschen diesen Wahnsinn begehen, sind sie alles andere als vernünftige Geschöpfe, obwohl wir sie aus irgendeinem Grunde dafür halten.«

89 Burg über Gori
Gori erhielt seinen Namen durch die Festung Goris-Ziche (»die auf dem Hügel liegende Burg«); die Burg wurde durch byzantinische Kaiser während des Krieges gegen Persien erbaut. Die hohen Burgmauern trotzten vielen Belagerungen erfolgreich. Römer, Byzantiner, Perser und Russen kämpften um die Burg, die das westliche Kura-Tal beherrscht. Hier in Gori wurde auch Josef Stalin am 21. Dezember 1879 als Sohn des Schusters Wissarion Dschugaschwili geboren.

Rückblick auf die Zarenzeit

Die russischen Revolutionäre haben in den Jahrzehnten vor dem Sturz der Monarchie und auch in den ersten Jahren nachher von der Zarenherrschaft immer ein düsteres Bild gezeichnet. Je mehr indes das alte System als endgültig abgetan gelten durfte, desto leichter konnte seine Bedeutung in die Geschichte vergangener Jahrhunderte eingeordnet und objektiv beurteilt werden. Das bedeutete keine Rückkehr zur Verherrlichung der einzelnen Herrscher, denen einst alle positiven Leistungen des Staates ihrer Zeit zugeschrieben worden waren. Die sowjetische Geschichtsschreibung betrachtet vielmehr die verschiedenen Zaren in erster Reihe als Repräsentanten der maßgebenden Oberschichten ihrer Epochen. Wie die Nowgoroder Fürsten des Mittelalters als Sachwalter des Handelskapitals ihrer Stadtrepublik dargestellt werden, so die späteren Moskauer Großfürsten und Zaren als Beschützer der Interessen des adeligen Großgrundbesitzers und zuletzt auch der Anfänge des russischen Industriekapitalismus. Damit wird zwar der soziale Zusammenhang von Stellung und Funktion der Zaren durchleuchtet. Darüber hinaus aber haben die bedeutenderen unter diesen Zaren auch immer wieder starken, manchmal entscheidenden Einfluß auf den »Überbau« der Sozialverfassung des Landes, also auf die Gestaltung von Staatsaufbau, militärischer Macht und Außenpolitik nehmen können. Auch unsere Darstellung muß daher auf einige dieser Zaren noch einmal zurückkommen.
Als Symbolfiguren für den Ablauf der russischen Geschichte treten ja einige dieser Herrschergestalten auch in der einheimischen Historiographie wieder stärker hervor. Der erste der Moskauer Zaren, der eine bedeutende Rolle in der Entwicklung seines Landes gespielt hat, war Iwan III., einer der letzten Nachkommen jenes mittelalterlichen Fürsten Rurik, und der erste, der im 15. Jahrhundert mit der »Sammlung russischer Länder« unter dem Zepter seiner Dynastie vorwärtskam. Er hat in mehr als vierzigjähriger Regierung eine ganze Reihe von kleineren Fürstentümern mit großrussischer Bevölkerung der Moskauer Führung unterordnen können. Auch die früher machtvolle Stadtrepublik Groß-Nowgorod im Nordwesten sowie russisch besiedelte Gebiete, die in der Zeit der tatarischen Oberhoheit im Osten unter die Herrschaft des westlichen Nachbarn Litauen geraten waren, wurden jetzt mit Moskau vereinigt. Iwan III., Gatte einer Prinzessin aus dem damals schon zu einem Schattendasein herabgesunkenen byzantinischen Kaiserhaus, war auch der erste, der den Namen eines »Selbstherrschers von ganz Rußland« annahm, an dem die Zaren späterer Zeit bis zum Ende der Monarchie festhielten. Von der Persönlichkeit dieses eigentlichen Begründers des Moskauer Großstaates wissen wir wenig, aber seine in

stillen, zähen Verhandlungen zustande gekommenen Leistungen sprechen für ihn selbst.

Der nächste bedeutende Zar, Iwan IV., den das Ausland den »Schrecklichen« nannte, während die eigenen Untertanen diesem Beinamen eher den Sinn des »Gestrengen« gaben, hat durch sein persönliches Hervortreten Mitwelt und Nachwelt weit intensiver beschäftigt. Er war der typische Renaissance-Herrscher, der sich nach schweren Erlebnissen in den Jahren seiner Jugend gewaltsam gegen die Übermacht des reichen Großadels durchsetzte und mit Hilfe einer persönlichen Gefolgschaft und eines beginnenden Berufsbeamtentums auch durch neue, vom Adelsaufgebot unabhängige Teile der Armee die Macht des Thrones stabilisierte. Iwan IV. hat sich auch mit großen außenpolitischen Unternehmungen versucht — erfolgreich gegen die Tataren, denen er die Gebiete an der Wolga-Mündung entriß; weniger eindrucksvoll im Westen, wo er am Ende vor den litauisch-polnischen und den schwedischen Nachbarn wieder zurückweichen mußte. Im Inneren setzte er seine Selbstherrschaft auch gegen die Kirche und sogar gegen die nächsten Angehörigen rücksichtslos durch.

Es ist bezeichnend, daß es in unserem Jahrhundert Stalin war, der diesem Vorgänger unverhohlene Bewunderung zollte und ihn in Geschichtswerken und in populär gewordenen Filmen fast uneingeschränkt feiern ließ, wohingegen die freiheitlichen Schriftsteller und bildenden Künstler der vorrevolutionären Zeit an dem »Schrecklichen« gerade die abstoßenden Züge hervorgehoben hatten.

Der Festigung der Zarenmacht ist es sehr zugute gekommen, daß es rund 180 Jahre nach ihrer Begründung am Ausgang des Mittelalters und der Tatarenzeit keinen Dynastiewechsel gegeben hat. Dadurch waren Adel und Kirche nicht in der Lage — wie etwa im benachbarten Polen —, die Bestätigung eines neuen Herrschers zur Erweiterung ihrer Privilegien auszunutzen. Erst nach dem Tode Iwans IV. kam es dann zu einer Zeit der »Wirren«, mit Auseinandersetzungen zwischen verschiedenen Thronkandidaten und mit Eingriffen des Auslands in die inneren Verhältnisse des Reiches. Am Ende dieser Zwischenperiode mit ihren Bedrohungen auch der internationalen Stellung Rußlands begann eine Konsolidierung unter der Herrschaft der neuen Dynastie Romanow. Ihre ersten Fürsten traten noch kaum besonders eindrucksvoll nach außen hervor. Eines der Ergebnisse der Bedrohung der russischen Machtstellung während der »Wirren« war indes eine Stärkung des Nationalbewußtseins in breiten Volksschichten, die sich an der Abwehr polnisch-litauischer und schwedischer Interventionen aktiv beteiligt hatten. Auch der orthodoxe Glaube spielte bei dieser Entwicklung eines gesamtrussischen Nationalbewußtseins eine nicht geringe Rolle.

So gelang es dem Moskauer Staat 1654, den Hauptteil der ukrainischen Kosaken in einem denkwürdigen Vertrag an sich zu binden. Neben der Glaubensgemeinschaft trugen allerdings auch der gemeinsame Gegensatz zu den Türken und die Abneigung der ukrainischen Bauern gegen die polnischen Großgrundbesitzer zu dieser Entscheidung bei, die in ihrer Auswirkung die Ukraine dauernd fester an Rußland band, als die kosakischen Vertragspartner ursprünglich beabsichtigt hatten.

Eine andere Entwicklung, die in der zweiten Hälfte des 17. Jahrhunderts zur Umbildung der russischen Zustände beizutragen begann, war die allmähliche Europäisierung wichtiger staatlicher Einrichtungen, vor allem auf militärischem Gebiet. Die Historiker schreiben diese Verwestlichung des russischen Staatswesens vor allem der machtvollen Einwirkung des großen Zaren Peter I. zu, der auch tatsächlich in einigen gewaltigen Kraftakten das meiste dazu beitrug; er beschleunigte damit aber nur eine Entwicklung, die schon unter seinen Vorgängern begonnen hatte. Von allen Zaren der russischen Geschichte ist Peter der Große den Beurteilern im Inland und Ausland immer als der bedeutendste erschienen. Auch die Marxisten haben in seinem Fall die Rolle des großen Individuums für die historische Entwicklung nicht leugnen können. Lenins theoretischer Lehrer Plechanow rühmte ihm nach, Peter habe einen »ungeheuren Umschwung« bewirkt, der Rußland vor der »Verknöcherung« gerettet hätte.

Peters innere Reformen sind oft beschrieben worden. Sie knüpften an die Lehren an, die er von seinem Schweizer Erzieher und von seinen Freunden in der »deutschen Vorstadt« Moskaus als junger Mann empfangen hatte, noch mehr an die Erfahrungen, die er, damals schon Träger der Krone, auf langen Auslandsreisen, vor allem nach Holland, sammelte. Flottenbau, Heeresreform, Erzwingung eines Mindestgrades von Allgemeinbildung für die Anwärter des staatlichen Dienstes, insbesondere auch die Offiziere, Neuordnung der Adelsprivilegien gemäß der öffentlichen Dienstleistung waren die wirkungsvollsten dieser Reformen. Mit der Verbesserung der Lage der unfreien Bauern ist der große Zar nicht ebenso weit gekommen, und seine Ansätze zu Schaffung einer städtischen Selbstverwaltung hatten ebenfalls nur unvollständige Ergebnisse. Auch Anläufe zur Reform der zivilen Staatsverwaltung sind von der kritischen Geschichtsschreibung als nicht konsequent und nur halb erfolgreich beurteilt worden. Sehr viel weiter dagegen kam Peter mit der Industrialisierung seines Landes. Im Sinne der damals in ganz Europa maßgebenden Theorien des Merkantilismus schuf der Zar neue, große Staatsbetriebe für Schiffsbau, Textilproduktion, Bergbau und Waffenherstellung. Er unterstützte auch die private Initiative auf diesen Gebieten, brachte ausländische Fachleute ins Land und begann auch mit dem Ausbau neuer Binnenwasserstraßen. Vieles, was damals begonnen wurde, ist dann erst unter späteren Herrschern fortgesetzt worden, meist in langsamerem Tempo.

Außenpolitisch führte Peter der Große sein Land noch sichtbarer in den Westen hinein. Die Ausdehnung Rußlands an die Ostsee, die Iwan IV. nicht gelungen war, wurde von Peter nach einem vernichtenden Sieg über Schweden (1718) verwirklicht. Der Bau der neuen, modernen, großzügig angelegten Hauptstadt Petersburg, des heutigen Leningrad, nahe der Mündung der Newa in die Ostsee, wurde zum Symbol dieser Westwendung des Reiches. Der Zar hat aber auch versucht, Rußland in anderer Richtung auszudehnen. Er eroberte das persische Südufer des Kaspischen Meeres, das allerdings von den Nachfolgern wieder aufgegeben wurde. Er hoffte, von dort aus einen neuen Handelsweg nach Indien zu erschließen und begann sich sogar bereits für China zu interessieren. Diese Pläne hatten aber am Ende wenig greifbare Ergebnisse.

Als Peter der Große 1725 starb, waren die meisten seiner leitenden Beamten der Ansicht, er habe mit seinen umwälzenden Reformen und mit seiner weit ausgreifenden Außenpolitik die Kräfte und Reserven seines Landes überfordert. Auch in der Bevölkerung herrschte keineswegs allgemeine Begeisterung über die Ergebnisse seiner Regierungszeit. Schon zu seinen Lebzeiten hatte es Ausbrüche von Widerstand gegen seine Herrschaft gegeben, wobei vor allem die ausländischen Einflüsse auf den Kaiser als Stein des Anstoßes wirkten. Peter selbst hat seinen einzigen Sohn der Beteiligung an solchen oppositionellen Regungen verdächtigt und deswegen hinrichten lassen. Auch das gehört zu den tragischen Zügen im Leben des großen Zaren, der einst als junger Prinz vor Mördern und Nebenbuhlern gezittert hatte und auf der Höhe seines Lebens sein Erbe keinem Nachfolger übergeben konnte, dem er vertraute.

Durch seltsame Fügungen gelangte der Thron Peters im 18. Jahrhundert an drei weibliche Nachfolgerinnen, die einander mit einer kurzen Unterbrechung durch einen unbedeutenden Enkel des großen Kaisers in der Herrschaft folgten. Nur eine dieser drei Zarinnen hat historische Bedeutung erlangt, Katharina II., eine deutsche Prinzessin, die durch Eheschließung zur Erbfolge gelangt war; die Nachwelt hat auch ihr den Namen die Große gegeben. Sie war eine Frau mit europäischer Bildung und literarischen Verbindungen zu den Häuptern der französischen Aufklärung. Ihre Verehrer in westlichen Ländern haben sie als das Musterbild des aufgeklärten Absolutismus gefeiert. Tatsächlich hat sie einiges für die Verbesserung der Schulbildung und für die Ordnung der staatlichen Verwaltung getan. Eine Reformerin im Sinne der sozialen Fürsorge für die besitzlosen Schichten im Lande, vor allem für die vom großgrundbesitzenden Adel ausgebeuteten Bauern, war diese Kaiserin aber nicht. Die ländliche Leibeigenschaft hat sich in der Zeit ihrer Herrschaft noch verschärft, und auch an der unbegrenzten Selbstherrschaft hat Katharina niemals rütteln lassen. Bezeichnenderweise gab es in der Zeit ihrer Regierung schwere Bauernunruhen, die vorübergehend weite Teile des Landes in Schrecken setzten und nur mit militärischer Gewalt mühsam niedergeschlagen werden konnten. Außenpolitisch fühlte sich Katharina völlig als Erbin des Vermächtnisses Peters des Großen. Sie war es, die Rußland durch die Teilung Polens noch weiter nach Mitteleuropa hineinführte. Anfangs zwischen der »friedlichen Durchdringung« des ganzen Polenstaates durch russischen Einfluß und der Aufteilung dieses Landes unter Überlassung kleinerer Gebiete an Österreich und Preußen schwankend, mußte sie sich für diese zweite Lösung entscheiden, als Rußland gleichzeitig in Konflikte auch mit der Türkei und Schweden geriet. Nach der Einigung mit Stockholm und Konstantinopel und der gleichzeitigen Bindung Preußens und Österreichs durch einen Krieg gegen das revolutionäre Frankreich kam indes eine für Rußland günstige Lösung zustande. Der Hauptteil der polnisch-litauischen Ländermassen kam unter die Herrschaft der Zarin, die damit am Ende ihres Lebens das alte Ziel ihrer Vorläufer erreicht hatte: die Sammlung aller russischen Länder mit orthodoxer Bevölkerung in ihrem Staat. Nur Österreich konnte in seinen Anteil an der polnischen Beute noch ein paar Millionen Ukrainer aufnehmen, die der östlichen Form des Christentums anhingen.

Katharinas Sohn Paul, der ihr auf dem Throne folgte, war ein Phantast, dessen Herrschaft keine dauernden historischen Wirkungen hinterlassen hat. Sie selbst hatte ihre Hoffnungen auch mehr auf den Enkel gerichtet, der dann als Alexander I. die Herrschaft übernahm. An seine Person knüpften sich im Inland und Ausland zunächst große Erwartungen. Einige seiner Jugendfreunde, darunter der polnische Fürst Adam Czartoryski, bemühten sich, den jungen Zaren zu einer gleichzeitig halb liberalen und panslawistischen Politik zu überreden. Polen sollte dadurch wieder ein gewisses Maß an Selbstbestimmung unter der Oberherrschaft des Zaren erhalten und damit für andere slawische Völker ein Vorbild zum Anschluß an die russische Führung werden. Gegenüber der Französischen Revolution, aus der inzwischen die Herrschaft Napoleons I. hervorgegangen war, sollte Rußland ein europäisches Gegengewicht schaffen und so eine mitbestimmende, wenn nicht gar leitende Rolle im ganzen Erdteil erhalten.

Alexander versuchte es zunächst, sich mit Napoleon über eine Teilung des Einflusses in Europa zu verständigen (Friede von Tilsit 1807). Er benutzte das dadurch vorübergehend hergestellte Gleichgewicht zur Ausdehnung seines Einflusses auf das vorher lange Jahrhunderte hindurch mit Schweden vereinte Finnland; auch gegenüber der Türkei versuchte er die neue Lage auszunutzen. Napoleon begann russische Vorherrschaftspläne zu fürchten und schritt 1812 zum Angriff auf das große Reich im europäischen Osten, das sich seinem Kommando in Europa nicht fügen wollte. Das Scheitern des französischen Rußlandfeldzuges und der schmähliche Rückzug Napoleons machten Alexander zum starken Mann der nun entstehenden antifranzösischen Koalition. Gemeinsam mit seinen österreichischen und preußischen Verbündeten ritt er als Sieger in Paris ein – einer der Höhepunkte russischer Machtdemonstration in der Geschichte der Neuzeit.
Es blieb nicht bei dieser Demonstration. Auf dem Wiener Kongreß (1814/15) spielte Rußland eine Hauptrolle bei der Neuordnung Europas. Es konnte seine Beute aus den polnischen Teilungen dabei nochmals bestätigt bekommen, und es gewann auch auf die Innenpolitik der anderen europäischen Monarchien, vor allem Preußens und Österreich-Ungarns, durch den Abschluß der »Heiligen Allianz« einen nachhaltigen Einfluß. Allerdings bröckelte dieser Einfluß in den nächsten Jahrzehnten wieder ab; das begann schon mit der Trennung Englands von der in Wien geschaffenen Konstellation der konservativen Monarchien. Der große Rückschlag aber folgte erst, als der Gegensatz zwischen den westeuropäischen Mächten Großbritannien, Frankreich und dem werdenden Italien einerseits, Rußland auf der anderen Seite, sich im Krimkrieg entlud, der (1855) zu einer Niederlage der Zarenmacht führte. Drei Jahrzehnte vorher hatte die Nachfolge Alexanders I. sein Bruder Nikolaus I. angetreten, der in Europa als die entschiedenste Stütze aller Kräfte der antirevolutionären Restauration galt. Gegen ihn hatten sich gleich bei der Übernahme der Throns junge Intellektuelle und Offiziere, die sogenannten »Dekabristen« (Dezembermänner), erhoben, deren Aufstand mit strenger Hand niedergeworfen wurde. Seitdem konnte sich die kritische Stimmung der Intellektuellen zunächst nur in der Literatur aussprechen, und auch dies nur in verdeckter Form. Allmählich bildeten sich indes zwei Richtungen politischer Ideologie heraus, die unabhängig von der Regierung Zukunftsbilder einer neuen russischen Politik entwarfen. Die eine dieser Gruppen setzte ihre Hoffnungen auf die Befolgung westlicher Vorbilder. Sie wurde durch das Scheitern der demokratischen Revolution von 1848 im westlichen Europa enttäuscht und begann seitdem von der Entwicklung einer neuen Gesellschaftordnung aus den Ansätzen der russischen Dorfgemeinschaft zu träumen. Der bedeutendste Vertreter dieser Richtung war der Schriftsteller Alexander Herzen, der seine Stimme lange Jahre hindurch als Emigrant im Westen erhob, aber auch in seiner russischen Heimat starken Widerhall fand. Ein anderer origineller, wenn auch etwas phantastischer Kopf unter diesen »Westlern« war der anarchistische Theoretiker Fürst Bakunin, der in den Anfängen der Ersten Sozialistischen Internationale mit Karl Marx zusammengewirkt hatte, dessen Theorien er freilich bald seine eigenen wechselnden Vorstellungen über die soziale Erneuerung durch die zerstörende Kraft der Revolution und über Rußland als Träger dieser Kraft entgegenstellte.
Ebenso oppositionell waren ursprünglich die sogenannten »Slawophilen« gestimmt, die eine Erneuerung der menschlichen Gesellschaft durch den Glauben der östlichen Kirche und durch die Rückkehr zu den

historischen Formen des russischen Lebens vor der Verwestlichung durch Peter den Großen erhofften. Aus diesen Vorstellungen hat sich dann der spätere Panslawismus entwickelt, der die Sammlung aller slawischen Völker unter russischer Führung predigte und im Laufe der Zeit zu einer Stütze der amtlichen Petersburger Außenpolitik vor allem gegenüber der österreichisch-ungarischen Monarchie und gegenüber der Türkei wurde — jenen beiden Reichen, unter deren Herrschaft damals noch eine ganze Reihe von slawischen Nationalitäten lebten. Im Westen sind diese panslawistischen Gedanken hauptsächlich in ihrer späten Ausformung durch den Dichter F. M. Dostojewski bekannt geworden; bei ihm nahm die slawophile Ideologie schließlich eine antirevolutionäre Wendung. Sowohl »Westler« wie »Slawophilen« waren aber zunächst darin einig, daß Rußland tiefgehende innere Reformen brauchte.

Das wichtigste soziale Problem war um die Mitte des 19. Jahrhunderts die Fortdauer der bäuerlichen Leibeigenschaft, die sich immer schlechter aufrechterhalten ließ, nachdem in manchen Teilen des Reiches, die noch nicht lange unter der Zarenherrschaft standen, vor allem in Finnland, in den baltischen Provinzen und zuletzt auch in Polen, Agrarreformen durchgeführt worden waren. Der Nachfolger des konservativen Zaren Nikolaus I., sein Sohn Alexander II., entschloß sich 1861 gegen den Rat eines Teiles seiner Minister, die Befreiung auch der russischen Bauern zu proklamieren. Diese Bauernbefreiung brachte die volle Rechtsfähigkeit der bis dahin leibeigenen Hörigen, aber eine ganz unzureichende Besserstellung ihrer wirtschaftlichen Lage. Das dem Bauern überlassene Land konnte sich auch in den nächsten Jahrzehnten nicht wesentlich vergrößern, während die ländliche Bevölkerung gleichzeitig rasch zunahm. Der bäuerliche Besitz hatte nun viel größere Schuldenlasten als der der Gutsherren. Die soziale Unruhe im Lande dauerte weiter an.

Die Reformen Alexanders II., zu denen auch Ansätze zu größerer Selbstverwaltung gehörten, befriedigten weder die radikalen Kreise im Lande noch ihre konservativen Gegenspieler. Sie galten als gescheitert, als im März 1881 eine Bombe aus der Hand revolutionärer Verschwörer den »Zar-Befreier« tödlich traf. Der Nachfolger, sein Sohn Alexander III., kehrte sofort zu härtesten autokratischen Methoden zurück.

Während die Innenpolitik unter Alexander III. und auch unter seinem schwächlichen Sohn, dem letzten Zaren Nikolaus II., in obrigkeitsstaatlicher Routine erstarrte, entfalteten sich in Rußland die Anfänge moderner Industrialisierung. Die Erschließung des ukrainischen Kohlenbeckens am Donez durch moderne Betriebsmethoden wurde durch eine ebenso stürmische Entwicklung der Gewinnung von Eisenerz, Stahlproduktion, Erdölförderung in Südrußland und im Kaukasusgebiet ergänzt. In den Industriebezirken sammelte sich eine Arbeiterbevölkerung, die am Ende des 19. Jahrhunderts etwa drei Millionen Seelen zählte. Neben einer Bauernbevölkerung von rund 100 Millionen war das nur ein Bruchteil der Einwohnerschaft. Auch der wirtschaftliche Reichtum des Landes lag nach wie vor in seiner Landwirtschaft, deren Anteil am russischen Export in der zweiten Hälfte des Jahrhunderts immer mehr stieg. Aber die Erträge des Getreideexports, der vor allem über die südrussischen Häfen am Schwarzen Meer ging, wurde zu immer rascherer Industrialisierung des Landes benutzt. Petersburg und Moskau wurden durch diese Entwicklung zu Milllonenstädten und zugleich zu Herden einer sozialrevolutionären Bewegung, die sich in ganz anderem Takt entwickelte als der zaristische Machtstaat mit seiner konservativen Grundlage in Landwirtschaft, obrigkeitlicher Verwaltung, konventioneller Heeresverfassung und ehrgeiziger Außenpolitik.

Moskau und Sankt Petersburg

Iwan III. war der erste Moskauer Großfürst, der sich gegen Ende des 15. Jahrhunderts Zar nannte. Dabei knüpfte Iwan III. mit seinem Titel »Selbstherrscher von ganz Rußland« an die Tradition der byzantinischen Kaiser an, die sich Autokrator genannt hatten. Moskau wollte jetzt, nach der Befreiung von den Tataren, das Dritte Rom werden, und mit der Einverleibung des Permer Landes, mit der Besetzung von Nowgorod, Jaroslawl und Twer hatte es seine Macht entscheidend ausdehnen können. Ein halbes Jahrhundert später, 1547, wurde Iwan IV. dann offiziell zum ersten Zaren von ganz Rußland gekrönt. Gleichzeitig strebten die Russen politische und wirtschaftliche Verbindungen mit dem übrigen Europa an. Während der langen Isolierung unter tatarischer Herrschaft waren kaum Nachrichten aus Rußland in die westlichen Hauptstädte gedrungen, und so fragte man sich, wer denn dieser Zar aller Reussen überhaupt sei.
Der Name »Reuss«, soviel wußte man, kam aus dem Schwedischen; er wurde mit der Bezeichnung für »verschnittene Pferde« in Zusammenhang gebracht. Den Wallach hatte Mitteleuropa tatsächlich aus dem Osten kennengelernt. Russisch dagegen bedeutete ursprünglich »wild«, und als urwüchsige, wilde Gesellen waren dem Westen die Russen bekannt.
Zweihundert Jahre lang bestimmten dann die Zaren von Moskau aus die Geschichte ihres wachsenden Landes. Es waren unruhige Zeiten mit Machtkämpfen und Terror, mit Iwan dem Schrecklichen (der seinen Sohn im Zorn erschlagen ließ), mit dessen Nachfolger Boris Godunow und mit Michael Romanow (der das neue Zarenhaus der Romanow begründete). Es gab Kämpfe nach außen wie im Staat selber, aber am Ende des 17. Jahrhunderts war Moskau endgültig ein politischer Machtfaktor geworden.

*90 Leningrad: Generalstabsbogen
Dies ist der klassische Blick auf das Winterpalais der Zaren. Auf dem davorliegenden Schloßplatz dominiert die 47 Meter hohe Alexandersäule, die zu Ehren des Zaren Alexander I., des Napoleon-Bezwingers, errichtet wurde. Auf dem Schloßplatz haben sich zwei entscheidende historische Ereignisse begeben: Am 9. Januar 1905 (nach dem in Rußland noch geltenden Julianischen Kalender) wurde aus der Bittprozession, die dem Zaren eine Resolution überreichen wollte, ein Blutbad, als die falsch informierten Wachen auf die Menge das Feuer eröffneten. — Zwölf Jahre später drängte wieder eine Menschenmasse zum Palast: Die Bolschewiki stürzten 1917 die Regierung Kerenski.*

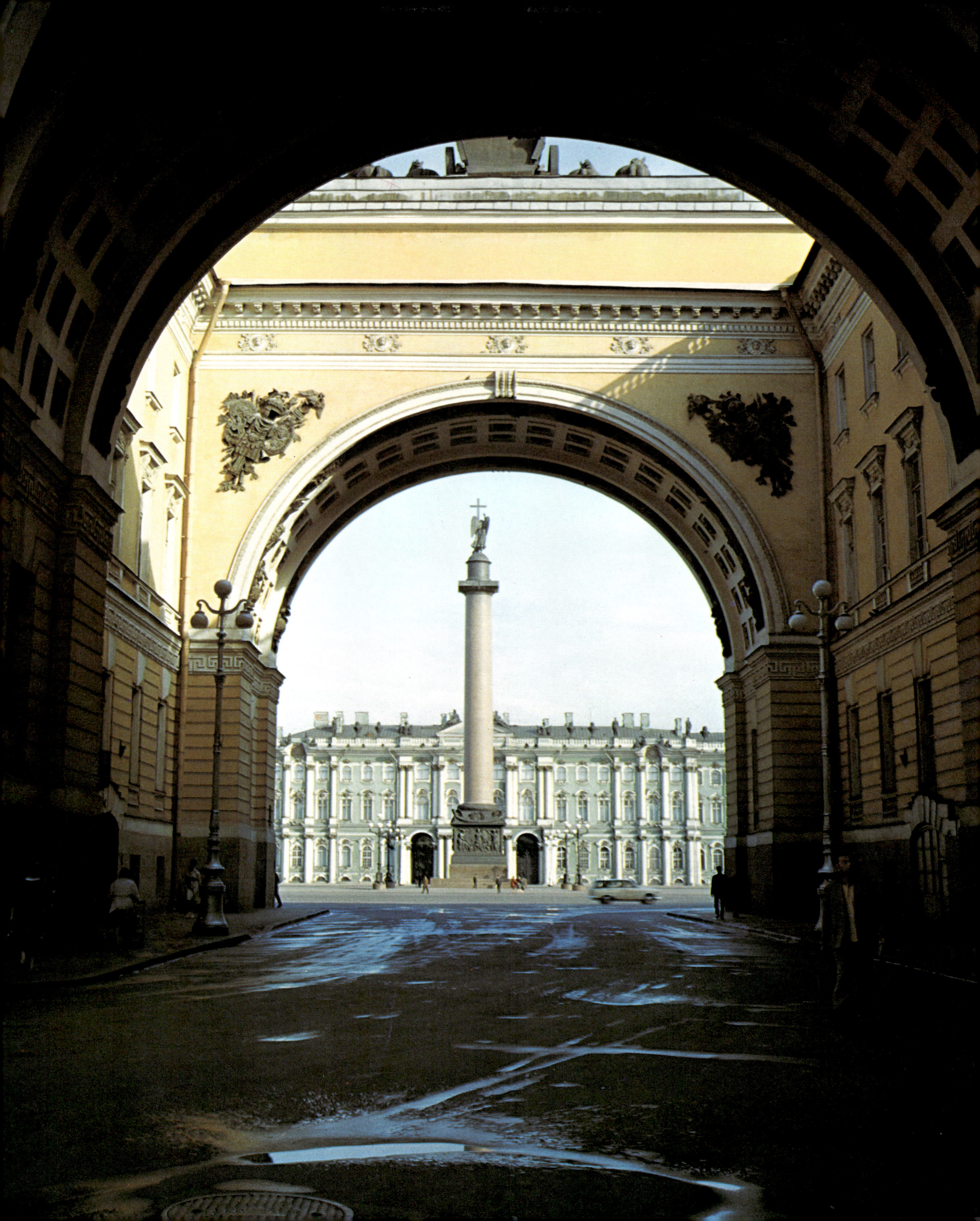

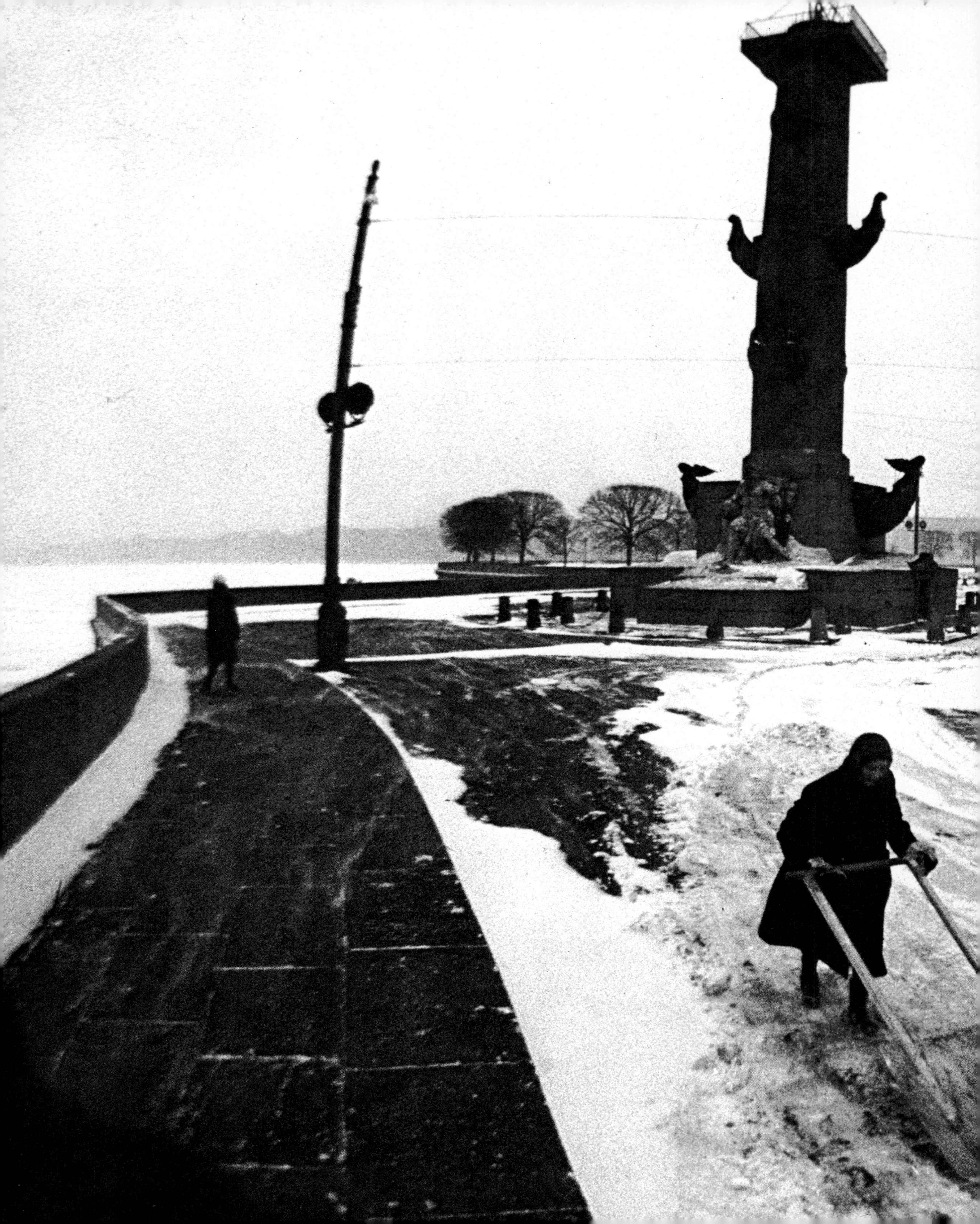

91+92 An der Leningrader Börse
Zwischen Großer und Kleiner Newa
liegt die Wassiljewski-Insel;
auf ihr sollte nach den Plänen
Zar Peters I. das geistige Zentrum
Petersburg entstehen. In seinem
Bestreben, die Wirtschaft Rußlands
dem europäischen System
anzugleichen, rief der Zar auch
eine Börse ins Leben.
Seit der Änderung der
Wirtschaftsform durch den
Sozialismus beherbergt das
Gebäude das Zentrale
Kriegsmarine-Museum.

Im Winter ist in Leningrad der
Himmel meist verhangen, nasser
Schnee liegt auf den Straßen,
der Wind pfeift von der Ostsee
herein; die Stadt ist in
milchig-weißes Licht getaucht.
Das einzige Leben scheint von einer
alten Frau auszugehen, die mit
einer breiten Schaufel der
Schneemassen Herr zu werden
versucht.

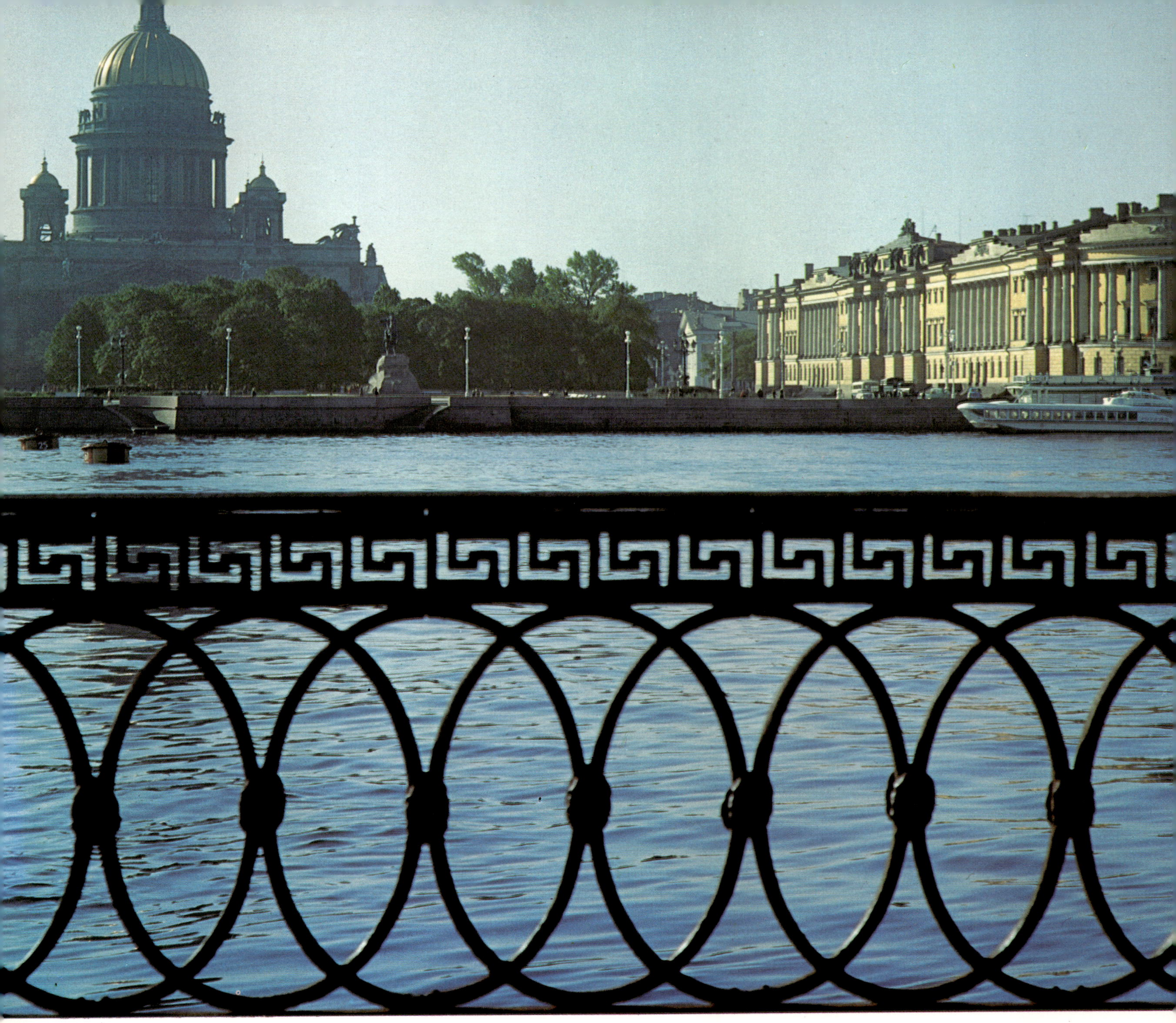

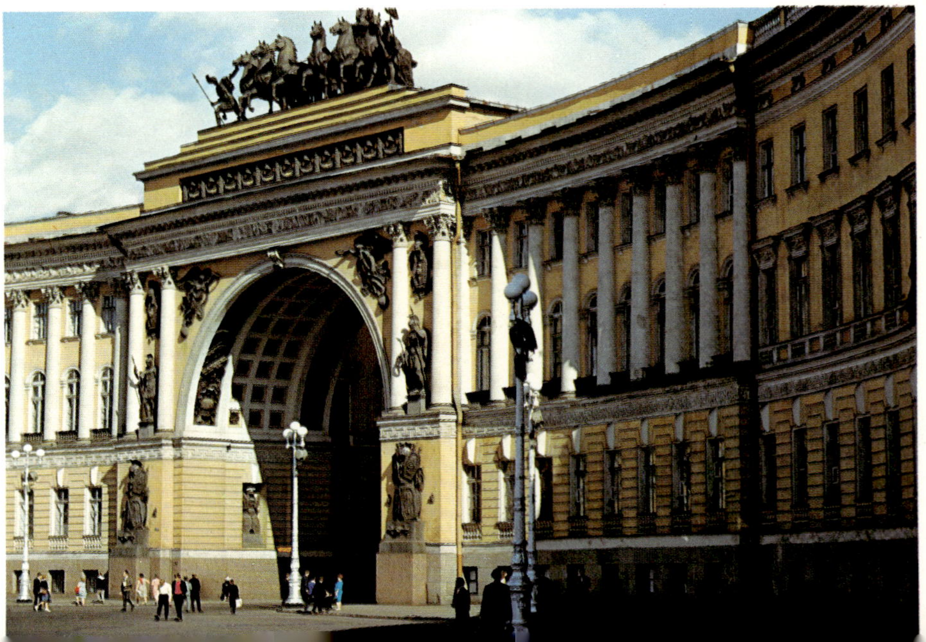

◄ 93   Newa und Isaaks-Kathedrale
Im 19. Jahrhundert wurde die Kathedrale als Hauptkirche der Residenz nahe am Newa-Ufer gebaut. Dabei wurden die Abmessungen ins Kolossale gesteigert. Die Kuppel hat eine Innenhöhe von 102 Metern, der Kirchenraum mißt 111 auf 97 Meter; in ihm sollen bis zu 7000 Menschen Platz finden.

94   Siegeswagen
Zu Ehren des Sieges über Napoleon wurde das Generalstabsgebäude um 1830 mit einem Siegeswagen nach römischem Vorbild geschmückt.

95   Peter-und-Pauls-Festung an der Newa
Als erstes Bauwerk, als Herr von Sankt Petersburg, ließ Zar Peter der Große diese Festung errichten. Der 122 Meter hohe Kirchturm wurde zum Wahrzeichen der Stadt. In der Festung kam Peters eigener Sohn, angeklagt als Verschwörer, unter der Folter um.

Sankt Petersburg: Um 1700 hatte Peter I. seine Macht so weit gefestigt, daß er an sein großes Vorhaben gehen konnte: er wollte in seinem Leben erzwingen, was Generationen vor ihm versäumt hatten: Rußlands wirtschaftlichen und politischen Anschluß an den Westen.

Nach der Eroberung der Newa-Mündung wurde die neue Hauptstadt, das »Fenster zum Westen«, mit brutaler Gewalt und mit unsagbaren Menschenopfern auf dem Sumpfgelände der Newa errichtet. Peter erzwang mit Fronarbeit, hohen Abgaben und gegen den Willen der Moskauer Bojaren die Verlegung der Hauptstadt aus dem russischen Moskau in das »westliche« Sankt Petersburg. Überall, ob bei der Börse, bei der Schiffswerft, bei Brücken, Kirchen und Palästen — stets wird der Name Peter I. als Initiator genannt: Mit ihm begann die Europäisierung Rußlands, er legte den Grundstein zum modernen Staat und damit zur russischen Großmacht.
Die Rivalitäten der beiden Hauptstädte dauert bis in die Gegenwart an. Die Leningrader sind stolz auf ihre offene, dem Meer und der übrigen Welt zugewandte Stadt. Die Moskauer lieben das Russische an ihrer Stadt, das Gefühl, mitten im Land zu sein — und trotz aller modernen Veränderungen lieben sie den Rest des Orientalischen, das ihrem Moskau anhaftet.
Dieses Gefühl der Verbundenheit mit Moskau hat Peter I. den Russen nicht nehmen können — auch nicht mit der Überführung der Gebeine des Heiligen Alexander Newski, dessen Kloster in Sankt Petersburg ein neues Nationalheiligtum werden sollte.

96+97   Zarenadler und Schloß
Bis zur Revolution schmückten
zahlreiche Zarenadler
Sankt Petersburg. Heute findet
man nur noch wenige — und diesen
wenigen fehlt die Zarenkrone,
die nach 1917 abgesägt wurde.
Zur Newa hin bilden Winterpalais
und Eremitage eine geschlossene
Front von strenger Schönheit.
Der Palast, der Mitte des
18. Jahrhunderts nach den Plänen
Rastrellis gebaut wurde,
brannte 1837 aus, wurde aber im
alten Stil wieder aufgebaut.
Das Palais hat wahrhaft gigantische
Ausmaße:
auf 46 000 Quadratmetern gibt
es rund tausend Räume,
117 Treppenaufgänge, 1786 Türen
und 1945 Fenster. — In der
anschließenden Kleinen und Neuen
Eremitage wurde von den Zaren
eine der größten Gemälde- und
Kunstsammlungen begründet, die
zu den schönsten der Welt zählt.

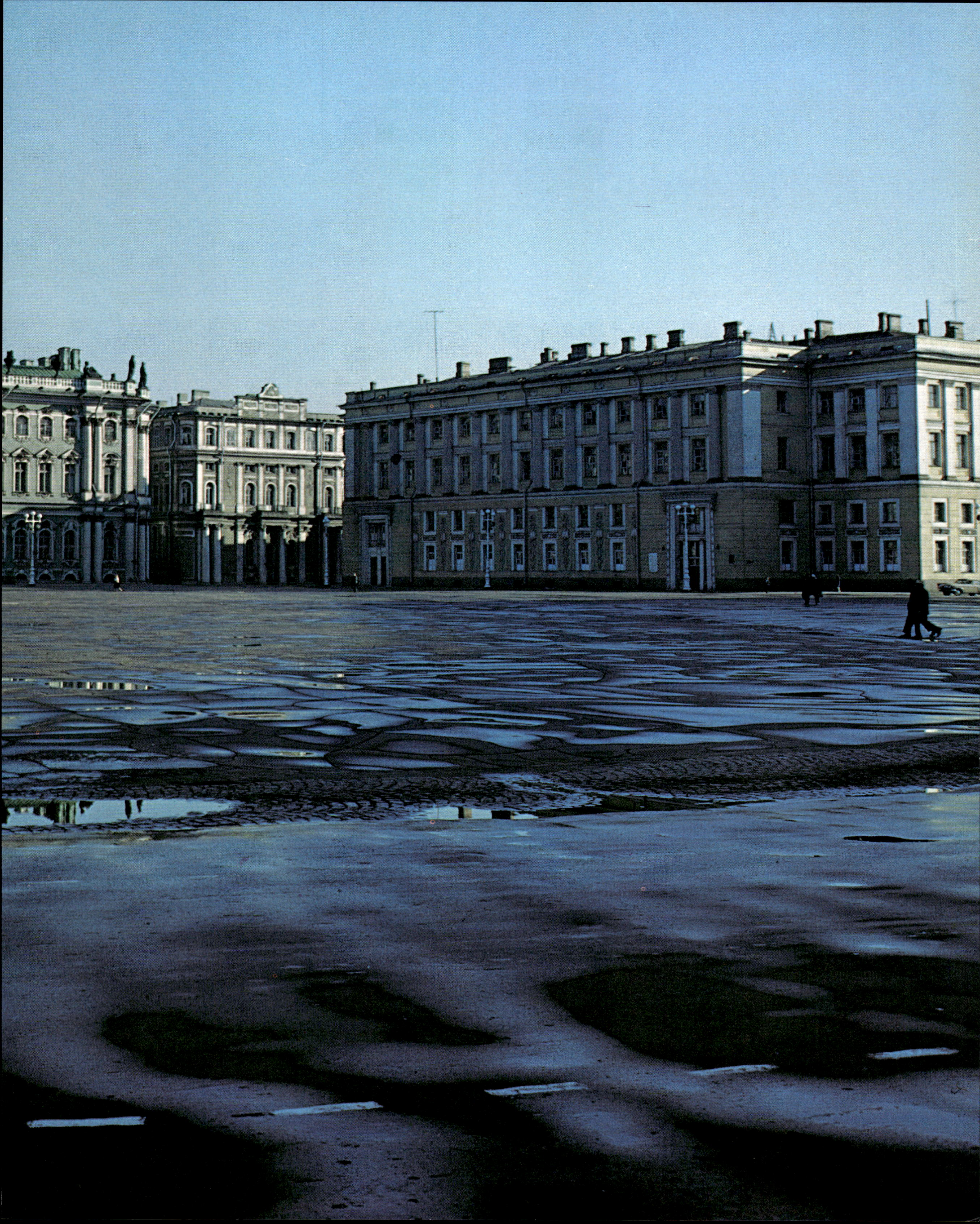

98+99 Löwen und Inschriften
Die Paläste und Herrenhäuser
an der Newa vermitteln noch heute
einen Eindruck des vergangenen
höfischen Lebens. Die Portale
sind mit Bronzereliefs geschmückt,
Inschriften erinnern an
historische Ereignisse, wie diese
an der Mauer der Peter-Paul-
Festung.

100 Admiralität
Hier stand ursprünglich die
befestigte Schiffswerft, auf der 1706
Peter I. den Stapellauf seines
ersten Kriegsschiffes feierte. Die
heutige Admiralität steht genau im
Mittelpunkt der Stadt.

101 Columnae rastratae ▶▶
An diesen Signalsäulen, ebenfalls
aus der Zeit Peter I., wurden nachts
in den kupfernen Schnäbeln
Ölfeuer entfacht; sie dienten den
Schiffen als Leuchttürme
zum Hafen.

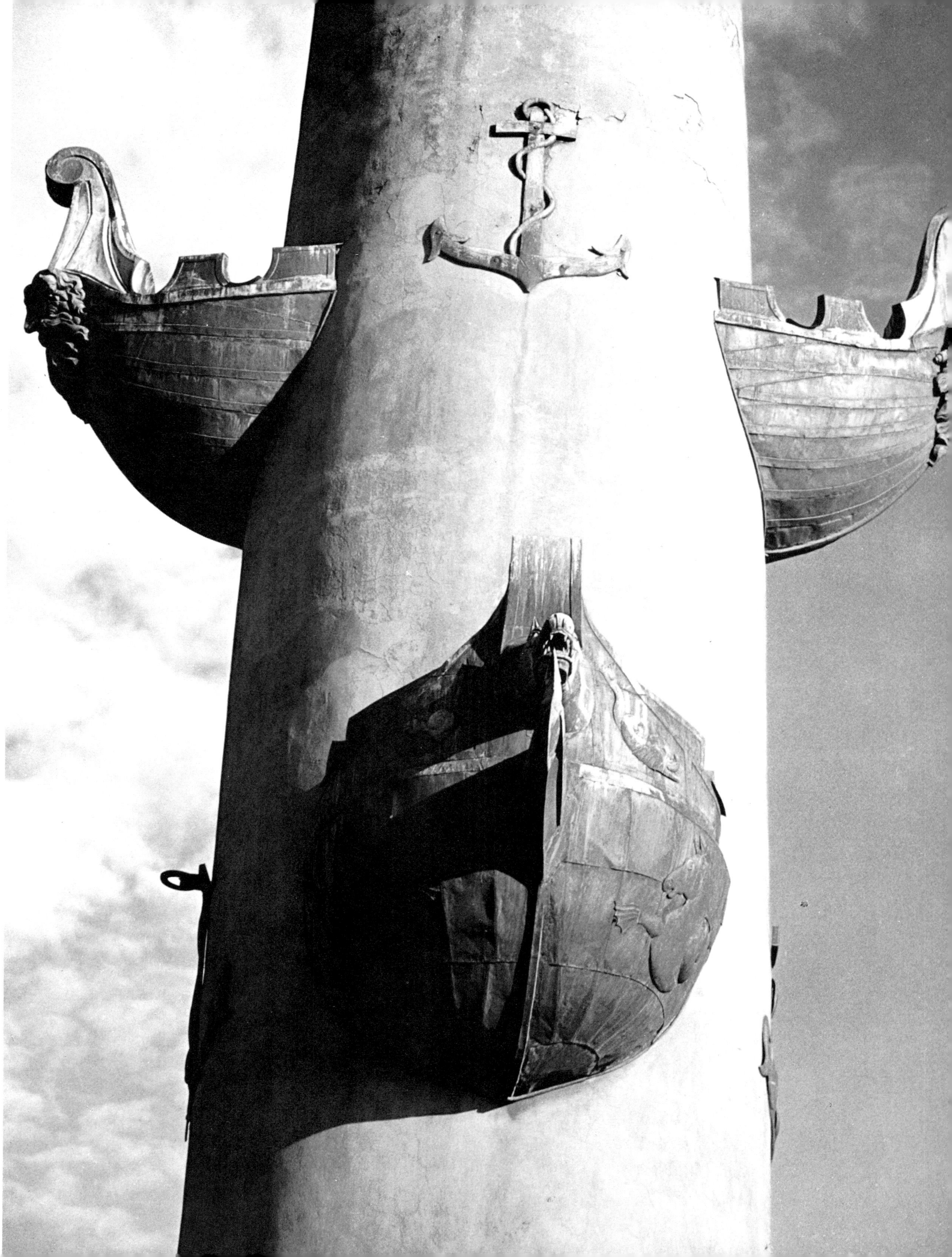

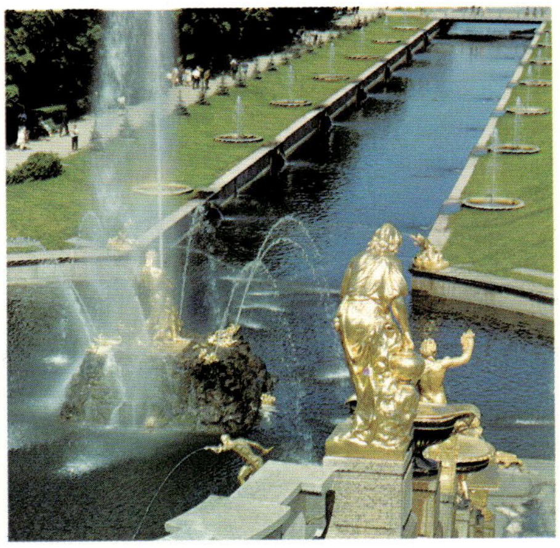
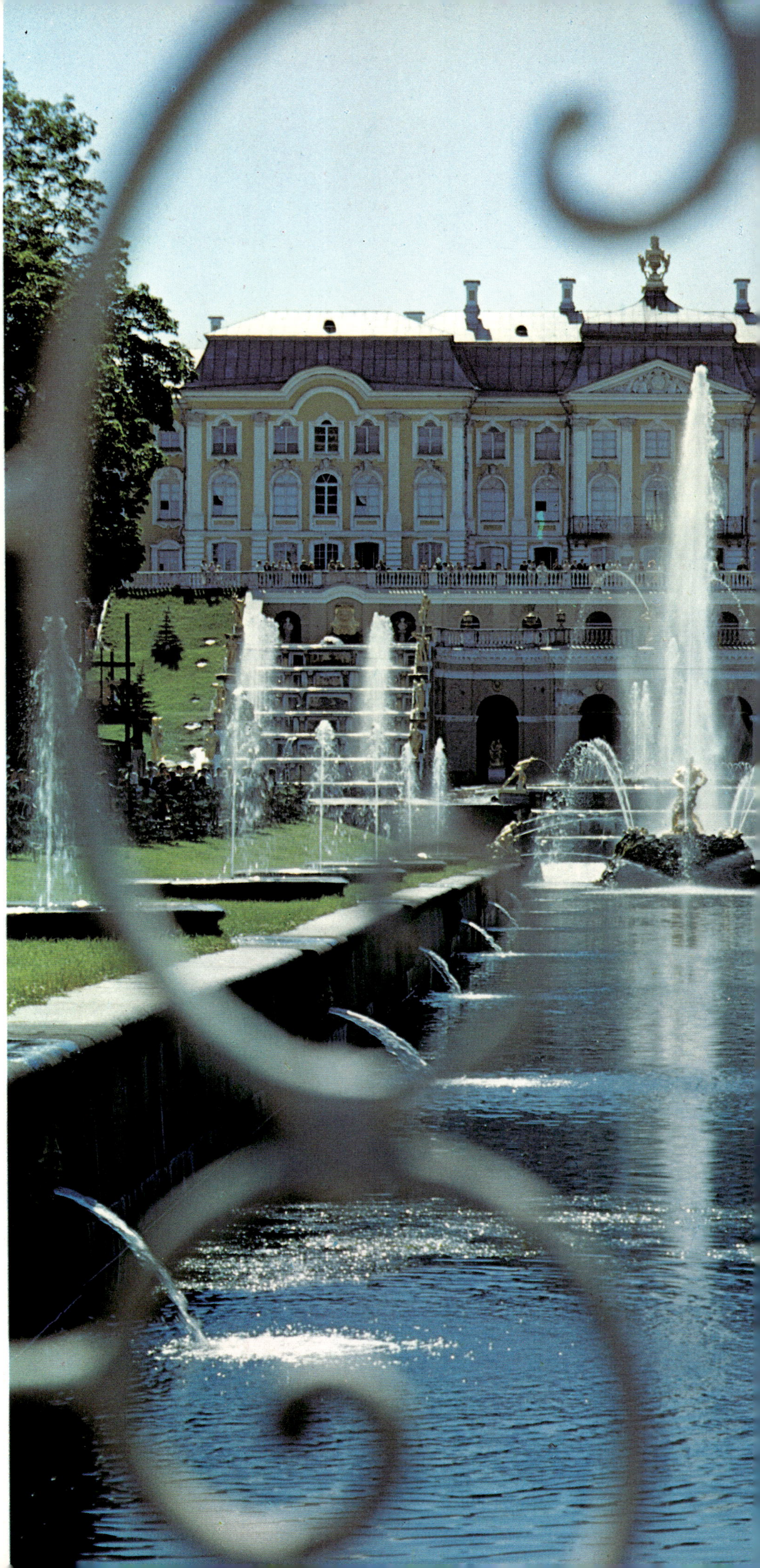

102 + 103   Schloß Peterhof
Peter der Große träumte von einem russischen Versailles: so ließ er diese Sommerresidenz, 30 Kilometer von Petersburg entfernt, an der Südküste des finnischen Meerbusen errichten. Der technische Aufwand war für damalige Zeiten unvorstellbar: 22 Kilometer lang sind die Wasserkanäle, die von den Ropscha-Höhen aus die Wasserspiele speisen. Ein Kanal vom Meer vermittelte einst direkten Zugang zu einem kleinen Hafen. Zahlreiche Kaskaden und Wasserspiele beleben auch heute wieder — nach der Zerstörung im Zweiten Weltkrieg — die weiten Parkanlagen. Höhepunkt ist die Samson-Gruppe mit dem Löwen, aus dessen Rachen eine 20 Meter hohe Fontäne schießt. Zahlreiche kleinere Schlößchen dienten als Lusthäuser, Retiraden und Eremitagen.
Dem Vorbild der Zaren, am Meer eine Sommerresidenz zu besitzen, eiferten bald die großen Familien von Petersburg nach. Bis zur estnischen Küste entstanden auf diese Weise Landsitze, unter denen einige besonders bekannt wurden: das Palais von Strelna, das Landhaus des Fürsten Orlow und das Palais des Grafen Razumowski, welches Zar Nikolaus I. so gut gefiel, daß er es für sich selber erwarb. Während der Sommermonate spielte sich das höfische Leben meist auf den Landsitzen ab. Eines der beliebtesten Schlösser, neben Peterhof, war Zarskoje Selo, das heutige Puschkin, das als Lieblingssitz von drei Zarinnen im 18. Jahrhundert bekannt wurde. Hier wurde 1917 die Zarenfamilie interniert, bis sie durch die Revolutionäre zur letzten Fahrt in den Ural verschleppt wurde, wo die Romanows in Jekaterinburg (heute Swerdlowsk) 1918 ihr Ende fanden.

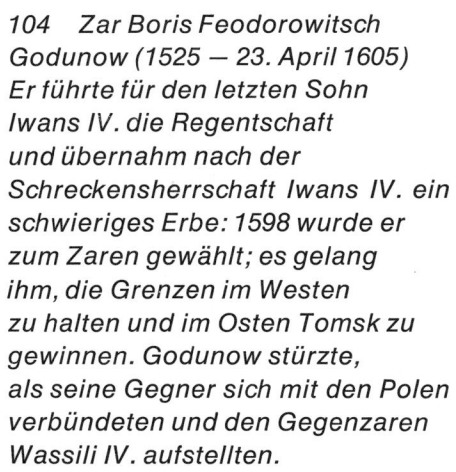

*104   Zar Boris Feodorowitsch
Godunow (1525 – 23. April 1605)
Er führte für den letzten Sohn
Iwans IV. die Regentschaft
und übernahm nach der
Schreckensherrschaft Iwans IV. ein
schwieriges Erbe: 1598 wurde er
zum Zaren gewählt; es gelang
ihm, die Grenzen im Westen
zu halten und im Osten Tomsk zu
gewinnen. Godunow stürzte,
als seine Gegner sich mit den Polen
verbündeten und den Gegenzaren
Wassili IV. aufstellten.*

*105   Peter I., der Große
(9. Juni 1672 – 8. Februar 1725)
Sein Ziel war, Rußland Geltung als
europäische Großmacht zu
verschaffen und den Anschluß an
den Westen herzustellen.
In jahrzehntelangen Kriegen
gelang es ihm, die bisherige
nordische Großmacht Schweden zu
besiegen und an ihre Stelle zu
treten. 1703 begann er
an der sumpfigen Newa-Mündung
mit dem Bau seiner neuen
Hauptstadt: Sankt Petersburg.
Er bereiste selbst incognito die
westlichen Länder mit der Absicht,
sie zu einem Bund gegen die
Türken zusammenzuschließen.
Außerdem war er für alles
Neue sehr aufgeschlossen. Diese
Einstellung und die Einführung
westlicher Sitten brachten ihn in
schwere Konflikte mit den
Altrussen. Durch seine Kriege
erwarb er Livland, Estland, Ingrien
und Karelien. Innenpolitisch
führte er viele Neuerungen ein,
wie beispielsweise
Waffenherstellung, neuzeitliche
Handelsformen, Fabrikbauten.
Die Kirche unterstellte er
dem Staat, er reformierte das
Heerwesen, teilte das ganze Land in
Gouvernements ein, kümmerte
sich um das Schulwesen wie um
den technischen Fortschritt.
1721 ließ er sich zum Kaiser aller
Reußen krönen.*

108   Zar Alexander II.
Nikolajewitsch
(29. April 1818 — 13. März 1881)
Er wurde 1855 Zar und mußte nach dem ungünstigen Ausgang des Krimkrieges versuchen, den wirtschaftlichen Zusammenbruch des Landes zu verhindern. Durch seine Bauernbefreiung wurde er zum »Befreier-Zaren«. Die Landverteilung brachte jedoch für die Bauern keine Vorteile. Denn Schulden und zu kleine Höfe erschwerten das Leben und schürten so die Unzufriedenheit der Bauern. Auch die von Alexander geschaffene bäuerliche Selbstverwaltung, das Semstwo-System, verbesserte die Verhältnisse nicht entscheidend. 1881 fiel Alexander II. dem zweiten Attentat, das auf ihn verübt wurde, zum Opfer.

106   Katharina II., die Große
(2. Mai 1729 — 17. November 1796)
Geboren als Prinzessin Sophie Friederike von Anhalt-Zerbst, mußte sie sehr jung den russischen Thronfolger heiraten. Als ihr unfähiger Mann als Peter III. zur Herrschaft gelangte, wurde er bereits — nicht ohne ihre Mitwirkung — nach einem halben Jahr gestürzt und bald darauf ermordet. Als Katharina II. bestieg sie den Thron und vollendete in vierunddreißigjähriger Herrschaft das Werk Peters des Großen. Gemeinsam mit Österreich und Preußen zerschlug sie Polen. Im Osten eroberte sie, beraten von ihrem genialen Günstling Potemkin, die Krim und die Schwarzmeer-Küste bis zur Dnjestr-Mündung. In der Innenpolitik nahm sie eine ausgesprochen adelsfreundliche konservative Haltung ein. Unter ihrer Herrschaft wurde die Leibeigenschaft noch verschärft, wodurch die sozialen Spannungen wuchsen.

107   Zar Alexander I. Pawlowitsch
(23. Dezember 1777 — 1. Dezember 1825)
Er wurde durch den Sieg über Napoleon 1812 berühmt. Vorher hatte er systematisch die Grenzen Rußlands ausgedehnt, er »befreite« Nachbarländer wie Finnland, Bessarabien und Grusinien. Auf dem Wiener Kongreß spielte er die Rolle des großen Herrschers, als hätte er allein Napoleon besiegt.

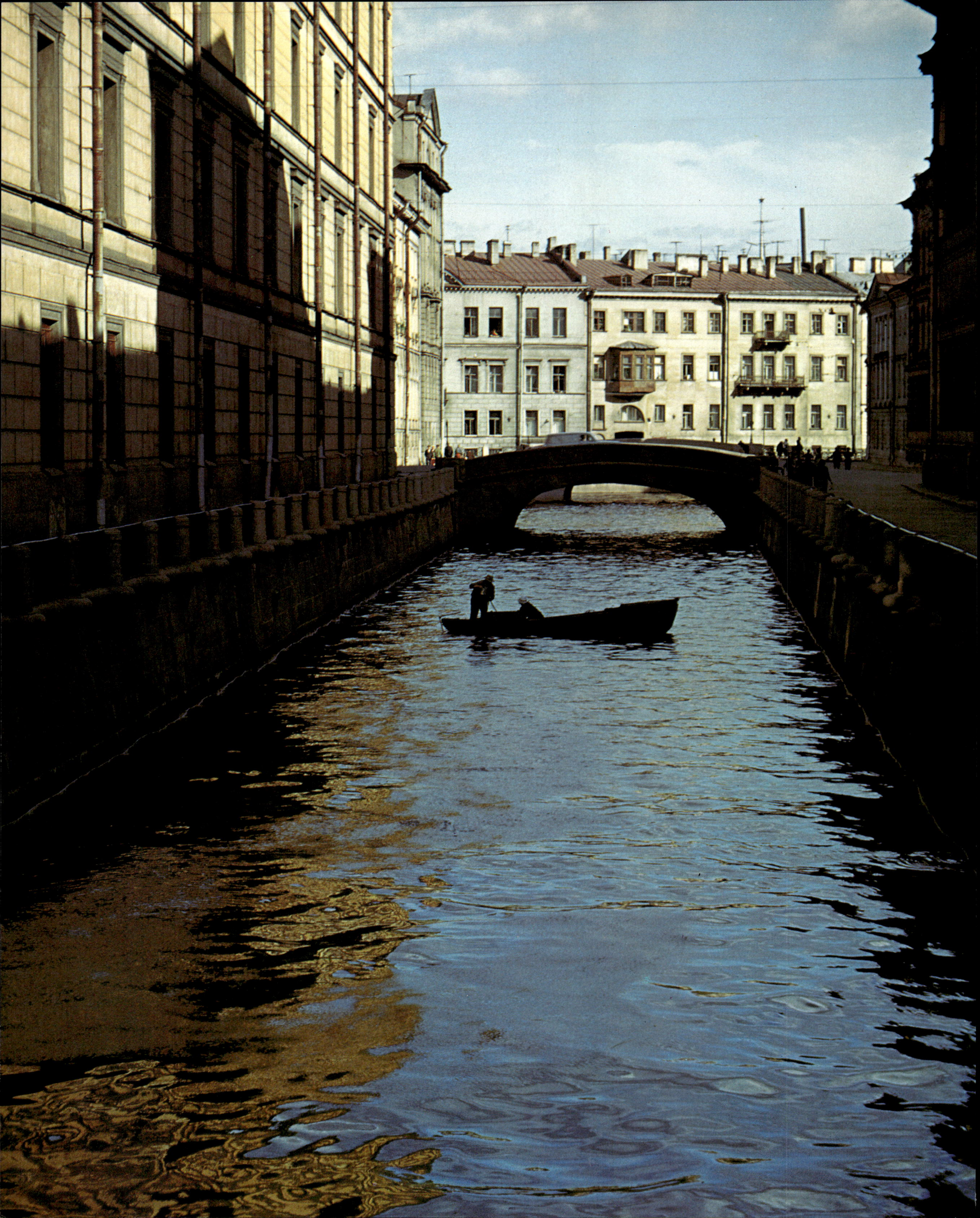

109   Kanal in Leningrad
Die Newa mit ihren Seitenarmen, das Flüßchen Moika und die verzweigten Kanäle brachten dem alten Sankt Petersburg den Namen »Venedig des Nordens« ein. Wie in Venedig war der Boden denkbar ungeeignet für größere Bauten, so daß erst viele Tausend Pfähle in den morastigen Grund zur Fundamentsicherung eingerammt wurden.
Noch im letzten Jahrhundert mußte die Isaaks-Kathedrale unterirdisch abgestützt werden. Heute gibt es angeblich keine Schwierigkeiten mehr, da die Stadt zur See hin gut befestigt wurde. Das letzte Hochwasser überschwemmte Leningrad 1924.

110   Moskauer Kreml-Mauer
Der Moskauer Kreml ist das Symbol russischer Macht. Die große Burgbefestigung entstand zur Zeit Iwan III. (um 1500) unter Mitwirkung italienischer Baumeister. Nach der teilweisen Zerstörung durch die Truppen Napoleons, wurde der Kreml mit seinen düster wirkenden, hohen roten Ziegelmauern Mitte des letzten Jahrhunderts wieder aufgebaut.

111 + 112   Kugeln und Kanonen
Die Zar-Puschka, die 1586 gegossene, aber nie benutzte Riesenkanone, ist eine Attraktion des Kreml. Sie zeigt die russische Vorliebe für Größe und Superlative. Die Kanone wiegt knapp 40 Tonnen, ist 5,32 Meter lang und hat ein Kaliber von 917 Millimeter. Die dicken Kugeln geben einen Eindruck ihrer Größe. Im Kreml liegt auch eine Batterie 1812 erbeuteter französischer Kanonen.

113   Palais im Arbat-Viertel
Im Mittelalter wurde dieser Moskauer Stadtteil nach dem arabischen Wort »orbat«, Vorort, genannt. Im 18. und 19. Jahrhundert siedelten sich hier wohlhabende Bürger und Adelige an; einige der alten Paläste sind gut erhalten und dienen heute als Behörden- und Botschaftsgebäude.

114   Im Moskauer Kreml ▶
Neben dem neuen, kolossalen Kongreß-Palast stehen noch einige ältere Häuser, die einen Eindruck von der Atmosphäre des früheren Kreml geben. Außer dem Sitz der Regierung beherbergt die Burg heute sechs Kirchen, zwei Theater, die ehemaligen kaiserlichen Gemächer und Schatzkammern, ferner das Arsenal und neben den Museen noch 20 Türme.

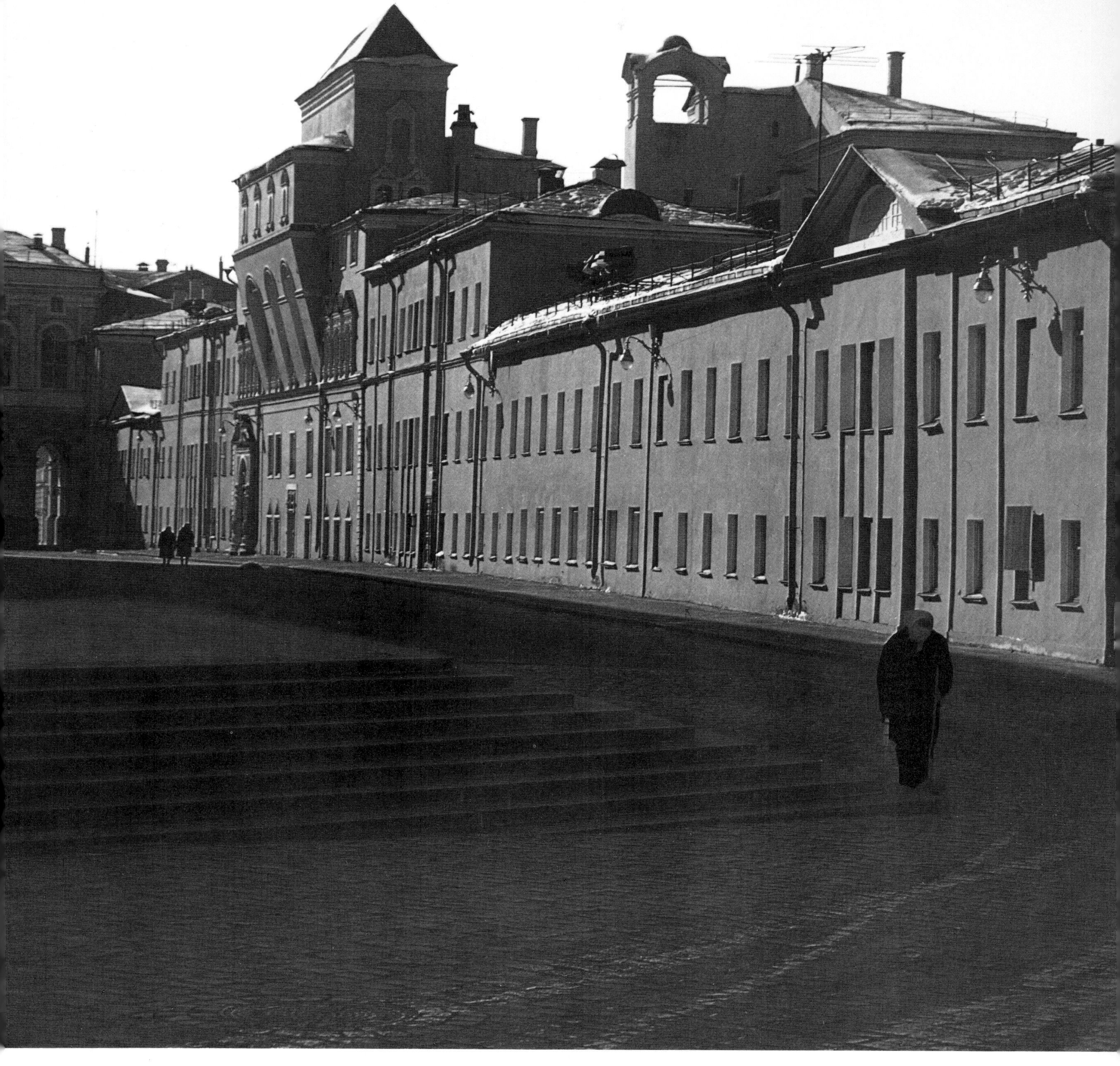

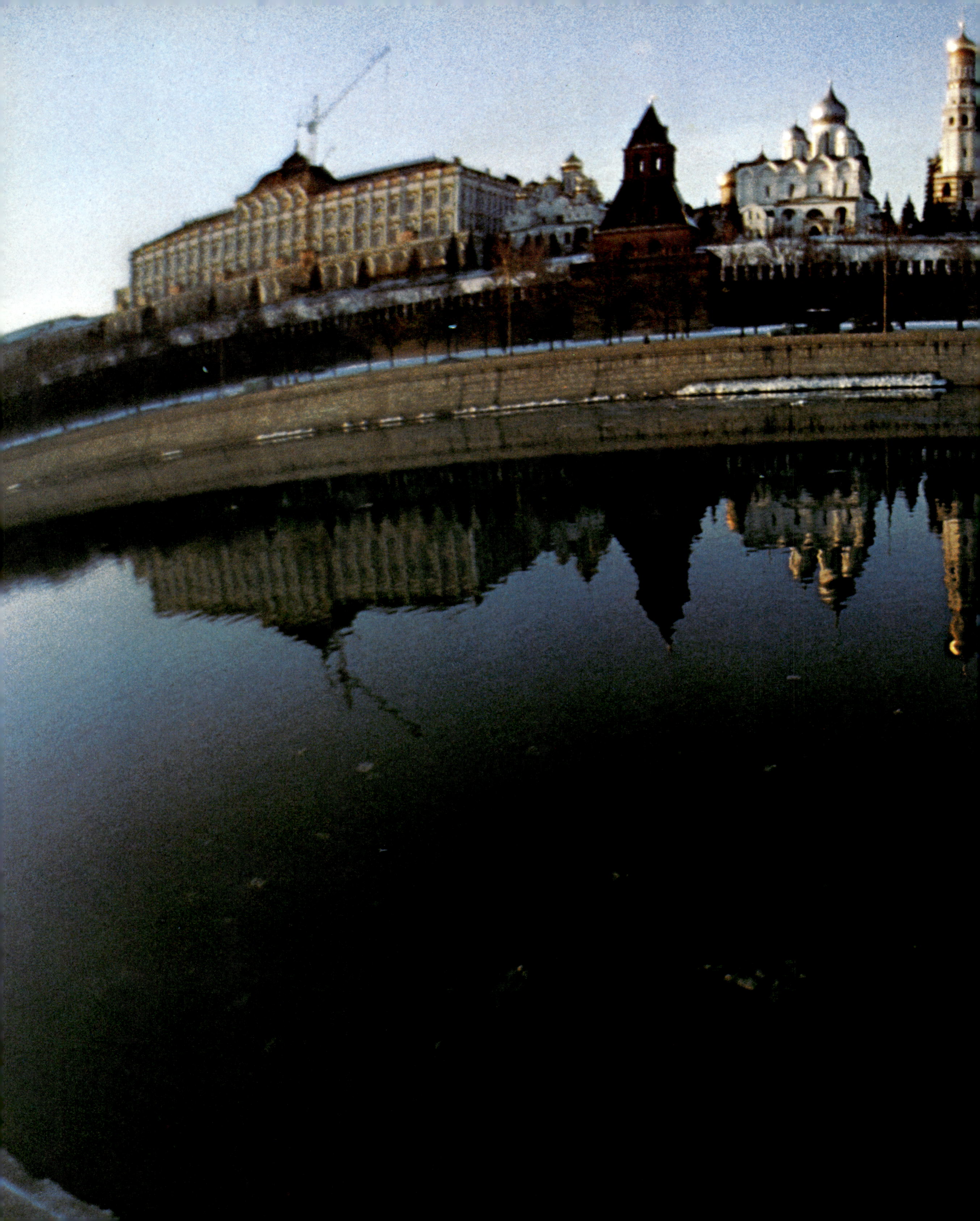

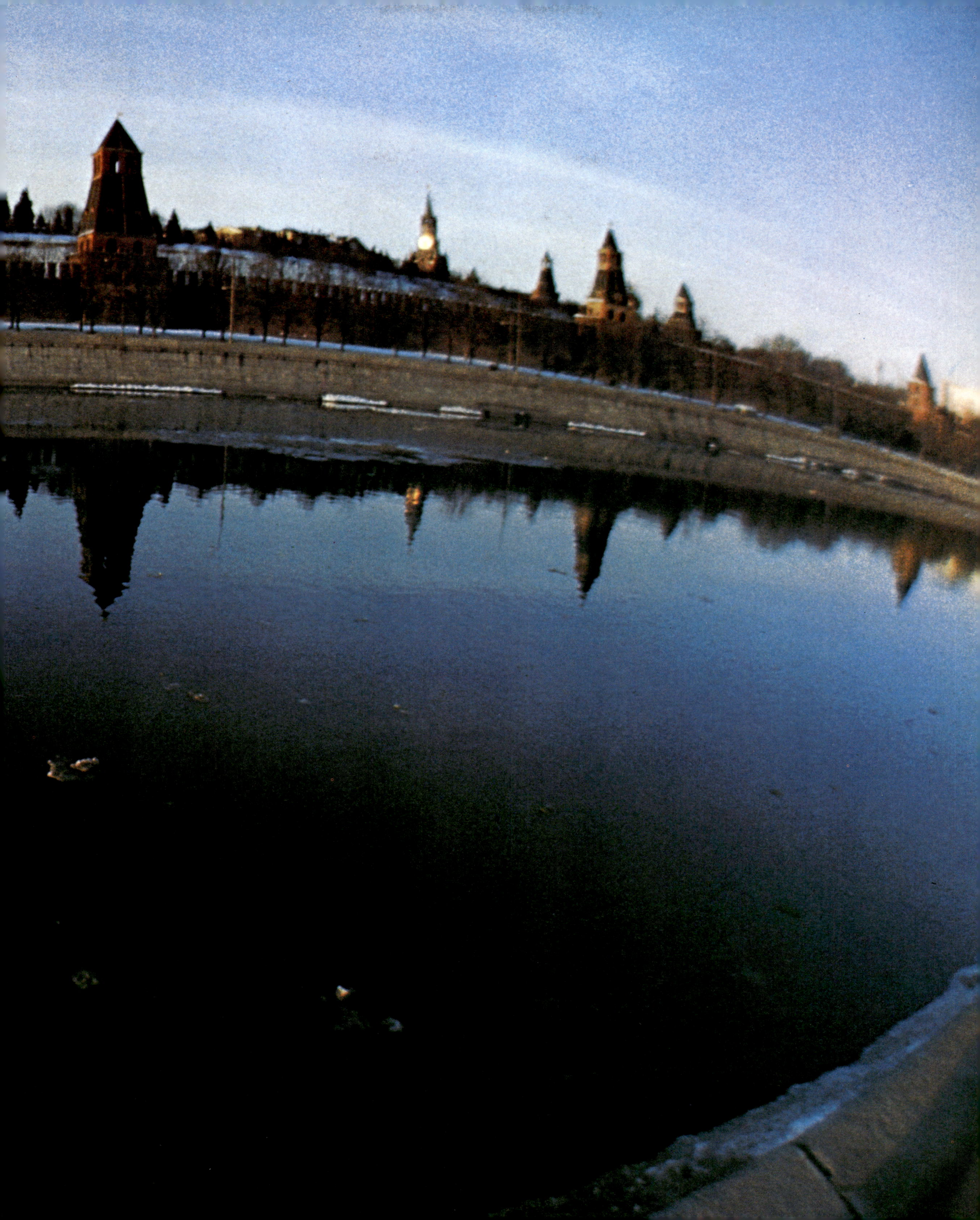

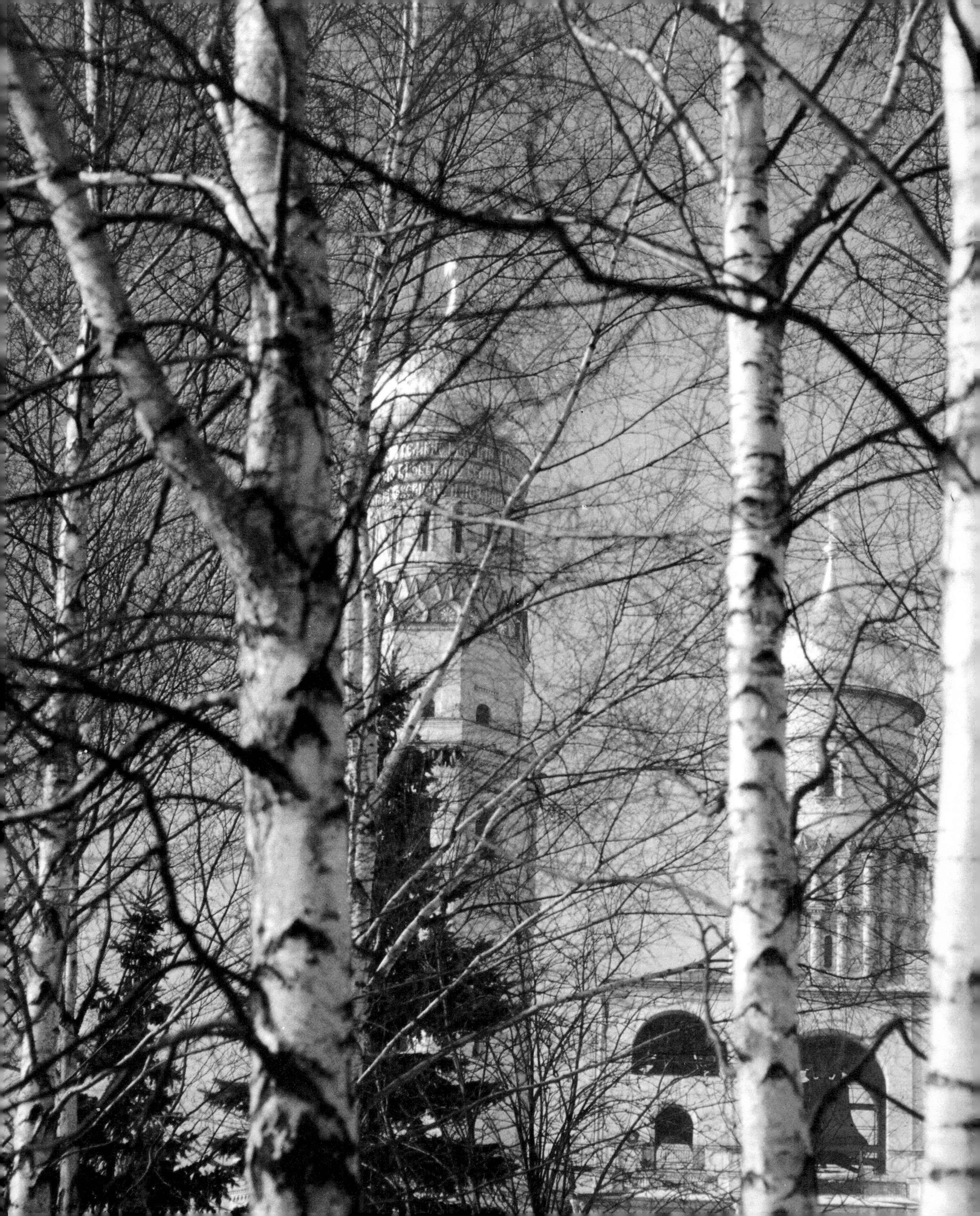

◀◀ 115 Kreml-Panorama
Die Fischaugenlinse läßt den Kreml als Berg erscheinen, der sich über der Moskwa erhebt: Links ist der große Kreml-Palast, dann folgen die Verkündigungs-Kathedrale, die Erzengel-Kirche und der Glockenturm Iwan des Großen.

116 Der Glockenturm Iwan des Großen
Während der Hungersnot von 1600 ließ Zar Boris Godunow im Rahmen öffentlicher Arbeiten auch diesen 81 Meter hohen Turm fertigstellen. Mit dem Goldkreuz auf seiner Spitze wurde der Glockenturm Iwan Weliki dann 97 Meter hoch und zum Wahrzeichen des Kreml. Der rechts sich anschließende Turm des Italieners Marco Bono läutete mit der großen Glocke von Moskau jeweils die Osternacht ein, worauf in ganz Moskau an die 350 Glockenspiele in das Ostergeläute einfielen.

Zwischen Moskau und Sankt Petersburg: Anfang unseres Jahrhunderts waren die miserablen sozialen Verhältnisse auf dem Lande und in den Fabriken außer Unfreiheit und Polizeiherrschaft die wesentlichen Ursachen der bolschewistischen Revolution. Henri Troyat berichtet in seinem Buch »So lebten die Russen zur Zeit der letzten Zaren« über die unvorstellbar armseligen Arbeitsbedingungen in einer Textilfabrik bei Moskau:

» . . . der Fußboden war unter einer dicken, klebrigen, ekelhaften Schmutzschicht begraben, und an verschiedenen Stellen standen stinkende Kübel inmitten schwarzer Wasserpfützen. An der Wand entlang, in der Nähe der Fenster, reihten sich die Maschinen, Flachsbrecher oder Pochen, die aus zwei an einer Seite verbundenen Holzbalken bestanden, deren unterer auf vier Füße aufmontiert war. Das Ganze bildete eine Art Käfig von drei Metern Länge und etwa zwei Meter Breite . . .«. Dem Besucher wurden diese Kojen folgendermaßen erklärt:
» . . . daß dieses innere Rechteck hier gleichermaßen Arbeitsplatz für den Arbeiter und Aufenthaltsraum für seine Familie sei. Der Mann lebte also mit seiner Familie vierundzwanzig Stunden am Tag in diesem Raum. Zum Essen hockte sich die ganze Gesellschaft auf den Boden, mitten zwischen die Flachshaufen und die Kübel mit dem Schmutzwasser. Zum Schlafen streckte man sich auf den Holzplanken aus, die auf der oberen Seite der Pochmaschine angebracht waren, und nahm sich ein Bündel Hanf als Kopfkissen . . . bei dieser Art des gemeinschaftlichen Tag-und-Nacht-Betriebes hatten die Ärmsten jegliches Gefühl für Scham und Scheu verloren . . .«

Außer diesen sozialen Mißständen trug die Isolation, in der die Herrschenden damals in Sankt Petersburg lebten, zur weiteren Verschlechterung der Beziehungen jener letzten zaristischen Regierung zum russischen Volk bei. Henri Troyat schreibt über das Verhältnis der beiden Residenzen Moskau und Sankt Petersburg und läßt einen Moskauer Kaufmann die Gedanken vieler Russen jener Zeit aussprechen: »Um das Jahr 1900 lebten 1 500 000 Einwohner hier (in Sankt Petersburg) im Schatten des Herrschers. Alle Ministerien, die gesamte Verwaltung, die höchsten Kreise der Aristokratie waren auf diesem nebligen Erdenwinkel zusammengezogen worden. Kein Russe fühlt sich jemals fremd, wenn er zum erstenmal nach Moskau kommt; aber in Sankt Petersburg ist jeder zunächst heimatlos. Er ist nicht mehr in Rußland, sondern in irgendeinem anderen europäischen Land. Und Petersburg, die unrussischste aller russischen Städte, war seit Peter dem Großen, dem Herrscher aus der altrussischen Dynastie der Romanows, die Hauptstadt des Landes . . .« Und weiter fährt der Moskauer aus der Jahrhundertwende mit seiner Kritik am zaristischen Zarentum fort: »Ein Zar muß im Herzen seines Volkes leben. Und das Herz Rußlands, das ist niemals in Sankt Petersburg mit seinen rechtwinkligen Straßen, seinem Nebel, seinen Uniformen, seinem Dünkel, seinem Papierkram! Rußlands Herz, das ist das alte Moskau, das ehrwürdige, bunte, traditionelle und liebenswerte Moskau!«

Die Revolution und ihre Träger

Die sozialistische Bewegung in Rußland entstand lange, ehe es eine geschlossene Arbeiterklasse in diesem Lande gab. Die ersten Zirkel, in denen sie sich ausbreitete, bestanden aus Intellektuellen, unter denen nur ganz ausnahmsweise auch einzelne Arbeitersöhne auftauchten. Um größere Massen hinter sich zu bringen, gaben die radikalen Schriftsteller um die Mitte des 19. Jahrhunderts die Parole aus, »ins Volk zu gehen«. Man verstand darunter in erster Reihe die Bauernschaft, die aber nur geringes Interesse für die revolutionären Schlagworte zeigte. Weder die Vorstellung, aus der ländlichen Dorfgemeinschaft eine neue sozialistische Ordnung zu entwickeln, wirkte zündend noch die Agitation gegen die zaristische Regierung. Die Bauern wollten mehr Land für ihre Kleinbetriebe haben, aber nicht als Gemeinschaftseigentum, sondern als Privatbesitz. Etwas mehr Widerhall fand später die Agitation der Agrarsozialisten, aus denen sich dann die Partei der Sozialrevolutionäre entwickelte. Sie knüpfte an die romantischen Vorstellungen der Slawophilen an, daß sich aus der russischen Dorfgemeinde ein eigener Weg zum Sozialismus entwickeln lasse. Mit den Maximen von Karl Marx und Friedrich Engels, die den westlichen Kapitalismus als die Voraussetzung einer sozialistischen Umwandlung der Gesellschaft ansahen, hatte dieser Agrarsozialismus wenig Berührung.
Es waren einige russische Emigranten im Westen, die sich zuerst entschieden den marxistischen Gedanken zuwandten. Der bedeutendste unter ihnen war der aus dem Kleinadel stammende ökonomische Theoretiker G. Plechanow, der sich von den Träumen der Agrarsozialisten durch die Untersuchungen einiger russischer Landwirtschafts-Fachleute abwenden ließ, danach war die mit so großen Hoffnungen umgebene Dorfgemeinschaft eigentlich bereits im Zerfall. Plechanow übernahm den Gedanken von Marx, daß der Sozialismus sich erst aus der kapitalistischen Gesellschaftsordnung entwickeln lasse.
Er lehnte es aber ab, die Träger des russischen Kapitalismus durch ein Bündnis der Sozialisten mit den liberalen Reformern zu stärken, sondern empfahl die Bildung einer eigenen sozialdemokratischen Arbeiterpartei, die sich auf die neue Klasse der Industriearbeiter stützen müsse. Der Kapitalismus in Rußland müsse angegriffen werden, solange er noch schwach sei.
Anknüpfung für eine sozialistische Agitation bildeten die ersten spontanen Streiks, die sich gegen Ende des Jahrhunderts in Petersburg und einigen anderen Industriestädten erhoben. Zu den frühesten Mitgliedern der von Plechanow inspirierten sozialistischen Zellen gehörte der junge Jurist Wladimir Iljitsch Uljanow, der unter dem Decknamen

Lenin schrieb, und der ungefähr gleichaltrige Student Martow-Cederbaum, der später zum Führer der gemäßigten sozialdemokratischen Menschewiken wurde. Der Menschewisten-Führer, der aus einer gebildeten jüdischen Familie stammte, die Rassenverfolgungen in Südrußland erlebt hatte, war ein gefühlvoller Idealist. Uljanow-Lenin, Sohn eines aus bescheidenen Verhältnissen aufgestiegenen, geadelten Gymnasialdirektors aus dem Wolgagebiet und einer Mutter mit deutschem Namen, war aus härterem Holze geschnitzt.
Er hatte erlebt, daß sein älterer Bruder wegen Teilnahme an einer Verschwörung hingerichtet worden war, und hatte sich daraufhin einem Petersburger marxistischen Zirkel zugewandt, dem auch bereits seine spätere Frau Krupskaja angehörte.
Sowohl Martow wie Lenin wurden bald von der Polizei entdeckt und nach Sibirien verbannt. Dort schrieb Lenin seine ersten theoretischen Arbeiten, die sich mit der Entwicklung des Kapitalismus in Rußland beschäftigten. Während Martow empfahl, den Kampf der Arbeiter so zu organisieren, daß man an ihre Erfahrungen im Betriebe anknüpfte, schlug Lenin schon in seinen frühen Veröffentlichungen vor, vor allem eine straff organisierte Parteiführung zu schaffen, die den Klassenkampf im ganzen Lande nach ihren Plänen leiten solle. Es kam darüber bald zu einer grundsätzlichen Spaltung zwischen den beiden Richtungen unter den russischen Sozialisten. Zu den Kritikern Lenins gehörte auch der Begründer des russischen Marxismus Plechanow und der damals noch außerhalb der beiden Richtungen stehende junge Zeitungsmann Leo Trotzki, der öffentlich prophezeite, die von Lenin geforderte Diktatur des Proletariats unter der Führung der Sozialistischen Partei würde praktisch auf eine Diktatur des Parteiführers hinauslaufen.
Eine außenpolitische Niederlage des zaristischen Regimes im Kriege gegen Japan zwang den Zaren zur Gewährung einiger politischer Zugeständnisse an das unruhig gewordene Volk. Ein Manifest vom Oktober 1905 versprach allen russischen Staatsbürgern demokratische Grundrechte wie Rede- und Versammlungsfreiheit. Es kündigte auch die Bildung eines Parlaments auf der Grundlage des allgemeinen Wahlrechts an; Gesetzgebung und Kontrolle der Verwaltung sollten künftig dieser »Duma« zufallen. Die Führung in diesem 1906 tatsächlich gewählten Parlament übernahmen zunächst die bürgerlichen Demokraten. Aber der Zar machte die Gültigkeit der Duma-Beschlüsse von der Zustimmung eines konservativen Staatsrates abhängig. Als sich daraus Konflikte ergaben, löste er das Parlament auf und ließ auf Grund eines neuen Wahlgesetzes, das nicht mehr alle Staatsbürger gleichstellte, eine fügsamere Volksvertretung wählen. Gleichzeitig wurde im ganzen Lande durch Mobilisierung rechtsradikaler, staatlich geförderter Gruppen wilder Terror gegen die revolutionäre Bewegung entfaltet. Dieser Terror hatte auch großrussisch-nationalistische Tendenz, mit besonderer Spitze gegen die unter den Revolutionären stark vertretenen Juden, die damals in besonderen »Ansiedlungsrayons« zusammengedrängt waren. Auch die anderen nicht-russischen Nationalitäten waren stark an den linksradikalen Bewegungen beteiligt. Unter den Revolutionären, die nach dem Sturz des Zarismus hervortraten, hatten Kaukasier, Ukrainer, Polen und Letten viele namhafte Vertreter.
Es ist eine offene Frage, wie lange sich das zaristische Regime noch gehalten hätte, wenn es nicht durch seine Außenpolitik 1914 in den Krieg gegen Österreich-Ungarn, Deutschland und ihre Verbündeten

und damit sehr bald in neue schwere militärische Niederlagen hineingeraten wäre. Diese schweren militärischen und außenpolitischen Rückschläge führten aber alle Unzufriedenen zum Aufstand gegen die Monarchie zusammen: die Bauern, deren Söhne die große Mehrheit der im Felde verblutenden Soldaten stellten, die Arbeiter, deren materielle Not in den Großstädten immer mehr wuchs, die kleinen, aber entschlossenen Zirkel der Berufs-Revolutionäre aller Farben und schließlich auch die russischen Patrioten, die an der Aussicht verzweifelten, unter der Fahne des Kaiserreichs den Krieg zu gewinnen. Zu ihnen gehörten viele jüngere Offiziere, die in den nächsten Jahren und bis in den Zweiten Weltkrieg hinein zu den Organisatoren und Heerführern der Roten Armee wurden wie die späteren Marschälle Tuchatschewski, Jegorow und Schaposchikof, der Stalins erster Stabschef im Zweiten Weltkrieg war.

Die militärischen Niederlagen, das Versagen der Verwaltungsbehörden, insbesondere in der Organisation der Lebensmittelversorgung, das Mißtrauen der meisten Parlamentarier gegen die außenpolitischen Absichten des Hofes, in dessen Kreisen unverantwortliche und ungeschulte Ratgeber wie der Günstling der Zarin, Rasputin, eine unkontrollierbare Rolle spielten, das Mißtrauen auch der westlichen Verbündeten gegen die zaristische Regierung – das alles veranlaßte den Zaren Nikolaus II., im März 1917 die Krone niederzulegen. Manche Kreise, die den Monarchen dazu gedrängt hatten, wünschten eigentlich nur eine Änderung in der Person an der Spitze des Staates. Aber ein Bruder des Zaren, dem man die Nachfolge antrug, entzog sich der aussichtslosen Aufgabe. Die eigentliche Regierungsgewalt ging daher auf ein parlamentarisches Koalitionskabinett über, dessen Mitglieder keine einheitlichen Vorstellungen von der Politik besaßen, die sie nun führen sollten. Fast alle wollten den Krieg weiterführen, obwohl er bereits verloren war. Die linken Flügelmänner der Regierung, darunter der gemäßigte Sozialist Kerenski und der georgische Menschewik Tseretelli, wollten gleichzeitig eine radikale Agrarreform durchführen. Auch dazu war es aber bereits zu spät, da die Bauern nach Auflösung der bisherigen Ordnung im Lande sich selbst bereits das Land nahmen, auf das sie Anspruch zu haben glaubten.

In diesem allgemeinen Chaos lag die Macht sozusagen auf der Straße. Aber selbst die Führer der Kommunisten zögerten noch, sie in die Hand zu nehmen. Sie beteiligten sich nicht an der provisorischen Regierung, sondern versuchten zunächst Einfluß auf ein zweites Machtzentrum auszuüben, das sich daneben in der Hauptstadt gebildet hatte: die Zentrale der Arbeiter- und Soldatenräte. Solche Räte waren zunächst in einzelnen Truppenteilen enstanden und dann auf zentrale Anweisung in den meisten Regimentern gebildet worden. Arbeiter-Sowjets hatten sich in allen größeren Fabriken gebildet. Die provisorische Regierung wollte grundsätzliche Entscheidungen einer Verfassunggebenden Versammlung überlassen, deren Wahl aber infolge der Unordnung im Lande auf den Herbst verschoben werden mußte. Die Arbeiter- und Soldatenräte begannen inzwischen Funktionen der vollziehenden Gewalt an sich zu reißen und auch Anteil an der Gesetzgebung zu nehmen. Die stärkste Gruppe in diesen Räten bildeten zunächst die agrarsozialistischen Sozialrevolutionäre, von denen ein Teil aber Anlehnung an die Bolschewiken suchte, während ein anderer Teil zeitweise Kerenski unterstützte. Die Menschewiken konnten eine selbständige Linie schwer einhalten, da ihr Wunsch nach Zusammenarbeit mit den bürgerlichen Demokraten an der Schwäche und Passivität dieser Schicht scheiterte. In den Städten stiegen die Lebenskosten in raschem Tempo, auf dem Lande mehrten sich die Bauernunruhen. Die Gutsbesitzer begannen in die Städte zu flüchten.

Erst in dieser Lage formulierten die Kommunisten ein Aktionsprogramm. Ihre zögernden Unterführer, zu denen auch Stalin gehörte, wurden mitgerissen, als Lenin Mitte April mit einigen Mitarbeitern aus der Emigration zurückkehrte. Seine Losungen waren: sofortige Beendigung des Krieges, Übergabe des Landes an die Bauern, Machtergreifung durch die Arbeiter- und Soldatenräte. Ein gegenrevolutionärer Putschversuch eines Generals scheiterte. Kerenski wollte sich daraufhin noch einmal eine breitere Machtbasis durch Einberufung eines Vorparlaments verschaffen, aber Lenin setzte im zögernden Zentralkomitee seiner Partei den Beschluß durch, ihm durch einen bewaffneten Aufstand zuvorzukommen. Die militärische Leitung der Aktion hatte der ehemalige Publizist Leo Trotzki, der sich erst kurz vorher zu den Bolschewiken geschlagen hatte, und der ehemalige Berufsoffizier Antonow-Owsejenko, der sich schon 1905 als junger Leutnant an einem Revolutionsversuch beteiligt hatte. In einem kurzen Kampf wurde das ehemalige kaiserliche Winterpalais, Sitz der Regierung Kerenski, erobert, nachdem von der Seeseite her der Kreuzer Aurora die ersten Schüsse auf den Palast abgegeben hatte. Als Denkmal der Revolution liegt dieser Kreuzer noch heute am Newa-Ufer verankert, während die Führer des militärischen Angriffs zu Lande in der kommunistischen Geschichtsschreibung nicht mehr erwähnt werden. Als am nächsten Tage der zweite Sowjetkongreß für ganz Rußland zusammentrat, waren die Kommunisten bereits Herren der Situation. Die Gemäßigten, welche den Aufstand mißbilligt hatten, verließen protestierend den Beratungssaal. Die erste Sowjet-Regierung wurde sofort gebildet. An ihre Spitze trat Lenin, Volkskommissar für das Auswärtige wurde Trotzki, Kommissar für die Nationalitätenfrage Stalin. Aus der halb zufällig zustandegekommenen demokratischen Revolution vom März 1917 war die siegreiche kommunistische Oktoberrevolution hervorgegangen. Die Bildung eines ersten kommunistischen Staates hatte nach dem Wort eines angelsächsischen Augenzeugen der Ereignisse in wenigen Tagen nicht nur Rußland, sondern auch »die Welt verändert«.

Diesen historischen Tagen folgte allerdings zunächst noch ein mehrjähriger Bürgerkrieg. Die Regierung Lenin fand für ihre ersten Maßnahmen – ein Friedensangebot an alle Kriegführenden und die Übergabe des Bodenbesitzes an die Kleinbauern – wenig Unterstützung bei der alten Beamtenschaft des Staates. Die Notenbank stellte ihre Tätigkeit ein. Die Antwort des Regimes war der Terror. Alle gegnerischen Zeitungen wurden verboten. Eine »Außerordentliche Kommission zur Unterdrückung der Gegenrevolution« unter der Leitung des Polen Dzerzinski proklamierte die Ausrottung aller »Feinde der Arbeiterklasse«. Den Bauern, die nicht mehr ihre Lebensmittel gegen Papier-Rubel mit sinkendem Kurs in die Städte liefern wollten, wurden ihre Vorräte mit Gewalt weggenommen. Lenin suchte sich zu helfen, indem er den linken Flügel der agrarsozialistischen Sozialrevolutionäre an seiner Regierung beteiligte. Aber bei den Wahlen zu einer Verfassunggebenden Versammlung bekamen die Bolschewiken nur ein rundes Viertel der abgegebenen Stimmen und 175 von 707 Mandaten. Lenin löste diese Versammlung

daher sofort auf, verbot mehrere gegnerische Parteien und übernahm die Macht für die Kommunisten und ihre Mitläufer auch in den wichtigsten Großstädten. In der Ukraine bildete sich allerdings zunächst eine selbständige Volksrepublik, im Kaukasus erklärten sich die Georgier für unabhängig. Auch in anderen Landesteilen bildeten sich gegenrevolutionäre Regierungen.
Im Bürgerkrieg der nächsten Jahre schwankte das Glück mehrfach hin und her. Die stärksten gegenrevolutionären Kräfte sammelten sich um den früheren Admiral Koltschak in Sibirien, der ein monarchistisches, großrussisches Programm verkündete. Dadurch stieß er andere Gegner des Sowjetregimes ab, etwa den finnischen General Mannerheim oder den polnischen späteren Marschall Pilsudski, die von solchen russischen Reaktionären die Rücknahme der von Lenin verkündeten Freigabe von Finnland und Polen befürchten mußten. Andererseits wollten einige der früheren Alliierten Rußlands den gegenrevolutionären Kräften zuhilfe kommen. Aber ein Plan des französischen Marschalls Foch, die russische Revolution mit Hilfe früherer deutscher Kriegsgefangener niederzuwerfen, wurde vom Obersten Rat der Alliierten abgelehnt, weil man auch in Frankreich und England kriegsmüde geworden war. Noch entschiedener wandte sich der amerikanische Präsident Wilson gegen alle Pläne ausländischer Intervention in Rußland, weil er fürchtete, daß im Fernen Osten die Japaner solche Kämpfe ausnutzen würden, um sich dort auf großen Teilen des asiatischen Kontinents festzusetzen. Das neuerrichtete Polen konnte zwar in einem Feldzug 1920 den Sowjets große Teile der Ukraine und Weißrußlands abnehmen, mußte sich aber dann zu einem halben Rückzug entschließen. Immerhin konnte Polen weite Gebiete östlich der Flüsse Bug und San behalten, die überwiegend von Nichtpolen besiedelt waren — aber nicht für immer. Die abgefallenen Kaukasus-Gebiete, die vergeblich auf Unterstützung Großbritanniens hofften, fügten die Sowjets schon nach wenigen Jahren ihrem Reiche ein. Auch Gegenregierungen im Fernen Osten wurden bald liquidiert.
Als Lenin im Januar 1924, erst 53 Jahre alt, nach langer, schwerer Krankheit starb, war das russische Reich territorial mit Ausnahme der freigegebenen Gebiete von Polen, Finnland und den kleinen baltischen Ländern wieder vereint. Wirtschaftlich hatte der kommunistische Parteiführer nach den Schwierigkeiten, in die sein revolutionärer Kriegs-Kommunismus das Land gestürzt hatte, allerdings einen Rückzug antreten müssen. In seiner Neuen Ökonomischen Politik (NEP) von 1921 ließ er gewisse kleinere kapitalistische Unternehmungen im Gewerbe und Handel wieder zu, erlaubte auch den Bauern, von neuem einen Teil ihrer Erzeugnisse wieder auf dem freien Markt zu verkaufen und überließ sogar ausländischen Firmen für begrenzte Zeit Konzessionen in Bergbau und Schwerindustrie. Gleichzeitig wurde allerdings die politische Kontrolle der Bevölkerung verschärft. Führer der nichtkommunistischen Linksparteien, die sich solange noch in begrenztem Maße betätigen durften, wurden verhaftet, in einigen Fällen hingerichtet oder in die Emigration getrieben.
Mit dem Tode Lenins, der seit der Oktoberrevolution der eigentliche Alleinherrscher Rußlands geworden war, erhob sich die Frage seiner Nachfolge. Als Kandidaten kamen vor allem zwei Männer in Frage, der brillante und besonders in der Armee populäre Trotzki und der bis dahin mehr im Hintergrund gebliebene Georgier Stalin, der sich als Generalsekretär der Partei in stiller Kleinarbeit einen Machtapparat

gebildet hatte. Der Georgier war der bessere Taktiker von beiden. Er verband sich gegen Trotzki mit einigen anderen Funktionären und überließ die Führung der Regierungsgeschäfte zunächst einem politisch wenig ehrgeizigen, aber verwaltungserfahrenen Funktionär. Man stritt um die Art und Weise, mit der die »Neue Ökonomische Politik« Lenins wieder beendet werden könnte. Stalin lavierte geschickt zwischen radikalen Kollektivisten, zu denen auch Trotzki gehörte, und gemäßigten Reformern, wie dem ökonomisch geschulten Bucharin, der den Bauern einen Teil ihrer Privatproduktion belassen wollte, hin und her. Schließlich schlug er sich auf die Seite der radikalen Gegner der Einzelbauern und proklamierte eine rasche Industrialisierung des Landes auf Kosten der Landbevölkerung. Mit diesem Programm verschaffte er sich die alleinige Kontrolle von Partei und Staat.

Nach der Revolution
Partei, Staat und Militär

Westliche Beobachter waren 1917 überrascht, daß sich die bolschewistische Machtergreifung, neben der Schützenhilfe durch Soldaten und Arbeiter in den Städten, auch auf starke Sympathien bei den Bauern auf dem Lande stützen konnte.
Die Ursachen der allgemeinen Unzufriedenheit in Rußland gehen weit zurück. Im 19. Jahrhundert, als nach der Französischen Revolution Westeuropa neue, liberale Wege suchte, wurden in Rußland weiterhin alle freiheitlichen Bestrebungen blutig unterdrückt. Beim Dekabristenaufstand im Dezember 1825 forderten junge Adelige und Gardeoffiziere Reformen, die der gerade verstorbene Zar Alexander I. nicht mehr hatte verwirklichen können: ihr Ziel war eine konstitutionelle Monarchie westlichen Musters. Der Aufstand wurde von der Regierung niedergeschlagen und mit einem ausgetüftelten Spitzelsystem der Polizei beantwortet.
Die krassen sozialen Unterschiede, die nicht gemildert wurden, schufen immer größere Spannungen. Da die Arbeits- und Lebensbedingungen in den entstehenden Industriebetrieben großenteils miserabel waren, wuchs die Unzufriedenheit der Arbeiter. Selbst die Aufhebung der Leibeigenschaft (1861) hatte keine wesentliche Besserung gebracht, so daß sich unter den Bauern bis zum Ende des letzten Jahrhunderts weitere Unruhen ausbreiteten.
Zur gleichen Zeit regten sich in Rußland die Sozialreformer. Tschernyschewski trat um 1850 für einen »Bauernsozialismus« ein. In den sechziger Jahren schlossen sich die Narodniki, die »Freunde des Volkes« zusammen, und 1883 gründete Plechanow die erste marxistische Partei Rußlands, die »Befreiung der Arbeit«. Zwölf Jahre später schuf schließlich Lenin in Petersburg den »Kampfbund für die Befreiung der Arbeiterklasse«. (Der Name Kommunist kam übrigens aus Frankreich; dort hatte 1840 E. Cabet ein Buch mit dem Titel »Comment je suis communiste et mon credo communiste« herausgegeben, und so dieses Wort geprägt.)

117 Lenin-Schaubild am 1. Mai
Wie eine goldene Monstranz wird in Minsk das goldene Relief beim Mai-Umzug mitgeführt. Lenin-Bilder schmücken überall Büros, Betriebe und große Stellwände: Lenin ist unantastbar.

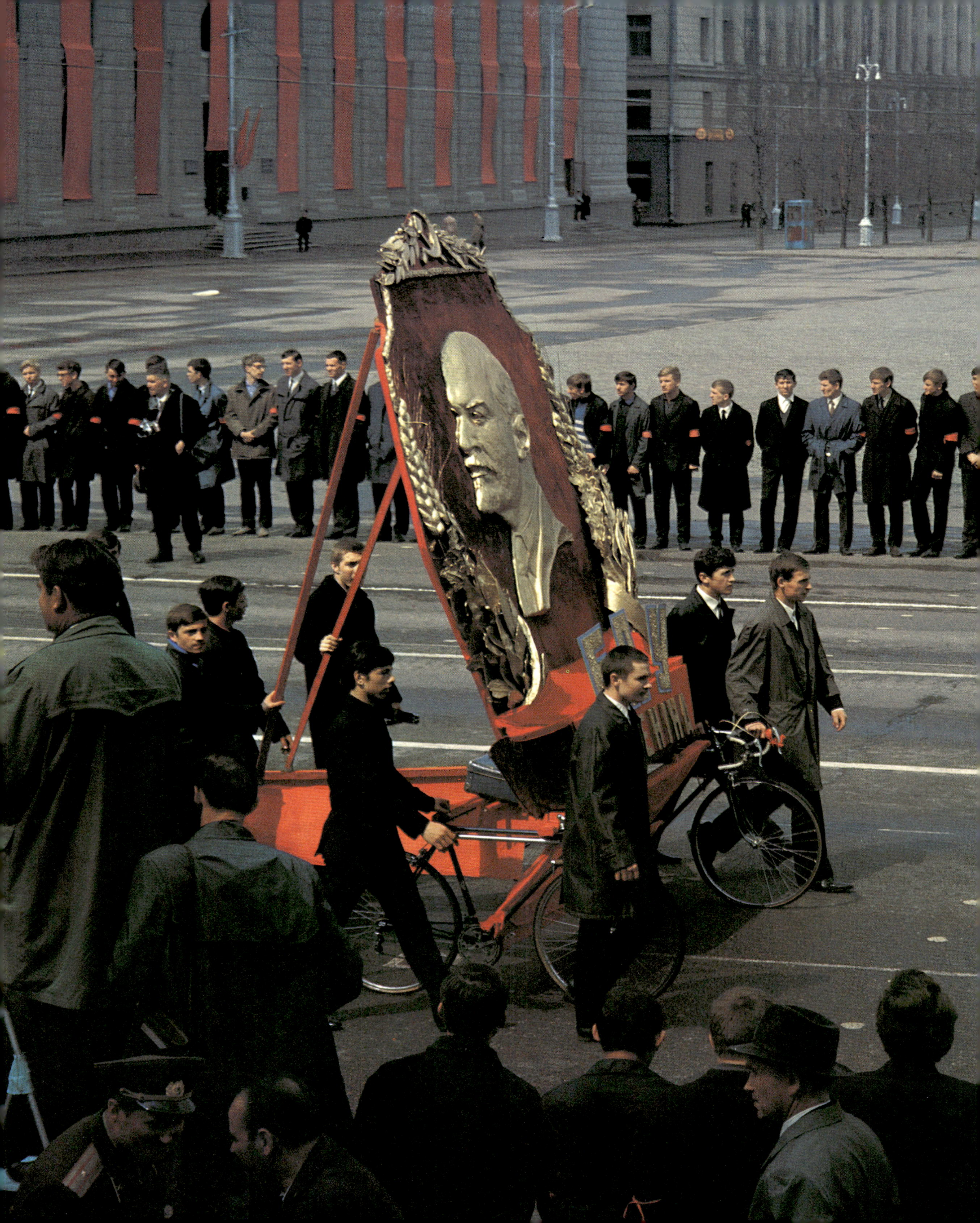

118 Kolchose-Leiter bei Minsk
Das Führungsprinzip der
Sowjets fördert die kollektive
Verantwortung: Der Agronom und
der kaufmännische Leiter
entscheiden über das Wohl der
»Gastello-Kolchose«.
Diese mittelgroße Kolchose besitzt
47 Traktoren, 42 Autos und alle
notwendigen Landmaschinen. Ihr
Einkommen übersteigt 1,5 Millionen
Rubel; jeder Arbeiter verdient
monatlich rund 130 Rubel.

119 Stalin in Gori
In Grusinien ist der Ruhm des
Diktators nie verblaßt. Das
Stalin-Museum in Gori zeigt alle
Stationen seines Werdegangs.
Dort steht auch dieses Standbild,
und überall in Geschäften, Restaurants und Schaufenstern hängen
die Bilder des einst so mächtigen
Grusiniers, dessen Leistungen erst
in jüngster Zeit von Partei und
Staat wieder anerkannt wurden.

Zwischen Lenin und Stalin: Aus der Geschichte der ersten 50 Jahre Sowjet-Kommunismus ragen zwei Persönlichkeiten heraus — Lenin und Stalin.

Wladimir Lenin hieß eigentlich Uljanow; Lenin war sein Deckname aus der illegalen Kampfzeit. Er wurde am 22. April 1870 geboren und starb am 22. Januar 1924. Nachdem er in Sankt Petersburg das juristische Examen abgelegt hatte, vereinte er 1895 alle Marxisten in dem »Kampfbund für die Befreiung der Arbeiterklasse«. Kurz darauf wurde er verhaftet und von 1897 bis 1900 in die Verbannung nach Ostsibirien geschickt. Anschließend konnte er emigrieren und lebte in Deutschland und der Schweiz. 1903, auf dem 3. Kongreß der Sozialdemokratischen Partei in London, spalteten sich unter seiner Führung die radikaleren Bolschewiki ab. 1905 versuchte er, wieder in Leningrad zu arbeiten, mußte aber bereits zwei Jahre später erneut emigrieren, diesmal nach Paris. Beim Ausbruch des Ersten Weltkrieges lebte er in der Schweiz. Im Frühjahr 1917 ließen die Deutschen, die an einem raschen Separatfrieden mit Rußland interessiert waren, Lenin im *un*plombierten Zug durch Deutschland reisen. Die Bolschewiki traten, im Gegensatz zur Kerenski-Regierung, für einen sofortigen Friedensschluß ein. Dieser Ruf nach Frieden brachte den Bolschewisten im kriegsmüden Rußland viele Stimmen ein. Aber der Juli-Aufstand von 1917 war für sie erfolglos verlaufen, und noch einmal mußte Lenin fliehen, diesmal nach Finnland. Erst im Oktober, als die Anarchisten die Macht Kerenskijs weiter geschwächt hatten, gelang der Putsch. Lenin kehrte sofort zurück, und seine Rede auf dem Petrograder Finnischen Bahnhof erlangte Berühmtheit. Er wurde sofort Vorsitzender des Rates der Volkskommissare, und übte zusammen mit Trotzki und anderen die Macht in der neuen bolschewistischen Regierung aus.
Durch ein Attentat im August 1918 wurde Lenins Gesundheit stark angeschlagen. Trotzdem arbeitete er fieberhaft an der Realisierung seiner Pläne. Das ungeheure Arbeitspensum und die ständigen Sorgen, die der Bürgerkrieg mit sich brachte, zehrten an seiner Gesundheit.
Im Mai 1922 erlitt er einen Schlaganfall und lebte, von der Öffentlichkeit ganz abgeschirmt, zuletzt in Gorki. Hier starb er am 21. Januar 1924.

Josef Wissarionowitsch Stalin wurde am 21. Februar 1879 als Sohn des Schusters Dschugaschwili in Gori geboren. Er besuchte in Tiflis das geistliche Seminar, trat aber gleichzeitig 1898 der Sozialdemokratischen Arbeiterpartei bei, was seine Relegierung vom Seminar zur Folge hatte. Von 1902 bis zum Ersten Weltkrieg war Stalin verbannt. 1917 ist er bei der Führungsgruppe der Bolschewiki, wird Volkskommissar für die Nationalitätenfrage und Redakteur der Prawda. 1919 erlangte er eine Schlüsselstellung als Kommissar für Staatskontrolle. Nach der Beendigung des Bürgerkrieges und kurz vor Lenins Schlaganfall wird Stalin im April 1922 zum Generalsekretär der KPdSU gewählt; diese Position behält er bis zu seinem Tode.
Durch seine grausamen Verfolgungen, Säuberungsprozesse und Deportationen hat Stalin den Ruf des Schreckensdiktators erhalten. Sein bis ins kleinste durchgeführtes Sicherheitssystem half, die Aufstände der Sozialrevolutionäre und der Kronstädter Matrosen niederzuschlagen. Die Polizeiapparate der Tscheka und der GPU erstickten alle Konterrevolutionen im Keim. Stalins Härte und Ausdauer beeinflußten den Ausgang des Zweiten Weltkrieges entscheidend.

Die Rote Armee: Sie ist heute die mannschaftsmäßig stärkste Armee unserer Erde. Nach den letzten, von den Russen veröffentlichten Zahlen standen 1965 fast vier Millionen Mann unter Waffen — ohne Miliz und halbmilitärische Verbände.
Das Heer ist mit 2,2 Millionen Mann der stärkste Truppenteil; es folgen Marine und Luftwaffe mit je 510 000 Mann, Raketentruppen mit 110 000 und Grenztruppen und Bereitschaftspolizei mit zusammen 270 000 Mann. Außerdem wird die staatliche Ordnung von der Miliz, die unserer Polizei entspricht, aufrechterhalten. Zu ihr gehören noch einmal rund 15 Millionen, daß heißt: jeder zwölfte Sowjetbürger dient in Armee oder Miliz.

120—122 Minsk: Parade zum 1. Mai
Bei den Revolutions- und
Maifeierlichkeiten demonstriert die
Rote Armee ihre Stärke und
moderne Bewaffnung. Jede Parade
verläuft nach einem festgelegten
Zeremoniell: Nach dem Aufzug
der Posten fahren in offenen
riesigen Wagen die kommandie-
renden Generale die Front ab.
Danach erst marschieren alle
Waffengattungen an der
Ehrentribüne vorbei.

123 Mai-Demonstranten ▶
Betriebe bauen Ehrenwagen,
Gruppen schmücken Lenin-Bilder
mit Girlanden, Rote Fahnen
werden entrollt — und dann
marschieren stundenlang
die Gruppen und Delegationen
mit Luftballons und Birkenzweigen,
singend und lachend oder
verbissen und ernst an
der weißrussischen Partei-
und Regierungsprominenz vorbei.

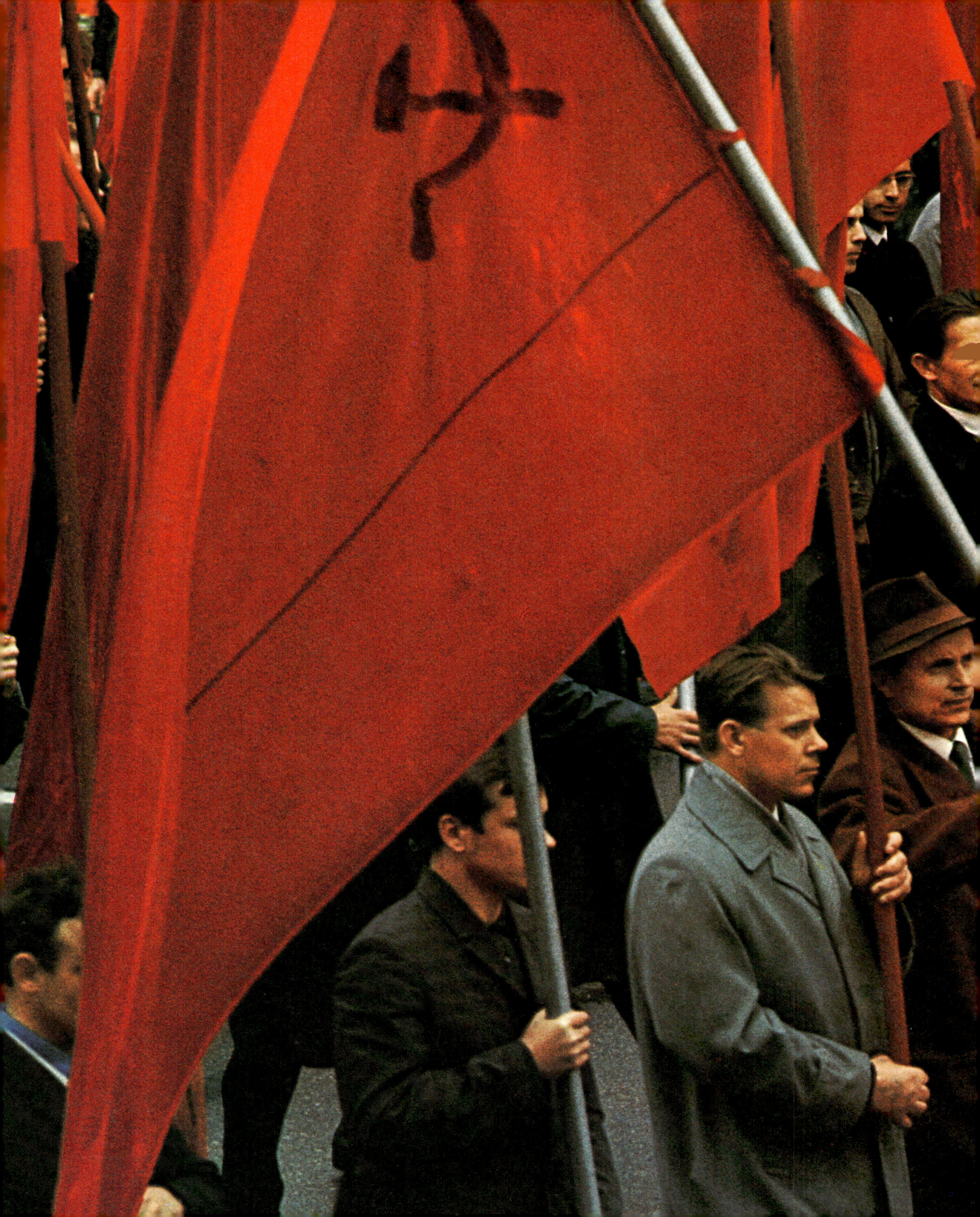

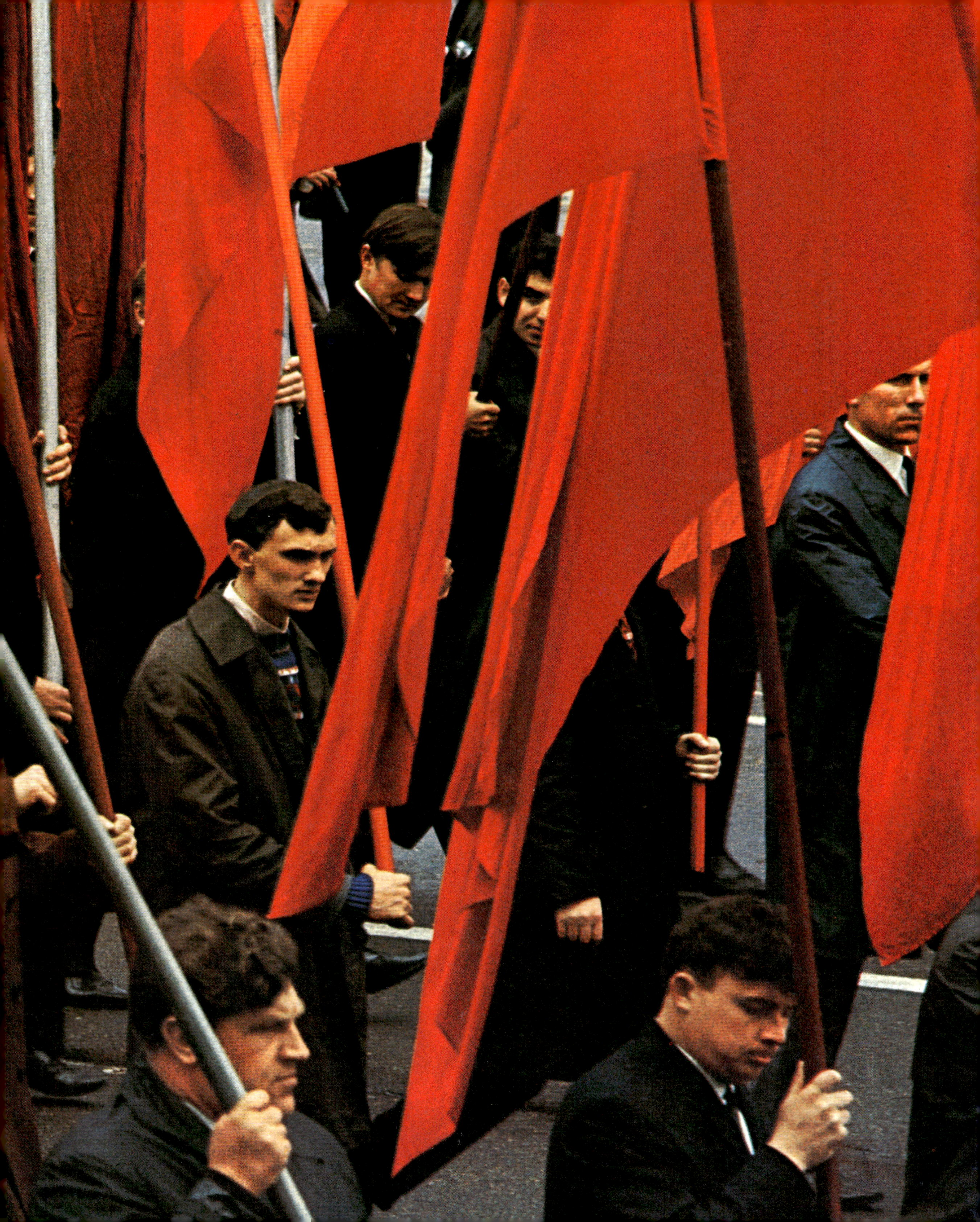

124 Revolutionsrat-Darstellung
Zahlreiche Reliefs und Gemälde und bei Veranstaltungen lebende Bilder stellen den heldenmütigen Revolutionskampf der Werktätigen dar. Dies ist lebendiger Geschichtsunterricht: »Nachdem das Zentralkomitee auf einer Geheimsitzung Mitte Oktober 1917 den bewaffneten Aufstand beschlossen hatte, stellte sich dem Putsch kein wesentlicher Widerstand entgegen.«

125 Kreuzer Aurora in Leningrad
Einen Tag, bevor in Petrograd der allrussische Kongreß zusammentreten sollte, besetzten am 25. Oktober 1917 alter Zeit die Bolschewiki alle Schlüsselstellungen. Auftakt zu dem Aufstand war der legendäre Schuß des Kreuzers Aurora, der mit einer Order Lenins in die Newa fuhr und das Signal zum Putsch gab.

126 + 127 Revolutions-Reliefs
Zahlreiche Monumente wurden zu Ehren der Kämpfer und der Toten der Revolution und des Bürgerkrieges errichtet. Diese Verluste schätzt man insgesamt auf 700 000 bis 800 000 Tote. Zuvor hatte Rußland im Ersten Weltkrieg bereits fast drei Millionen Gefallene verloren. Besonderen Raum nimmt in Unterricht und Propaganda jetzt auch der Vaterländische Krieg ein.

6 БАКОВОЕ ОРУДИЕ
ИЗ КОТОРОГО ПРОИЗВЕДЕН
ИСТОРИЧЕСКИЙ ВЫСТРЕЛ
25 ОКТЯБРЯ 1917 г. В МОМЕНТ
ВЗЯТИЯ ЗИМНЕГО ДВОРЦА.

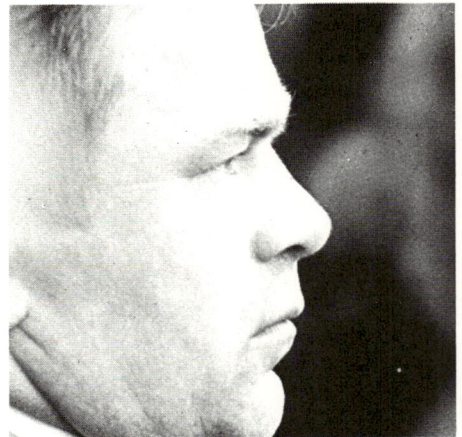

128+129 Mai-Aufmarsch in Minsk
Für die Tribünen am Zentralplatz und für die guten Zuschauerplätze am Lenin-Boulevard gibt die Partei numerierte Karten mit Namenseintrag aus. Schon zwei Stunden vor Beginn der Parade sperrt die Miliz alle Zufahrts- und Nebenstraßen ab, an jeder Ecke kontrollieren Polizisten nicht nur die Platzkarten, sondern auch die Pässe. Soldaten und Parteifunktionäre flankieren den

Vorbeimarsch — zuerst den der Truppen, dann den der Zivilisten. Betriebe, Organisationen, Kolchosen und Sportverbände demonstrieren, streng nach Programm geregelt, vier Stunden lang in lockeren Gruppen, in Marschblocks, auf geschmückten Festwagen, mit Girlanden und Luftballons, aber auch mit kleinen Kindern auf den Schultern — denn diese Aufmärsche haben viel von ihrem ursprünglichen Ernst verloren.

Inoffizielle Mai-Feiern gab es in Rußland schon Anfang dieses Jahrhunderts, besonders im Zuge der revolutionären Bewegung von 1905. Offiziell wurde der 1. Mai im Jahre 1918 als Feiertag der Werktätigen eingeführt. Heute ist dieser Tag in der Sowjetunion ein großes Volksfest; nach den offiziellen Aufmärschen und Veranstaltungen wird die Nacht hindurch gefeiert. Die Frauen kochen schon vorher Festessen, die Männer sorgen für große Alkoholmengen, und Familie und Freunde treffen sich in der größten Wohnung zum Feiern. Der Staat trägt diesen ausgedehnten Feiern seiner Werktätigen Rechnung, indem er auch den 2. Mai zum arbeitsfreien Tag erklärte.

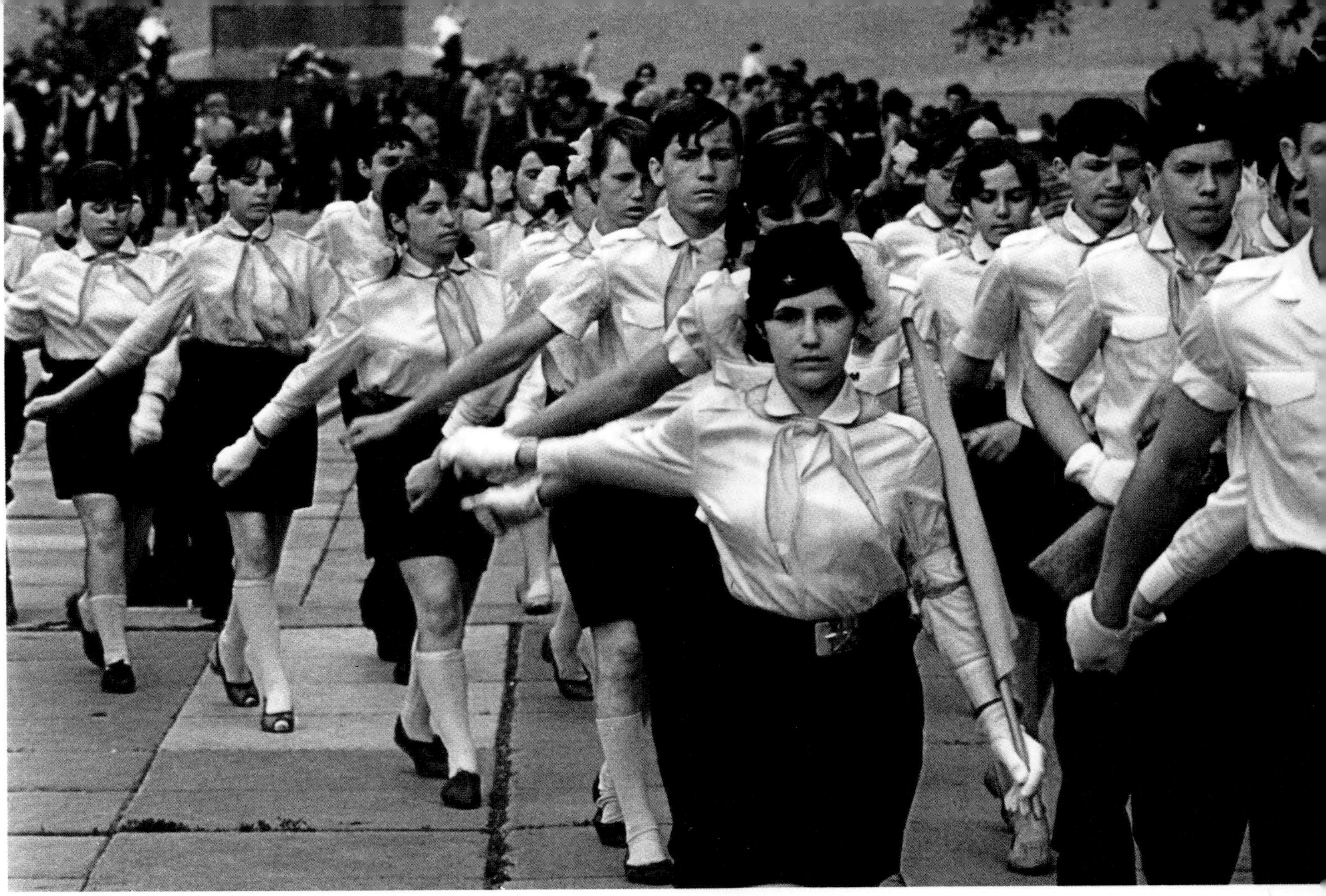

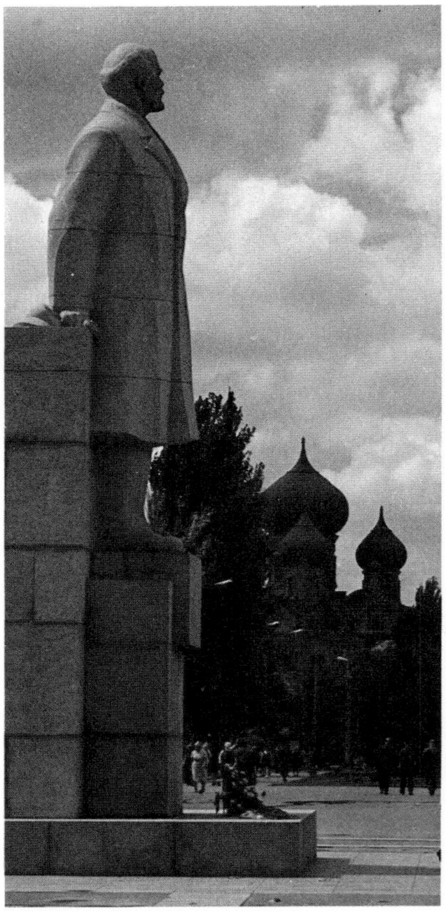

130 + 132 Wachablösung in Odessa
An die tapferen Matrosen, die im Zweiten Weltkrieg Odessa verteidigten, erinnert ein Ehrenmal. Wie Leningrad und Wolgograd, so erhielt auch Odessa den Ehrentitel »Heldenstadt der Sowjetunion«. Die besten Schüler Odessas wetteifern um die Ehre, eine Woche lang die Wache an dem Matrosen-Denkmal stellen zu dürfen: In Uniformen der Jungen Pioniere wechseln sich die Schülerdelegationen wöchentlich ab. Insgesamt sind heute mehr als 18 Millionen Jungen und Mädchen als »Junge Pioniere« zusammengefaßt. Diese Organisation ist für Jugenderziehung und -erholung verantwortlich.

131 Lenin-Standbild in Odessa
Den Platz der Revolution überragt Lenin. Die Kirchenkuppeln im Hintergrund symbolisieren für die Partei nur noch die alte Zeit. Wer in Partei und Staat vorwärtskommen will, soll vorbildlich in Gesinnung und Lebensform sein. Nur 6 Prozent der Gesamtbevölkerung sind Mitglied der KPdSU — eine Elite also, die neben den Vorrechten einer Elite auch die Verantwortung einer Elite zu tragen hat.

133 Kriegerdenkmal in Tscherkassk
Die Sowjetunion hat im Zweiten Weltkrieg rund sechs Millionen Soldaten und 14 Millionen Zivilisten verloren. Es waren die größten Verluste eines Landes in einem Krieg seit Menschengedenken. Ehrenmale erinnern überall an die Gefallenen, der Staat ehrt die Toten als Helden, die für den Ruhm und die Befreiung der Sowjetunion starben.

134 Dserschinski-Platz in Charkow ▶
Der große Platz mißt elf Hektar; er ist eines der gewaltigsten Platzareale der Welt. Mit dem angrenzenden Industriepalast nahm das Bauen in modernen Formen in den dreißiger Jahren seinen Anfang. In diesem Gebäude etablierte sich auch der NKWD, der gefürchtete sowjetische Staatssicherheitsdienst.

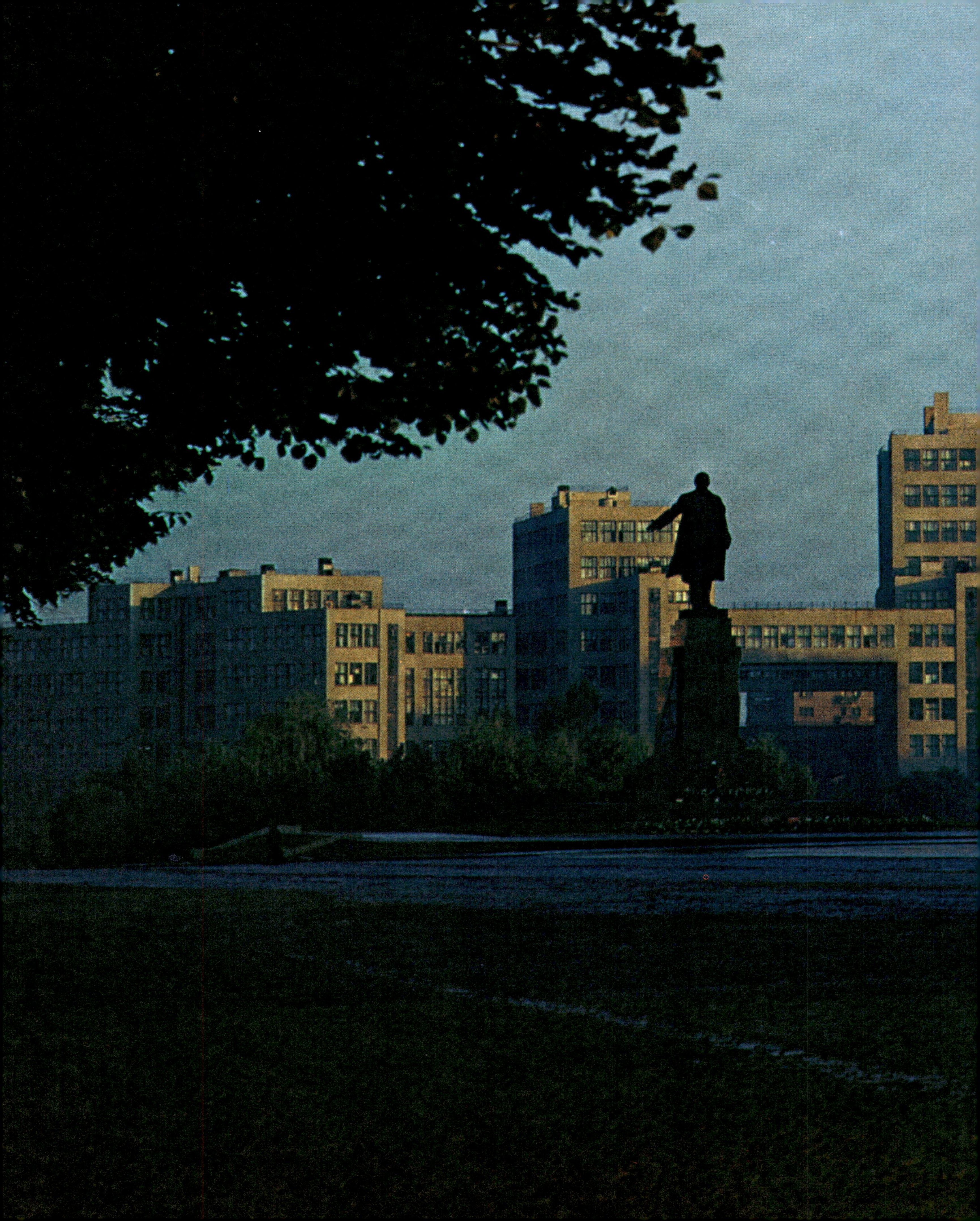

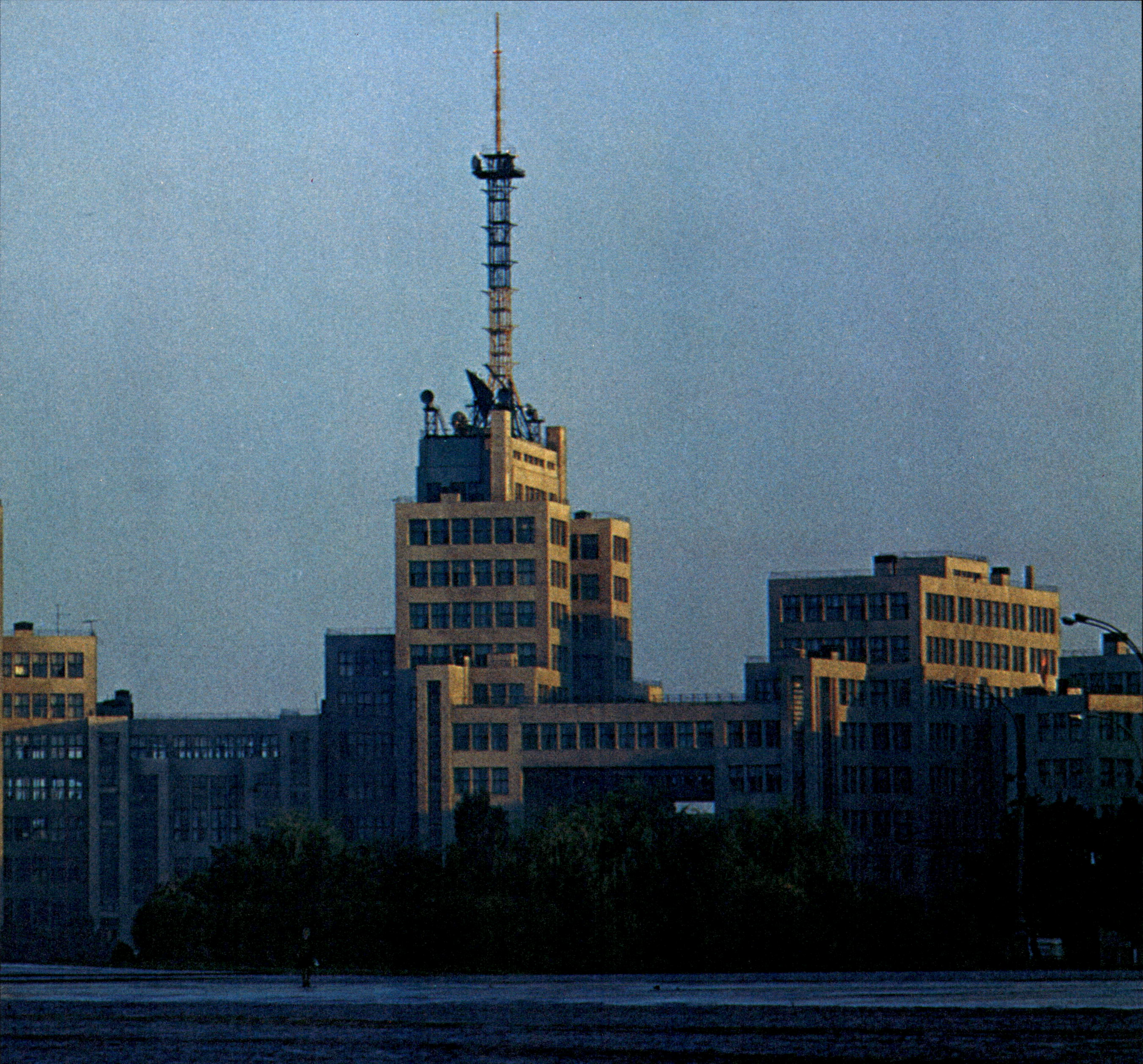

135 Ehrenmal am Moskauer Kreml
An der Kreml-Mauer brennt ein Ewiges Feuer für die Gefallenen der Kriege. Delegationen und Besucher aus dem ganzen Land legen Blumen auf die Marmorplatten, in denen sich zwei Kreml-Türme spiegeln.

136 Parteigebäude in Minsk
Der monumentale Baustil des Sowjet-Klassizismus wurde 1931 auf der Sitzung des Zentralkomitees als vorbildlich und verbindlich beschlossen; bereichert wurde diese Architektur in der Stalin-Ära hauptsächlich dadurch, daß Säulen und andere Ornamentik angebracht wurden.

137 + 138   Sowjet-Paar und Miliz
Der selbstbewußte und fleißige
Sowjet-Mensch ist das Ziel der
Partei. Wie hier auf der Krim,
stehen Gipsplastiken als
anschauliche Vorbilder. — Die
Miliz ihrerseits soll überall für die
Ordnung sorgen. Für die innere
Staatssicherheit ist heute das
MVD (Ministerium für Innere
Angelegenheiten) zuständig;
bis 1934 war es die NKWD, vorher
die GPU und die Tscheka.

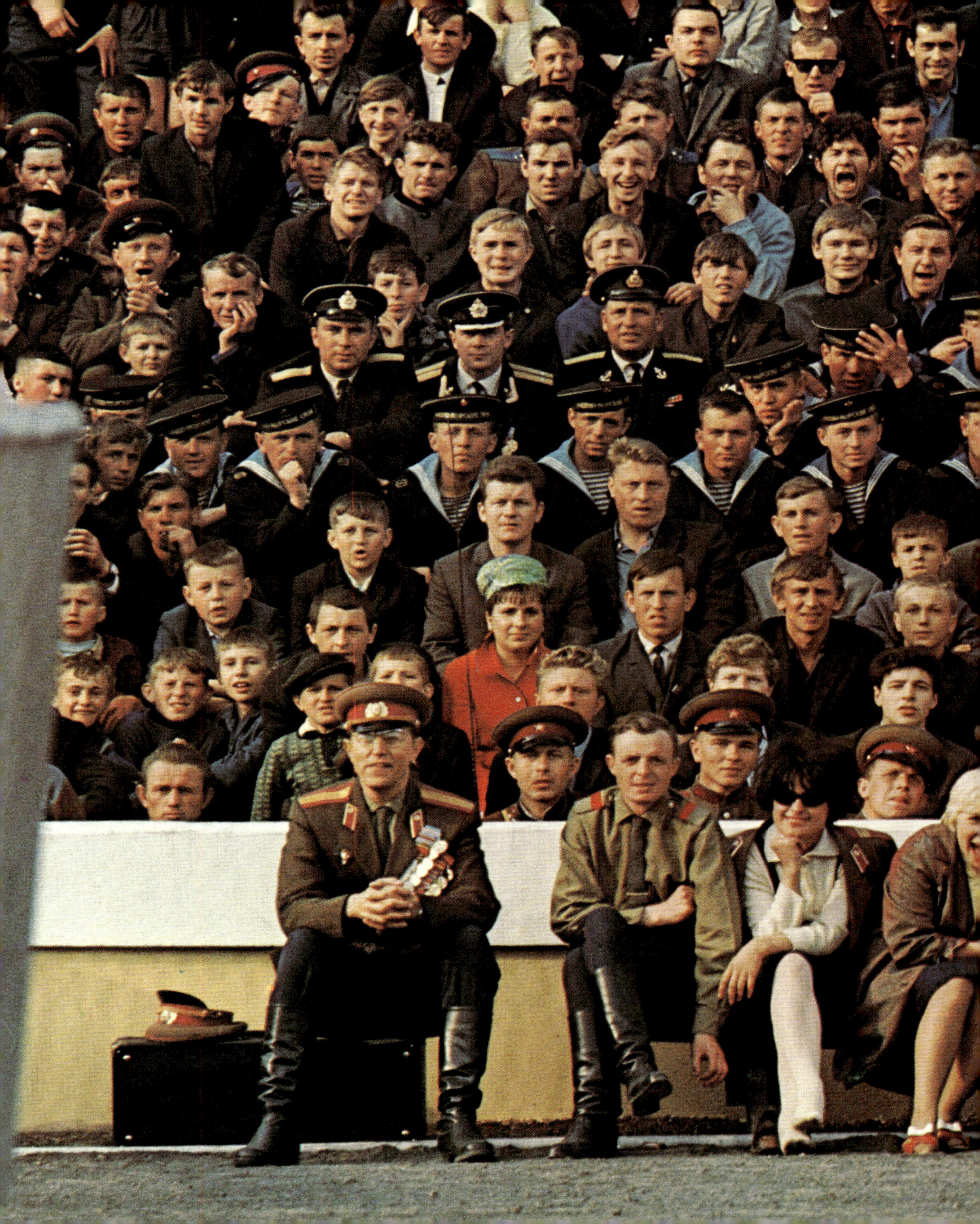

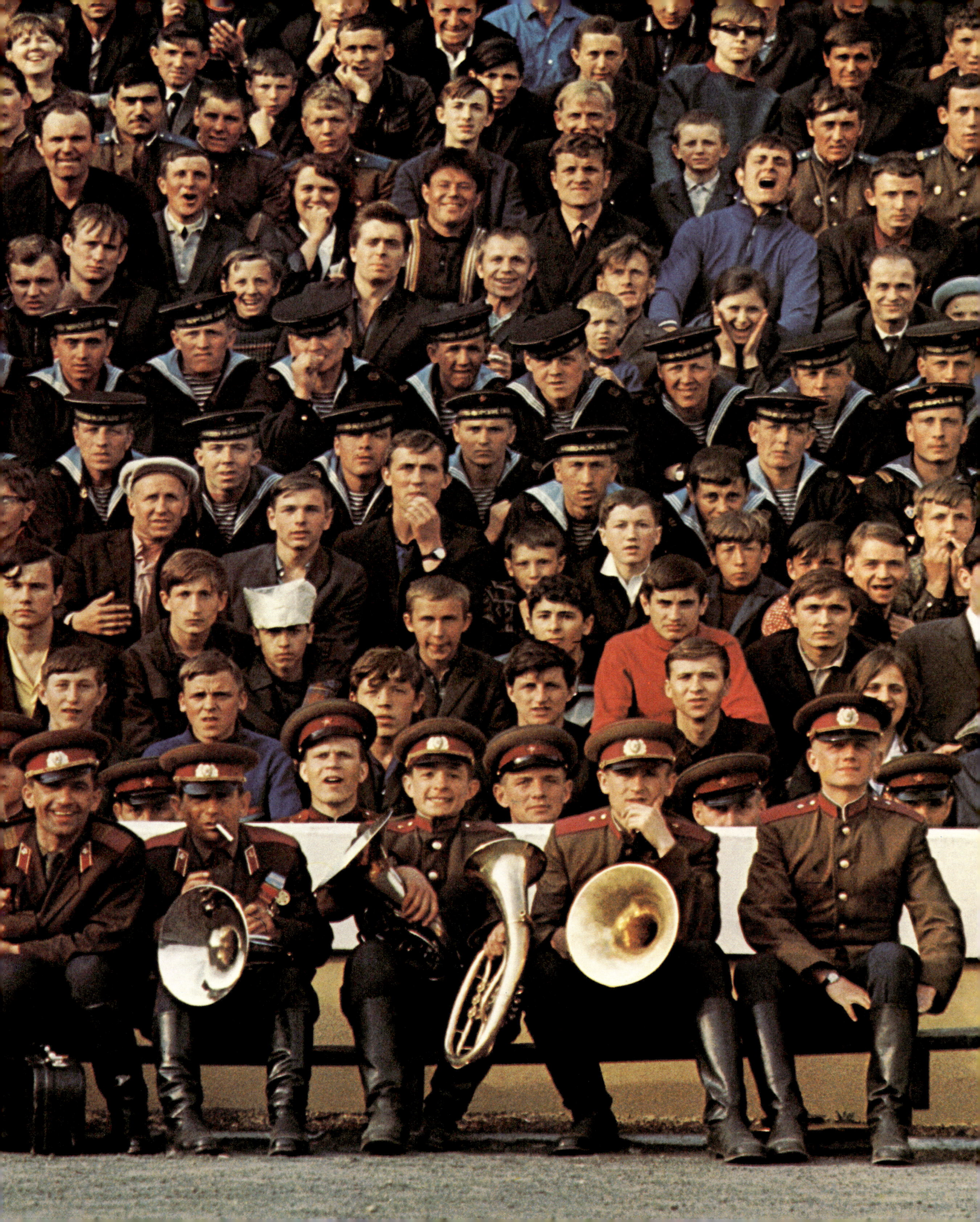

◀ 139 Im Stadion von Minsk

140—142   Straßenszene in Kiew
Während der Stalin-Zeit waren
die Städte ständig mit
Spruchbändern, roten Fahnen und
Porträts geschmückt: Den
Sowjet-Menschen sollten die
Errungenschaften der Partei
immer wieder vor Augen geführt
werden. Heute wird diese Form
der Propaganda und
Selbstdarstellung nur noch
anläßlich großer Jubiläen
angewendet.

Regierung und Staatsbürgergefühl: Aus dem zaristischen Rußland gibt es ein Sprichwort: »Wer in Rußland in Frieden leben will, muß entweder der Politik aus dem Wege gehen oder die der Regierung gutheißen.« Die zaristische Polizei wird als »eine eiserne Kralle in einer weichen, amorphen Masse« geschildert. Und es heißt weiter, daß sich die natürliche Anmut der Menschen der Härte des Gesetzes widersetze, und daß letztlich ein fröhliches, gastliches und liebenswürdiges Volk, trotz aller Verfolgung des Lebens, siegte. Es scheint, daß die Menschen geschmeidiger wurden, je härter der Staat die Gesetze anwendete.

Aus diesen Äußerungen der Zarenzeit spricht ein Großteil Resignation, und es wäre aufschlußreich nachzuforschen, ob sich dieses »passive Staatsbürgergefühl« seit der Revolution geändert hat. Die bolschewistische Bewegung wurde 1917 von großen Teilen der Bevölkerung sehr wohlwollend begrüßt. Tragische Umstände wollten es, daß durch Überhandnehmen anarchistischer Ausschreitungen die »Regierung der Arbeiter und Bauern« bald zu scharfen Maßnahmen Zuflucht nehmen mußte, um die Ordnung aufrechtzuerhalten. Ein zeitgenössischer Bericht schildert die Situation so: »Wir müssen also darauf gefaßt sein, daß die Tyrannei der Bolschewiken unter Umständen dieselben Ausschreitungen zur Folge haben wird wie die frühere zaristische Autokratie: Attentate, auf die Vergeltungsmaßnahmen folgen, die ihrerseits wieder Attentate bewirken. Aber es ist immer noch zu hoffen, daß die Bolschewiken, die im Ausland die Vorkämpfer des Friedens sind, so klug sein werden, keinen Bürgerkrieg zu entfesseln . . .« Dieser Wunsch aus dem Jahre 1917 blieb leider nur ein Wunsch: Die traurige Spirale von Druck und Gegendruck endete im russischen Bürgerkrieg. Es hat den Anschein, daß zu dieser Zeit noch nicht die staatsbürgerliche Reife für ein freiheitliches Volksregime vorhanden war. Zum gleichen Schluß kommt Boris Pasternak in seiner »Blinden Schönheit«: »Einige Jahrhunderte der Knechtschaft unter dem Tatarenjoch haben die Entwicklung unseres Staatsbewußtseins aufgehalten. Bei uns ist das Gefühl des Staatsbürgers für die realen alltäglichen Dinge und die persönliche Würde abgestorben oder jedenfalls ungeheuer geschwächt . . .«

Gelang es nun den Bolschewiken, einen wirklich neuen Anfang in den Beziehungen des Staates zum Bürger herzustellen? Wladimirow kommt bei der Untersuchung dieser Frage zu dem Schluß, daß die Probleme des »Überlebens« für die erste sowjetische Regierung den Ausschlag gaben; nichts konnte erlaubt werden, was die Gemeinschaft gefährdete, und er fährt fort: »Der Kommunismus begann als ein Glaube, der nur von wenigen Gläubigen eifrig verfochten wurde, die jedes seiner Dogmen leidenschaftlich in sich aufnahmen. Aber wie bei jedem Glauben, der zur Macht gekommen ist, mußten auch die Grundsätze des Kommunismus den Anforderungen der großen Verantwortlichkeit, des Überlebens und den Dingen angepaßt werden, die auf bescheidener, persönlicher Ebene als ›Realität‹ bekannt sind. Für viele Jahre wurde die Sowjetunion in der Art einer amerikanischen ›Company town‹ geführt. Es wurde nichts erlaubt, was den Interessen derer, die im Grunde genommen die Besitzer der ›Company town‹ waren, entgegengesetzt schien. Und die russischen Grundbesitzer verfügten auch über das Leben der Bewohner . . .« Auf die Autokratie folgte die Diktatur — und der russische Mensch, der sich so nach Freiheit gesehnt hatte, lernte weiter zu warten. —

Wirtschaft

Die UdSSR ist der größte, mit natürlichen Hilfsquellen am vollständigsten ausgestattete, geschlossene Wirtschaftsstaat der Welt. In der industriellen Bruttoproduktion steht sie an zweiter Stelle. Nach sowjetischen Angaben (1969) wird sie aber von fast allen westlichen Staaten in der Höhe des Pro-Kopf-Nationaleinkommens beträchtlich, von den USA um mindestens das Doppelte übertroffen. Die Wachstumsrate der Industrieproduktion ist trotz des Rückganges in den letzten Jahren immer noch sehr beachtlich, steht aber hinter derjenigen Japans heute weit zurück.
Die Sowjetunion verfügt über die weitaus größten Ackerflächen von teilweise höchster Qualität (Schwarzerde), die in riesigen Betriebseinheiten mit Großmaschinen bearbeitet werden. Dennoch ist die Versorgung mit Eiweißnahrung, Gemüse und Obst bisher noch empfindlich hinter den Bedürfnissen einer wachsenden städtischen Bevölkerung zurückgeblieben. Trotz einer imposanten staatlichen und privaten Bautätigkeit beträgt der Wohnraum in den Städten pro Person nur 7 qm. Die große Masse der städtischen Bevölkerung bezieht ein weitgehend gleiches, den notwendigen Lebensbedarf deckendes und langsam steigendes Realeinkommen; aber der Unterschied in der Lebenshaltung zwischen Stadt und Land ist immer noch so groß, daß die Kolchosbauern durch administrative Maßnahmen am Dorf festgehalten werden müssen.
Es wird allgemein anerkannt, daß die Sowjetunion frühzeitig und in vielem vorbildlich die allgemeine und die berufsbezogene Bildung den Anforderungen der modernen Welt angepaßt hat. Ihre Leistungen in einigen Schwerpunkten der Technik und Naturwissenschaft waren sensationell. Dennoch ist die Produktivität des sowjetischen Industriearbeiters etwa um die Hälfte, die des Landarbeiters um gut zwei Drittel geringer als die des nordamerikanischen. Sowjetische Theoretiker und Praktiker kritisieren die unbefriedigende Effizienz der zentralistischen Wirtschaftslenkung, und immer wieder werden deshalb Maßnahmen erörtert und ausprobiert, die den Betrieben größere Selbständigkeit beim Einsatz ihrer Mittel gewähren sollen. Bisher folgte aber in der Regel einer Periode zunehmender Auflockerung ein Rückfall in das strenge System der obrigkeitlichen Lenkung und der direkten Zuteilung der Investitionsmittel durch die Planbehörden. Die sowjetische Wirtschaft ist aus einer Phase extensiven Wachstums – gekennzeichnet durch Knappheit von Kapitalgütern und fast unbegrenzte Verfügbarkeit von Arbeitskräften – in die Phase des intensiven Wachstums eingetreten, in der auch Arbeitskräfte beginnen knapp zu werden. Während für frühere Entscheidungen eindeutige Prioritäten bestanden (größtmögliches Produktionsvolumen, Erschließung des Landes usw.), ergibt sich aus der immer komplizierteren Produktions- und

Verteilungsstruktur des industrialisierten Landes von heute ein ungleich längerer Katalog konkurrierender Ziele. Die Zahl der Lösungsmöglichkeiten wächst ins Gigantische, mit ihr die Schwierigkeit der wirtschaftspolitischen Entscheidung.

Hier setzen dann die Wirtschaftsreformen der Jahre 1957 und 1965 ein, die auf eine Verbesserung des Planungs- und Kontrollsystems abzielten. Gleichzeitig werden mit wachsenden Möglichkeiten der modernen Rechentechnik mathematische Verfahren zur Steuerung von Teilabläufen in der Wirtschaft entwickelt. Nachdem der Versuch Chruschtschows von 1957 gescheitert war, die Wirtschaft nach dem Territorialprinzip umzuorganisieren, kam es nach eingehender Diskussion — in der E. Liberman keineswegs die ihm häufig zugesprochene führende Rolle spielte — zur Wirtschaftsreform von 1965. Hier wurde der Versuch unternommen, durch Verringerung bzw. Verbesserung der zentralgeplanten Erfolgsindikatoren dem Betrieb mehr Bewegungsfreiheit zu verschaffen, gleichzeitig Reserven der Arbeitsproduktivität mittels moderner Methoden der Unternehmensführung und materieller Anreize freizusetzen sowie durch Marktforschung eine engere Beziehung zwischen Angebot und Nachfrage im Konsumgütersektor herzustellen. Widerstände von seiten des unzureichend vorbereiteten Managements und der jeder Beschneidung eigener Kompetenzen feindlichen Funktionärsschicht in den Ministerien, in erster Linie aber die Halbherzigkeit des gesamten Reformkonzepts (das Festhalten an starren Planpreisen und an einem zentralgelenkten Zuteilungssystem im Produktionsmittelsektor) mußten die Erfolgsaussichten dieses Ansatzes zu höherer Effizienz von vornherein verringern. Interpretationen mit verwaschenen Begriffen wie „Liberalisierung" mußten die tatsächliche Entwicklung falsch prognostizieren, der Primat der zentralen Planung war nie zur Diskussion gestanden.

Entgegen der landläufigen Vorstellung vom unbegrenzten Reichtum der Sowjetunion an Bodenschätzen und den regelmäßigen Meldungen über neue ungeheure Erdöl- und Erzfunde im asiatischen Teil des Landes kann auch keine Rede von Überfluß oder unbegrenzten Liefermöglichkeiten ins westliche Ausland sein. So sehr dies unter dem Gesichtspunkt erhöhter Devisenerlöse auch gewünscht wird (rund 41 v. H. der sowjetischen Exporte in die Bundesrepublik im Jahre 1968 setzten sich allein aus Metallen, sowie Erdöl und Erdgas zusammen), die Rohstoffexporte finden ihre Grenzen in einem rasch steigenden Eigenbedarf im Zusammenhang mit der geplanten Ausweitung der industriellen Kapazität, in den Lieferverpflichtungen gegenüber den RgW-Staaten, deren Rohstoffbedarf schon heute zu rund 65 v. H. durch die Sowjetunion gedeckt wird, in den enormen Schwierigkeiten, die asiatischen Vorkommen vor allem von Energieträgern zu erschließen. Die großen Entfernungen zusammen mit extrem ungünstigen Bedingungen für den Ausbau des Verkehrs- und Leistungsnetzes erhöhen die Kosten außerordentlich.

Von einigen wenigen seltenen Metallen abgesehen ist die Sowjetunion im Rohstoffsektor autark. Mit einer Förderung von 594 Mio. t Kohle, 176 Mio. t Eisenerz, 169 Mrd. cbm Erdgas und 309 Mio. t Erdöl im Jahre 1968 liegt die UdSSR zum Teil noch unter den jeweiligen Ergebnissen z. B. der USA. Erhebliche Probleme bestehen im Hinblick auf die Verwertbarkeit wegen der niedrigen Qualität der Rohstoffe (z. B hoher Schwefel- oder Paraffingehalt des Erdöls). Gigantische Wasserkraftwerke (z. B. Bratsk mit einer Wassermenge von 179 Mrd. cbm und einer vorgesehenen Endleistung von 4,5 Mrd. KW) ergänzen das Energiepotential. Die

Produktion von Elektroenergie belief sich 1968 auf 639 Mrd. KW
Da insgesamt 80 v. H. der gegenwärtigen Energieproduktion östlich des
Ural erzeugt, aber zwei Drittel im europäischen Teil der Sowjetunion
verbraucht werden, kommt es in den nächsten Jahren auf den forcierten
Ausbau der Transporteinrichtungen (in erster Linie Pipelines) bzw.
die Erweiterung ihrer Kapazitäten an (so soll die Betriebsspannung der
elektrischen Überlandleitungen auf bis zu 1 Million Volt erhöht werden).
Damit bietet der sowjetische Wirtschaftsstaat ein widerspruchsvolles
Bild zwischen natürlichem Reichtum, unzweifelhaften Leistungen und
Anpassungsfähigkeit seiner Menschen, sowie hohen Wachstumsraten
einerseits und einem relativen Zurückbleiben in wichtigen Bereichen der
materiellen Versorgung der Bevölkerung andererseits. Die westliche
Forschung ist mit erheblichem Aufwand darum bemüht, diese
Erscheinungen zu erklären. Unbeirrt von dem ideologischen Anspruch der
sowjetischen Doktrin, das Siegel des Menschheitsfortschritts im Zeichen
des Kommunismus zu bewahren, muß sich der westliche Beobachter
von der Vorstellung leiten lassen, daß eine gedeihliche Entwicklung
dieses riesigen Wirtschaftsraumes im Interesse auch der übrigen Welt,
insbesondere der industriell noch zurückgebliebenen Völker liegt.
Die realen Möglichkeiten und Grenzen der sowjetischen Wirtschaftsmacht
lassen sich weithin aus den erdräumlichen Verhältnissen des
Staatsgebiets erklären, das sich fast über 10 000 km in der Breite, bis über
5000 km in der Länge erstreckt, und alle Klimazonen von Subarktis
bis zu den Subtropen (südlich des Kaukasus) umfaßt. Zwischen dem
Kältepol der bewohnten Welt im nordöstlichen Sibirien und der
Wüstenhitze Zentralasiens bilden sich extreme Klimaverhältnisse, die
dem vollen Einsatz von Arbeitskraft und Maschinen, vor allem in der
Landwirtschaft, große Hindernisse entgegenstellen. Der harte, lange
Winter verkürzt die Vegetationsperiode auf etwa ein halbes Jahr. Ebenso
lange bleiben die gewaltigen Ströme als Transportwege unbenutzbar,
die überdies östlich des Ural quer zur west-östlichen Achse des
Verkehrs und Ackerbaues in Eismeere fließen. Fast überall fehlt es an
Schotter zur Befestigung von Wegen. Rohstoffvorkommen, industrielle
Produktionsstätten und landwirtschaftliche Anbaugebiete liegen im
Durchschnitt übermäßig weit voneinander entfernt.
Infolgedessen haben die Transporte für alle Güter im Vergleich zur
Bundesrepublik Deutschland etwa die dreifache Länge (für Holz beträgt
die durchschnittliche Transportentfernung ca. 1600 km, für Eisenmetalle
1650 km, für Getreide 1100 km) und sie werden zu fast 65 v. H. auf der
Eisenbahn bewältigt. Das bedeutet gegenüber der Wasserfracht etwa
das 10fache an Kosten. Im Westen und in Japan sind die großen
Industrien der Metallurgie und Chemie an die Küsten gewandert, in
Rußland dringen sie, rohstofforientiert, weiterhin in die Tiefe des
Kontinents. So verzehren dort die Transportkosten relativ hohe Anteile
des Sozialprodukts und drücken letztlich den Lebensstandard. Ob
große Röhrenleitungen und — in ferner Zukunft — Kernbrennstoffe eine
Erleichterung bringen werden, ist schwer abzuschätzen.
Unter solchen Verhältnissen würde größere Handlungsfreiheit der Betriebe
und deren Orientierung an marktwirtschaftlicher Rentabilität zu einer Verlagerung der Produktion an kostengünstige Standorte führen; ausgedehnte
Regionen würden wegen Unwirtschaftlichkeit der Einzelwirtschaft
unerschlossen bleiben. Das aber wäre nicht zu vereinbaren mit der
politischen Absicht und auch der wirtschaftlichen Notwendigkeit, das
ganze Land selbst in seinen transportfernsten Weiten zu erschließen.
Das Festhalten an zentralistischen Lenkungsmethoden und

dementsprechender Verteilung der Mittel durch ein besonders
streng zentralisiertes Finanz- und Geldwesen ist so am ehesten zu
begreifen. Die Nachteile der in der Einführung technischer Neuerungen
schwerfälligen Verwaltungswirtschaft werden freilich dadurch erheblich
gemildert, daß die Sowjetwirtschaft seit Anbeginn lohnende technisch-
wissenschaftliche Entwicklungen und neue Produkte der westlichen
Marktwirtschaften auf den verschiedensten Wegen auswertet und
übernimmt.

Das größte soziale Experiment der Sowjetwirtschaft war die Kollektivierung des Dorfes und die Bewirtschaftung von über einer halben
Milliarde landwirtschaftlich teilweise allerdings äußerst extensiv
genutzten Bodens (davon ca. 200 Mill. ha Saatflächen) in nur 40 000
Staats- und Kolchosbetrieben. Diente diese Agrarverfassung anfänglich
der Ausbeutung der Landarbeit zugunsten des Industrieaufbaues, so hat
sich seit den unter Chruschtschow begonnenen Reformen die soziale
Lage und auch die Produktivität der Landarbeiter-Bauern wesentlich
gebessert. Die wachsende Industrie kann zunehmend Maschinen und in
letzter Zeit auch Düngemittel zur Verfügung stellen. Die Agrarwissenschaft
steht auf einem hohen Niveau. Der frühere starre Anbau- und
Ablieferungszwang für zentral eingeplante Produkte ist durch
elastischere Methoden der Preislenkung und Ankaufspolitik ersetzt
worden. Dennoch ist die Landwirtschaft das schwächste Glied in der
Sowjetökonomie geblieben. So mußten trotz der voraufgehenden
Ausdehnung der Ackerflächen um ca. 40 Mill. ha (Neuländereien in
Zentralasien) im Jahre 1963 für eine halbe Mrd. Goldrubel Weizen
eingeführt werden. Die Produktionszahlen bleiben um etwa 20 v. H. hinter
den Planzielen zurück. Besonders schlecht ist es um die Fleischversorgung
der Städte bestellt. Annähernd 30 v. H. der vermarkteten Veredelungs-
produkte werden aus den Privatgärten (0,5 ha) der etwa 16 Mill.
Kolchosnikhaushalte beigesteuert. Die Entwicklung der Gesamtproduk-
tivität der Wirtschaft wird dadurch gebremst, daß noch etwa 34 v. H.
aller Beschäftigten in der Landwirtschaft tätig sind, gegenüber etwa
10 v. H. in den USA oder der BRD.

Diese Widersprüche zwischen Aufwand und Ertrag sind wiederum mit
für die Landwirtschaft besonders bedeutsamen natürlichen Bedingungen
zu erklären. Die Extreme des eurasischen Klimas führen zu großen
Ertragsschwankungen zwischen den Regionen und veranlassen die
Ausdehnung des Anbaues in ertragsunsichere Zonen. Unrentable
Grenzböden werden unter dem Pflug gehalten, um die Versorgung
entlegener Siedlungsgebiete zu sichern. Monokulturen auf riesigen Gebieten mit sehr kurzen Vegetationsperioden (Kasachstan) binden Arbeitskräfte auch in beschäftigungslosen Zeiten; ein auch sonst in vielen Gebieten
der sowjetischen Landwirtschaft produktivitätsverringernder Umstand.

Das Rückgrat der Sowjetwirtschaft bildet die Schwerindustrie. So stieg
zwischen 1940 und 1968 die Stahlproduktion von 18,3 Mill. t (USA 62,5) auf
106,5 (USA 122) Mill. t, Zement von 5,7 (USA 22,6) auf 87,5 (USA 68,7);
an Elektroenergie wurden 1968 66 v. H. im Vergleich zu den USA erzeugt,
an Erdöl 69 v. H., an Erdgas 32 v. H. Doch zeigen sich in manchen Bereichen
wachsende Erschließungs- und Transportkosten, die zu einer
Verlangsamung des Wachstums führen und jedenfalls das konsumierbare
Sozialprodukt nicht im gleichen Tempo steigen lassen können. Die
jüngste, außerordentliche Entwicklung Japans zeigt übrigens, daß unter
völlig anderen Umständen (kaum einheimische Rohstoffe, Marktwirtschaft,
hoher Außenhandelsanteil) noch höhere Zuwachsraten erzielt wurden.
Auf dieser Basis hat die UdSSR ihre verarbeitende, vor allem die

Maschinenindustrie ausgebaut und ist in der Masse dieser Produkte weitgehend heute Selbstversorger. Es besteht aber weiterhin Abhängigkeit von der Einfuhr der modernsten Technik, auch ganzer Fabrikeinrichtungen, von Rechenanlagen usf., die aus den industriell hochentwickelten abhängigen Ländern des RgW (vor allem der DDR) nur begrenzt geliefert werden können. Es ist deshalb nicht zu erwarten, daß die Sowjetwirtschaft — von einigen Spitzenentwicklungen abgesehen — die kapitalistischen Staaten in der Einführung des technischen Fortschritts und damit in der Produktivität einholen könnte. In diesem Faktor aber erblickte Lenin seinerzeit das eigentliche Maß für die Überlegenheit eines Wirtschaftssystems.

Sowjetische Fachleute bescheinigten der eigenen Industrie noch 1965 ein dem westlichen Weltstand entsprechendes Leistungsniveau nur für die Bereiche der Starkstromtechnik, des Schwermaschinenbaus und natürlich auf den für die Rüstung bedeutsamen Gebieten des Flugzeugbaus, der Raumfahrt und der Atomtechnik. Das aus den dreißiger Jahren stammende System der Planung von Forschung und Einführung der technisch verwertbaren Ergebnisse, das sich bei der Adaption des technischen Fortschritts der westlichen Welt durchaus bewährt hatte, versagte zunehmend, sobald es darum ging, den sich immer rascher auffächernden Fortschritt in einer etablierten Volkswirtschaft auf breiter Front zu verwirklichen. Insbesondere die Verknüpfung zwischen Forschungsinstituten, Entwicklungsbüros und Produktion erwies sich als Engpaß. Wegen der hochgeschraubten Planziele schreckte beispielsweise jeder Betriebsleiter vor Unterbrechungen des Produktionsflusses zurück. Neue Produkte oder Herstellungsverfahren konnten deshalb zumeist nur auf direkte Anweisung der zuständigen Ministerien eingeführt werden. Auch von den starren Preisen ging kein Anreiz zur Einführung technisch vervollkommneter Produkte aus.

Die Gründung eines neuen Zentrums für Grundlagenforschung in Nowosibirsk brachte erste neue Impulse, nicht zuletzt auch für die Erschließung der transuralischen Regionen. Das Programm der KPdSU von 1961 proklamiert Wissenschaft als »direkte Produktivkraft«. Parallel zur Wirtschaftsreform von 1965 werden dann auch organisatorische Schritte zur Forcierung von Forschung und Entwicklung unternommen, so u. a. durch Gründung eines »Staatskomitees für Wissenschaft und Technik«, das die Grundlinien der Entwicklung festzulegen hat. Unmittelbarer Anreiz für die Einführung der neuesten Technik im Betrieb wird in einigen Maßnahmen im Jahre 1969 geschaffen, so durch die Verlegung von Entwicklungsorganisationen an die Basis, in die Betriebe und Konzerne, durch Erweiterung des finanziellen Spielraums usf. Daß diese neue Schwerpunktbildung Erfolge haben wird steht außer Zweifel. Inwieweit es gelingen wird, die rasante Entwicklung von Forschung und Technik im Westen aufzuholen, bleibt abzuwarten.

Das zuletzt in der sowjetischen Verfassung verankerte Recht auf Arbeit geht aus von der optimistischen Annahme, daß es in einer sozialistischen Volkswirtschaft das Problem der Bereitstellung von Arbeitsplätzen nie geben werde. 1966 hat das Auftreten regionaler und friktioneller Arbeitslosigkeit zur Gründung »Staatlicher Komitees für die Nutzung von Arbeitsressourcen« geführt. Die Einführung einer staatlichen Arbeitslosenunterstützung wird seit geraumer Zeit diskutiert, nachdem Arbeitsuchende während der letzten Jahre im Durchschnitt 24 Tage arbeitslos blieben.

Auf der anderen Seite hat seit Zulassung der freien Wahl des Arbeitsplatzes im Jahre 1956 eine erhebliche Migration von Arbeitskräften eingesetzt. Unzufriedenheit mit der Entlohnung, mit Arbeits- und Lebensbedingungen, aber auch Kündigungen wegen Mechanisierung und Automatisierung von Betrieben sind heute in vielen Produktionszweigen die Ursache für eine außerordentliche Fluktuation. 20 bis 30 v. H. der Beschäftigten (das sind zwischen 21 und 32 Millionen) wechseln jährlich den Arbeitsplatz. Der Haupttrend der Wanderung geht in die Regionen, welche die angenehmsten Lebensbedingungen bieten. Lohnzuschläge und Steuererleichterungen können z. B. die unmittelbar nach der Berufsausbildung für drei Jahre in eine nördliche oder östliche Region verpflichteten Jugendlichen auf die Dauer nicht halten, zumal die Versorgung mit kulturellen und sozialen Einrichtungen dort unter dem Niveau westlicher und südlicher Regionen liegt, und vielfach für Ehefrauen keine Arbeitsplätze vorhanden sind.

Unter sowjetischen Fachleuten besteht heute kein Zweifel daran, daß eine bessere, noch keineswegs optimale Lenkung des — gemessen am zu erwartenden Bedarf höchst begrenzten — Arbeitskräftepotentials nur durch sorgfältigere Koordinierung der Investitions- und Produktionspläne mit Maßnahmen der Lohn-, Steuer- und Sozialpolitik erreicht werden kann. Eine Rückkehr zum stalinschen System offener oder versteckter Zwangsarbeit ist unter den Bedingungen der heutigen Industriegesellschaft keine Alternative mehr.

In einem merkwürdigen Gegensatz zu den Organisationsleistungen, die trotz aller Schwierigkeiten in der Produktion erbracht werden, steht die Unzulänglichkeit der sowjetischen Verteilungswirtschaft. Da es keinen staatlichen Großhandel, sondern nur Zuteilung aus Planvorrat gibt, können Angebot und Nachfrage nicht befriedigend ausgeglichen werden. Im Einzelhandel gibt es dementsprechend gelegentlich sehr große unabsetzbare Lager und andererseits lange Warteschlangen nach den begehrten langlebigen Verbrauchsgütern. Jahraus, jahrein ertönen ständige Klagen über mangelhafte Qualitäten.

Der Anteil des Außenhandels erscheint mit etwa 4 v. H. des Sozialprodukts als relativ unbedeutend, aber politisch ist die starke Verflechtung mit den osteuropäischen und einigen Entwicklungsländern beiderseits von größter Bedeutung. Umgekehrt ist es schwer vorstellbar, daß die Sowjetwirtschaft ohne die eingeplante Zulieferung aus den ersteren ihren Rang als autarke Weltwirtschaftsmacht behaupten könnte. So läßt sich die Sorge um die Aufrechterhaltung der von zuverlässigen Kommunisten zu führenden osteuropäischen Wirtschaftssysteme Osteuropas einschließlich der DDR auch wirtschaftlich erklären.

Auf die Leistungsfähigkeit der sowjetischen Wissenschaft war die breite Öffentlichkeit im Westen eigentlich erst durch die Rekorde der sowjetischen »Kosmonautik« aufmerksam geworden. Doch auch für die westliche Forschung, vor allem die der USA, waren diese Erfolge eine Überraschung, wenn nicht ein Schock. Bisher hatten nur die Außenpolitik und die Erfolgsmeldungen auf wirtschaftlichem Gebiet im Vordergrund gestanden. Seit dieser Zeit, nicht zuletzt aber auch durch reger werdende Kontakte zwischen westlicher und sowjetischer Wissenschaft, mußte man erkennen, daß auch andere Wissensgebiete wie z. B. Mathematik, Kybernetik, Wirtschaftstheorie u. a. m. sich durchaus mit dem Westen messen können. Das ist nicht von Anfang an so gewesen. In einer schwierigen Lage befand sich die sowjetische Forschung nach dem Bürgerkrieg (1918—22), als viele namhafte Wissenschaftler der Zarenzeit ausgewandert, während Revolution und Bürgerkrieg ums Leben

gekommen oder politisch einfach nicht akzeptabel waren. Man mußte und wollte mit dem Ausland Schritt halten. Nicht zuletzt war eine fundierte Forschung auch wichtig für den Aufbau des Landes, für die Industrialisierung, die zunächst von erstrangiger Bedeutung war.
1925 wurde die Akademie der Wissenschaften der UdSSR neu gegründet. Sie ging hervor aus der 1724 durch Peter I. geschaffenen Kaiserlichen Akademie der Wissenschaften. In kurzen Abständen folgte die Einrichtung weiterer Akademien für die verschiedensten Wissensgebiete. Neben diesen Unions-Akademien gibt es noch Akademien der Wissenschaften in den einzelnen Republiken, die in gleicher Weise in Abteilungen gegliedert sind, über zahlreiche Institute und Laboratorien und einen großen Forscherstab verfügen. An den insgesamt mehreren hundert Instituten und Forschungsstationen der Akademien sind über 60 000 Wissenschaftler beschäftigt.
Die Wissenschaft in der Sowjetunion ist zentral nach den jeweiligen praktischen Erfordernissen gelenkt. Sie hat die Aufgabe, für alle Gebiete auf der Basis der marxistisch-leninistischen Weltanschauung die Entwicklungslinien herauszuarbeiten. Der Staat ist außerordentlich an der Leistungsfähigkeit und an den Ergebnissen seiner Wissenschaften interessiert. Damit erklären sich auch die großen Summen, die er für Wissenschaft und Forschung wie für das gesamte Bildungswesen investiert. Für 1969 waren bei einem Gesamtvolumen des Staatshaushalts in Höhe von 133,9 Mrd. Rubel für Bildung, Wissenschaft und Forschung 23,2 Mrd. veranschlagt.
Die Unterordnung der Wissenschaft unter eine Ideologie muß zwangsläufig der Erkenntnis Grenzen setzen. Damit ist das schwankende Niveau und die Einseitigkeit eines großen Teils der sowjetischen Geisteswissenschaften zu erklären, während bei den praktischen Wissenschaften Fehlentscheidungen nicht auszuschließen waren.
Das Leistungsniveau der exakten Wissenschaften dagegen ist so hervorragend, weil sie weniger abhängig von der Alltagspolitik sind.
Die eminente Bedeutung der „werktätigen Intelligenz", die zumeist in Kollektivarbeit (Team-work) ihre Aufgaben bewältigt, zeigt sich nicht zuletzt in der staatlichen Nachwuchsplanung: während z. B. 1950 1 905 000 Sowjetbürger eine Hochschulbildung nachweisen konnten (1,3 % der Bevölkerung über 10 Jahre), waren es im Schuljahr 1968/69 — 4 470 000, bis 1985 sollen 15 208 000 (6,5 %) diese Ausbildungsstufe erreichen.

Wirtschaft und Industrie
Technik und Fortschritt

Allzu lange waren wir im Westen der Meinung, daß die UdSSR nicht wettbewerbsfähig sei: Technisch galten die Russen als ein Volk von »Grobschmieden«; Planerfüllung um jeden Preis, der Ausstoß der Waren ohne richtige Qualitätskontrollen und die Rückschläge beim hektischen Aufbau während der Stalin-Ära hatten diese Vorurteile bekräftigt. Westliche Statistiken veröffentlichten noch in den fünfziger Jahren immer wieder die »beruhigenden« Zahlen der überlegenen Stahlproduktion des Westens.
Um so überraschender war für den Westen der Start des ersten Satelliten »Sputnik« am 4. Oktober 1957. Nach den Erfolgen der Sputnik-Serie gelang es den Russen 1961, den ersten Menschen in den Kosmos zu schicken: Auf Gagarin folgte Titow, und Nikolajew und Popowitsch. Bei der Untersuchung der russischen Erfolge stellten westliche Wissenschaftler fest, daß das sowjetische Weltraumprogramm zwar mit Vorrang betrieben wurde, daß die Russen jedoch auch beachtliche Leistungen auf den Gebieten der Elektronik, der Metallurgie und der Grundlagenforschung vollbracht hatten. Zudem hatten sie nach dem Zweiten Weltkrieg Zugang zu allen deutschen Forschungsergebnissen gehabt.
Einige Jahre später versetzte Professor Steinbuch dem westlichen Überlegenheitsgefühl einen weiteren Schok, denn man hatte sich bisher auf das westliche »know how«, auf gute alte Universitäten und die Wissenschaftler der westlichen Welt verlassen. Nun bewiesen die neuen Ermittlungen, daß in der Sowjetunion doppelt so viele junge Männer und Frauen zur Weiterbildung führende Hochschulen und Fachschulen besuchen als in den USA und etwa viereinhalbmal so viel, pro Kopf der Bevölkerung gerechnet, als in der Bundesrepublik Deutschland. Mit anderen Worten: In der UdSSR gibt es rund 4000 technische Schulen, in denen von 1940 bis 1966 17 Millionen Arbeiter eine Fachausbildung erhalten haben. Ab 1970 wollen diese Schulen jährlich rund 1,7 Millionen Arbeiter weiterbilden. Zur gleichen Zeit werden jährlich mehr als 900 000 Studenten an den 767 Hochschulen und Universitäten studieren. Das Verhältnis der tatsächlich in der Wirtschaft Beschäftigten sah 1962 folgendermaßen aus: Beschäftigte Arbeiter und Angestellte insgesamt 68,3 Millionen; Personen mit Hochschulbildung 4,05 Millionen; Personen mit Fachschulbildung 5,9 Millionen.
In diesen Ziffern sind zwar zahlreiche Ingenieurschulen und Fachschulen enthalten, die bei uns nicht als Hochschulen gelten würden; auch ist die Ausbildung teilweise mehr auf Fachgebiete konzentriert, aber Tatsache bleibt: die Russen haben viel gelernt und fördern heute den Nachwuchs stärker als die Bundesrepublik.

143 Elektriker in Leningrad
Ein Sprichwort sagt, daß man einem Russen nur Hammer und Draht zu geben brauche, dann könne er damit jedes Auto reparieren. Tatsächlich ist die russische Improvisationskunst mit Recht berühmt. Außerdem ist es der Staatsführung gelungen, Kräfte und Möglichkeiten der Menschen und des Landes zu mobilisieren.

144 Sputnik-Schau in Brüssel
Am 4. Oktober 1957 konnten die Sowjets ihren größten Überraschungserfolg mit dem Start des ersten Sputnik verzeichnen. Der Satellit wog 86,3 Kilogramm, seine Umlaufzeit um die Erde betrug 96,17 Minuten. Auch der erste Mensch im All war ein Russe: Juri Gagarin umkreiste am 12. April 1961 dreimal mit Wostok I in je 89,1 Minuten unsere Erde.

145 Lastwagenverkehr im Kaukasus
Über die Grusinische Heerstraße rollt im Sommerhalbjahr ein großer Teil der leicht verderblichen Waren aus Transkaukasien. Im Winter ist diese Paßstraße, wie viele andere auch, nicht befahrbar. Die Ballung von Wirtschaftsbetrieben an Eisenbahnstrecken führte zu einer eindeutigen Vorherrschaft der Bahn, die rund 75 Prozent des Güterverkehrs bewältigt. Auf Straßen und Flüssen werden rund fünf Prozent und auf dem Meer zehn Prozent aller Güter befördert. Stärkste Zuwachsrate weist in jüngster Zeit der Pipeline-Transport mit jetzt fünf Prozent Güteranteil auf.

146 + 147 Personentransport
Mit Planen gedeckte Lastwagen werden außer Bussen noch häufig für die lokale Personenbeförderung zu Fabriken und Kolchosen benutzt. Der PKW-Verkehr, der durch den Bau neuer Autofabriken gefördert wird, ist auf dem Land noch sehr dünn; und erst die neuen Automobilfabriken, wie in Togliatti an der Wolga, sollen auch den Russen mehr Privatwagen bauen.

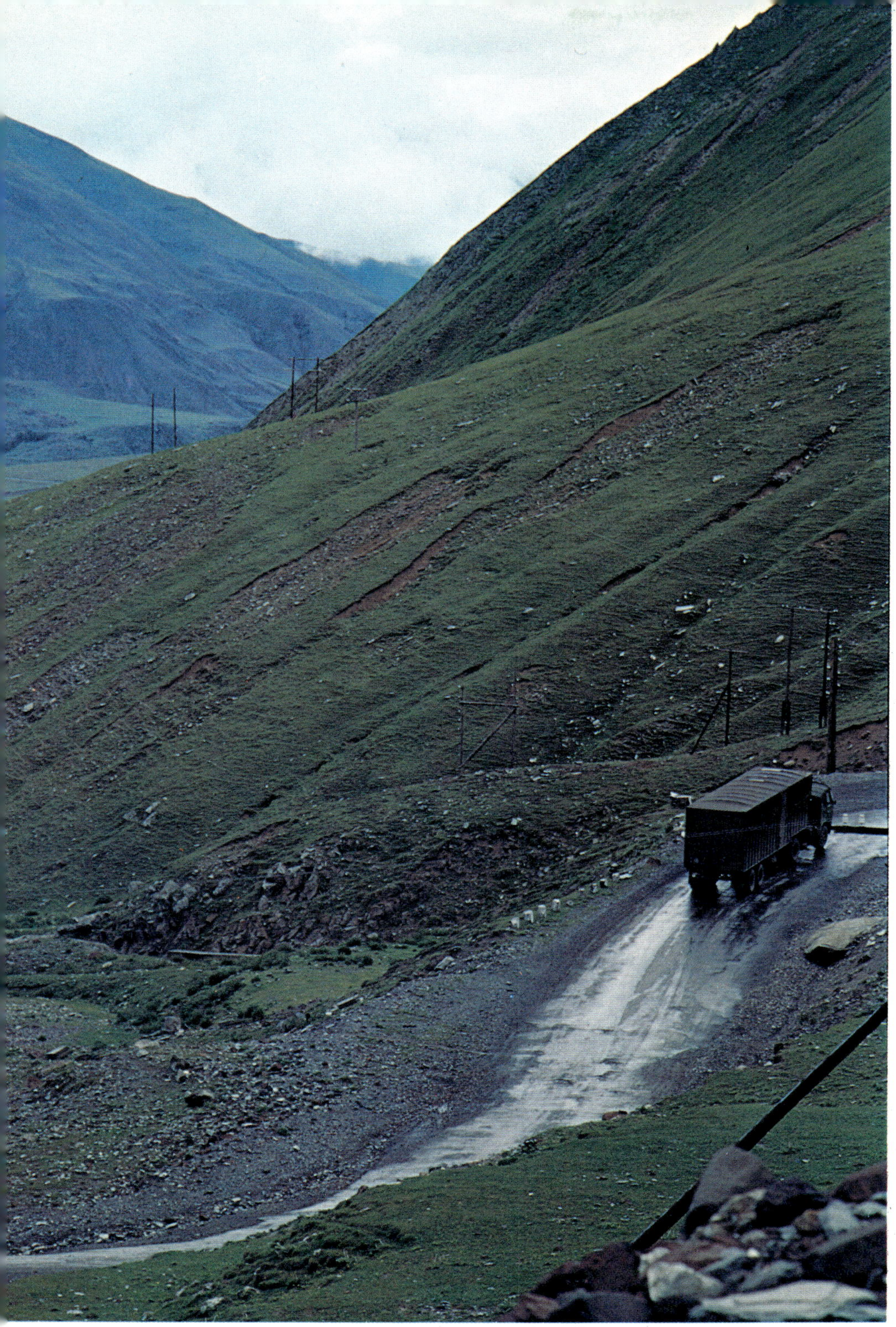

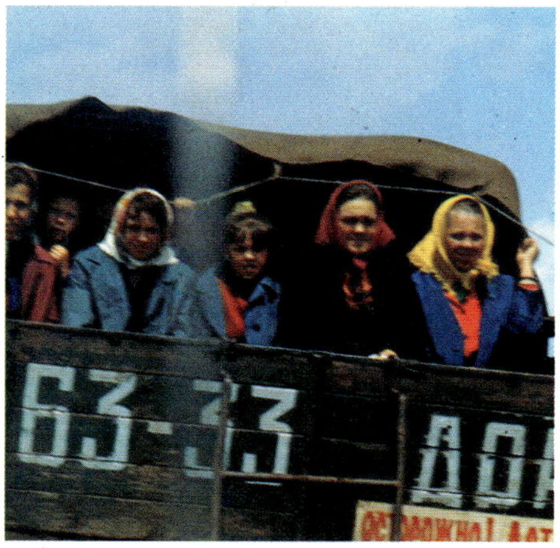
63-33

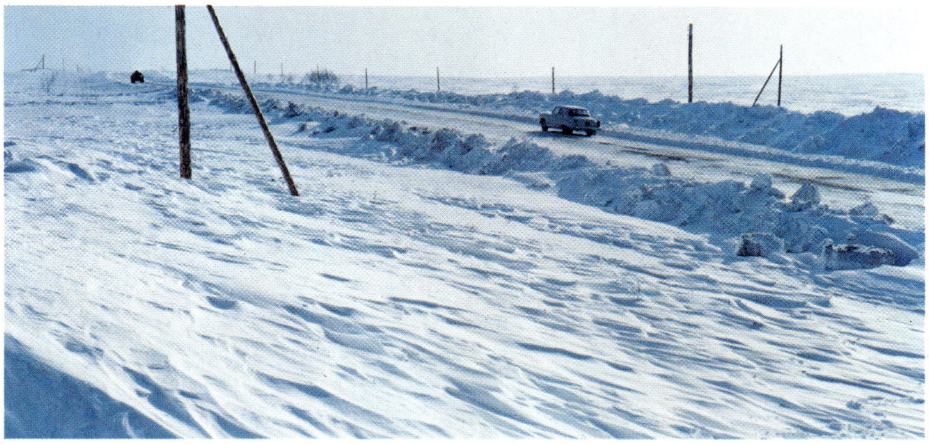

148 Moldau-Eisenbahn
Auch am Personenverkehr hat die Eisenbahn mit 60 Prozent den größten Anteil. Der Straßenverkehr hat mit 30 Prozent und der Luftverkehr mit acht Prozent stark zugenommen. Die neuen Züge sind im Pullman-Stil eingerichtet oder haben kombinierte Schlaf-Sitz-Abteile. Auf kleinen Strecken ist der Wagenpark unterschiedlich und das Fahrtempo mit 60 Stundenkilometern recht gemütlich.

149 Dnjepr-Brücken in Kiew
Flüsse und Kanäle wurden intensiv ausgebaut, der Verkehrsanteil bei Gütern hat jedoch abgenommen. Die Gründe hierfür sind Wintereis und Niedrigwasser im Sommer sowie der oft ungünstige geographische Verlauf der Flüsse.

150+151 Schwarzmeer-Häfen
Jalta (oben) war bereits Handelsplatz der Genuesen, bis es im 15. Jahrhundert nach einem Erdbeben verlassen wurde. Im 19. Jahrhundert brachte der Tourismus neuen Aufschwung. — Odessa, heute wichtigster Hafen am Schwarzen Meer, besitzt einen 103 Hektar großen Hafen. Die großen Häfen im Norden sind Riga, Archangelsk und Leningrad.

152 Luftverkehr
Mit über 2 000 zivilen Luftfahrzeugen ist die Aeroflot die größte Luftverkehrsgesellschaft der Welt. (Danach kommt die United Airlines mit 340 Maschinen.) Aeroflot beschäftigt 10 000 Piloten und insgesamt 260 000 Personen. Außer dem stark wachsendem Personenverkehr führt die Aeroflot alle Wirtschaftsflüge aus und bildet den fliegerischen Nachwuchs für die Sowjetunion heran.

153 + 154   Uhrenfabrik in Minsk
Im Jahre 1955 wurde in Minsk der Bau einer Uhrenfabrik beschlossen. Heute produziert der Betrieb jährlich 1,5 Millionen »Lutsch«-Uhren. Davon werden über 300 000 in 30 Länder, so nach Italien, Skandinavien, Kanada und sogar in die Schweiz, exportiert. Die »Lutsch«-Fabrik ist ein Musterbetrieb mit vorbildlichen Arbeitsbedingungen. Angeschlossen ist eine technische Berufsschule für die Nachwuchs-Ausbildung. Galja Anissowitsch (oben) hat auf dieser Berufsschule ihre Meisterprüfung abgelegt.

155   Kranführerin in Leningrad
Frauen werden in der Sowjetunion vollkommen gleichberechtigt in den Produktionsprozeß eingesetzt: Diese Kranführerin bedient einen 75-Tonnen-Kran in der Werkzeugmaschinenfabrik Swerdlowsk; und der Meister lobt seine Arbeiterin, die mit den schweren Maschinen so behutsam wie mit einem Neugeborenen umgehen kann.

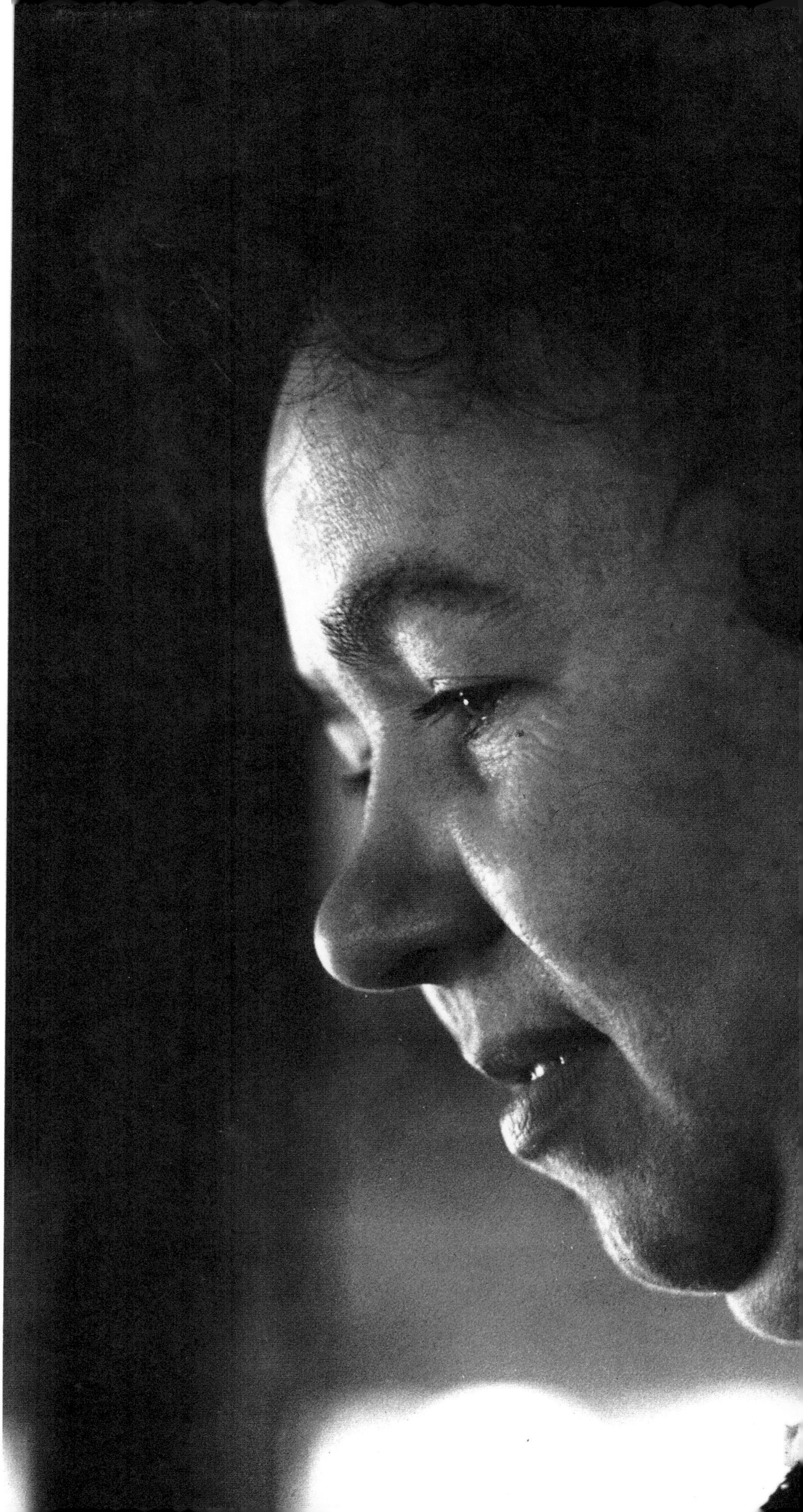

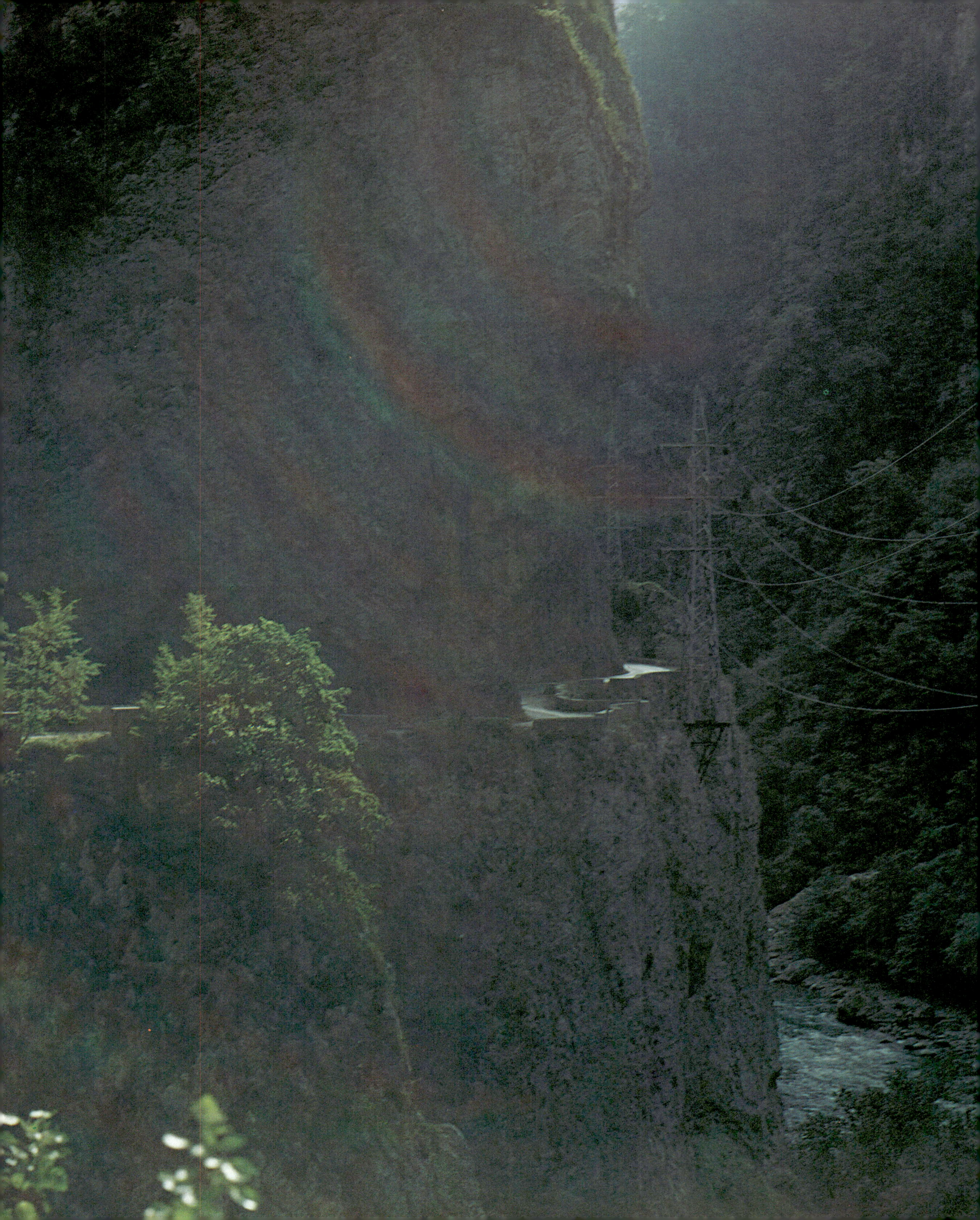

156 Elektrifizierung im Kaukasus
Lenin sagte 1921: »Kommunismus ist Sowjetmacht plus Elektrifizierung des ganzen Landes.« Dieser Satz ist eine der wirtschaftspolitischen Kernideen der Sowjetunion. Die Stromgewinnung erfolgt in der UdSSR noch zu einem großen Teil durch Wärmekraftwerke, die neben herkömmlichen Brennstoffen auch Anthrazitstaub und Sägemehl oder Sägespäne verbrennen. Im Kaukasus dagegen wurden bedeutende Wasserkraftwerke gebaut, die mit den sibirischen rund 20 Prozent der elektrischen Energie liefern. Zur Zeit arbeiten die Sowjets an einem großen Verbund-System, das die einzelnen Landesteile mit einer 1,5-Millionen-Volt-Leitung verbinden soll. Der größte Teil der vorhandenen Wasserenergie aber wird, bedingt durch die Lage, nicht genutzt.

157 + 158 Donez-Industrie-Becken
Rund ein Drittel der russischen Kohleförderung stammt aus dem Donbas-Gebiet, das als das klassische Industriezentrum der Sowjetunion gilt. Die Landschaft ist durch die gigantischen Abraum-Halden geprägt. — Durch die Kriegsereignisse war die UdSSR gezwungen, neue Zechen im Osten, am Ural und im sibirischen Kusbass-Gebiet, energisch zu erschließen. Heute wird dort die Produktion stark gefördert. (Die UdSSR schätzt ihre Kohlevorräte auf ein Fünftel der Erdreserven.)

159 LKW-Fahrer in der Ukraine
Lange, zähflüssige Lastwagenkolonnen, die selten schneller als 60 Stundenkilometer fahren, erschweren das Autofahren in den Industriegebieten: denn der regionale Verkehr wird fast ausschließlich mit Lastwagen abgewickelt.

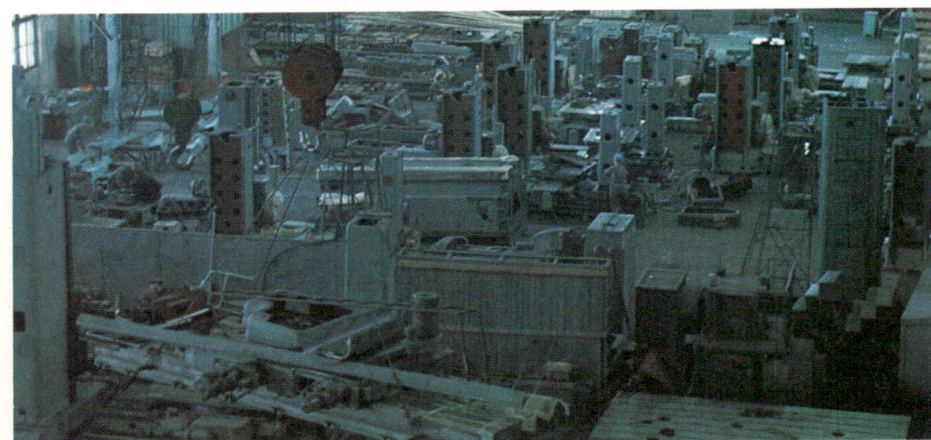

Schwerindustrie und Konsumindustrie: Bis zu Stalins Tod hatten die Schwerindustrie und die Basisindustrien für Chemie, Elektronik und Rüstung absoluten Vorrang vor der Konsumgüterindustrie. Seit Mitte der fünfziger Jahre fördert die Sowjetunion auch die Produktion privater Wirtschaftsgüter intensiver als vorher. Die Gründe hierfür sind vielschichtig. Einmal will der Staat die überschüssige Kaufkraft abschöpfen; außerdem liegt der Regierung, im Wettbewerb mit dem Westen, an einer Hebung des Lebensstandards. Es hat den Anschein, daß nun nach kargen Verbraucherjahrzehnten in Rußland die Freude am »gehobenen Konsum« gefördert werden darf.
Dieser Konsum drückt sich bereits deutlich in den russischen Produktionszahlen für 1966 aus. Hergestellt wurden: 5,8 Millionen Radios und Plattenspieler, 4,4 Millionen Fernsehgeräte, 2,2 Millionen Kühlschränke, 3,9 Millionen Waschmaschinen, 4 Millionen Fahrräder und Mofas, 753 000 Motorräder und Roller und über 32,4 Millionen Uhren.
Zweifelsohne ist der Lebensstandard in der Sowjetunion noch weit unter dem der westlichen Spitzenländer, aber es ist bei den jetzigen Produktionszahlen abzusehen, daß auch in Moskau ein Überangebot an hochwertigen Konsumgütern auf den Markt drücken wird. Die Löhne der Durchschnittsverdiener sind jedoch mit 100 Rubel monatlich noch immer knapp bemessen, so daß der Absatz teurer Wirtschaftsgüter seine Grenzen finden wird.
Auffallend ist auf der anderen Seite die Vorliebe einiger gut verdienender Russen für ausländische Produkte. Auf dem Schwarzen Markt werden phantastische Preise zum Beispiel für westliche Tonbandgeräte gezahlt – Preise, die für nur ganz wenige erschwinglich sind.

160+161   Swerdlowsk: Arbeiter und Werkzeugmaschinen
Die Fabrik gehört heute der Vereinigung der Werkzeugmaschinen-Fabriken an. Hier sammelten sich 1917, im Stadtteil Wyborg, die Bolschewiki und die mit ihnen sympathisierenden Arbeiter zum Sturm auf das Winterpalais. Heute werden in dieser Halle Kopierfräsmaschinen vom Typ LR 212 hergestellt, mit denen die sowjetische Schwerindustrie gute Erfolge erringen konnte. Nach amtlichen Angaben haben die Russen 1966 191 000 Werkzeugmaschinen hergestellt und waren der größte Produzent und Exporteur der Welt auf diesem Sektor. Automaten und computergesteuerte Maschinen runden das Programm ab. Das Planziel der UdSSR für 1970 sind 225 000 Werkzeugmaschinen.

162   Kräne und Automation
Die Automation und Mechanisierung von Industrie und Dienstleistungsbetrieben war für die Regierung anfangs problematisch: Da jedem Sowjetbürger ein Recht auf Arbeit zusteht, bestand in den dreißiger Jahren die Schwierigkeit darin, die Mechanisierung in Einklang mit dem Überangebot an Arbeitskräften zu bringen. Nach dem letzten Krieg aber warteten so viele Produktionsaufgaben auf ihre Lösung, daß die UdSSR nun auch die Automatisierung energisch vorantreiben konnte. Die Fabrikation für die steigenden Exportmärkte bot jetzt auch die Möglichkeit, das industrielle Volumen zu erhöhen, ohne den Inlandsmarkt allzu rasch aufzublähen.
Derzeit werden Eisenbahn und Güterumschlag weitmöglichst mechanisiert; der Frachtumschlag in den Häfen und zahlreichen Fabriken soll modernisiert werden.

163 + 164   Gastello-Kolchose bei Minsk

Die Viehzucht bildet den wichtigsten Produktionszweig dieser Kolchose. Der Arbeitsablauf ist mit dem eines herkömmlichen Bauernhofes nicht mehr zu vergleichen — es ist industrialisierte Landwirtschaft. Insgesamt hält »Gastello« rund 2500 Rinder, die Hälfte davon sind Kühe. Der jährliche Milchertrag beträgt pro Kuh 3612 Kilogramm. Da der Boden der Kolchose für eine Weidewirtschaft zu wertvoll ist, weidet nur das Jungvieh; Milchkühe und Mastrinder werden dagegen in großen Ställen gehalten. Melken, Stallentmisten und der Milchtransport wurden weitgehendst mechanisiert. So fließt die Milch von der elektrischen Melkmaschine durch Kunststoffrohre in große gekühlte Tanks; auf Lastwagen werden die Behälter gesammelt und zur zentralen Molkerei nach Minsk transportiert.

165   Kolchosbauer bei Minsk
Die Dörfer, die nach der Revolution zu Kolchosen zusammengeschlossen wurden, unterscheiden sich äußerlich kaum von freibewirtschafteten Dörfern im übrigen Osteuropa: Ein Ehrenbogen mit dem Namen der Kolchose weist auf den Sitz der Verwaltung hin. Die Bauernhäuser aber sind im alten Stil erhalten geblieben, nur einige wurden durch neue Holzhäuser ersetzt. In vielen Fällen wohnen die Familien in den Häusern, in denen schon ihre Vorfahren gelebt haben.
Der Status einer Kolchose ähnelt dem einer Genossenschaft. Die Bauern mußten ihr Land, ihre Ackergeräte, Tiere, Saat und Gebäude in die »Genossenschaft« einbringen und sind dann entsprechend am Ertrag beteiligt. Laut dem Kolchos-Gesetz sollen sich die Gemeinschaften unter »Staatsassistenz« selber verwalten; alle Mitglieder haben Stimmrecht.

Kolchosen — Sowchosen:
Außer den rund 38 000 Kolchosen, die insgesamt 113 Millionen Hektar Land bewirtschaften, gibt es noch rund 10 000 Staatsgüter, die Sowchosen, die rund 100 Millionen Hektar Land beackern. Die Zahl der Sowchosen hat sich nach dem Krieg verdoppelt, insbesondere durch die Neulandkultivierung in Kasachstan, die vielen Staatsgütern anvertraut wurde. Die Entwicklung zielt auf noch größere Wirtschaftseinheiten ab, wenn diese in landwirtschaftlich geeigneten Regionen liegen.
Die allgemein wachsende wirtschaftliche Entwicklung zeigt sich auch im steigenden Einkommen der Landwirtschaft. So hat sich von 1960 bis 1966 das Haushaltseinkommen eines Kolchosbauern auf durchschnittlich 1500 Rubel im Jahr verdoppelt; auch der Arbeitsplatz auf dem Land ist etwas attraktiver geworden.

166 + 167 Industrielandschaft: Moskau

Dieses Bild zeigt Moskau mit der Moskwa von den Leninbergen aus gesehen. Aus der Vogelperspektive wirken die sowjetischen Großstädte bunt zusammengewürfelt. Neben Industriekomplexen mit Qualm und Dreck stehen Wohnblöcke; neben einem alten Kloster liegt eine Sportanlage. Während der starken Wachstumsjahre bis 1939 wurden die europäischen Sowjetstädte für unsere Begriffe wahllos ins Land gesetzt. Gesichtspunkte, wie kurze Arbeitswege, standen im Vordergrund; heute machen Industriestaub und Abgase das Wohnen dicht neben Schornsteinen zu einem hygienischen Problem. Die Wachstumsraten der europäischen Städte der UdSSR, die bis zum Krieg so rapide stiegen, haben sich abgeflacht; sie sind in den letzten 20 Jahren durchschnittlich weniger als 10 Prozent gewachsen. Dafür hat sich die Fluktuation in die Städte des Ostens verlagert: 75 Prozent der heute noch stark anwachsenden Städte liegen östlich des Ural, und keine dieser Städte wuchs seit 1950 um weniger als 20 Prozent. Dagegen sank bereits die Einwohnerzahl von acht Städten im europäischen Teil der Sowjetunion.

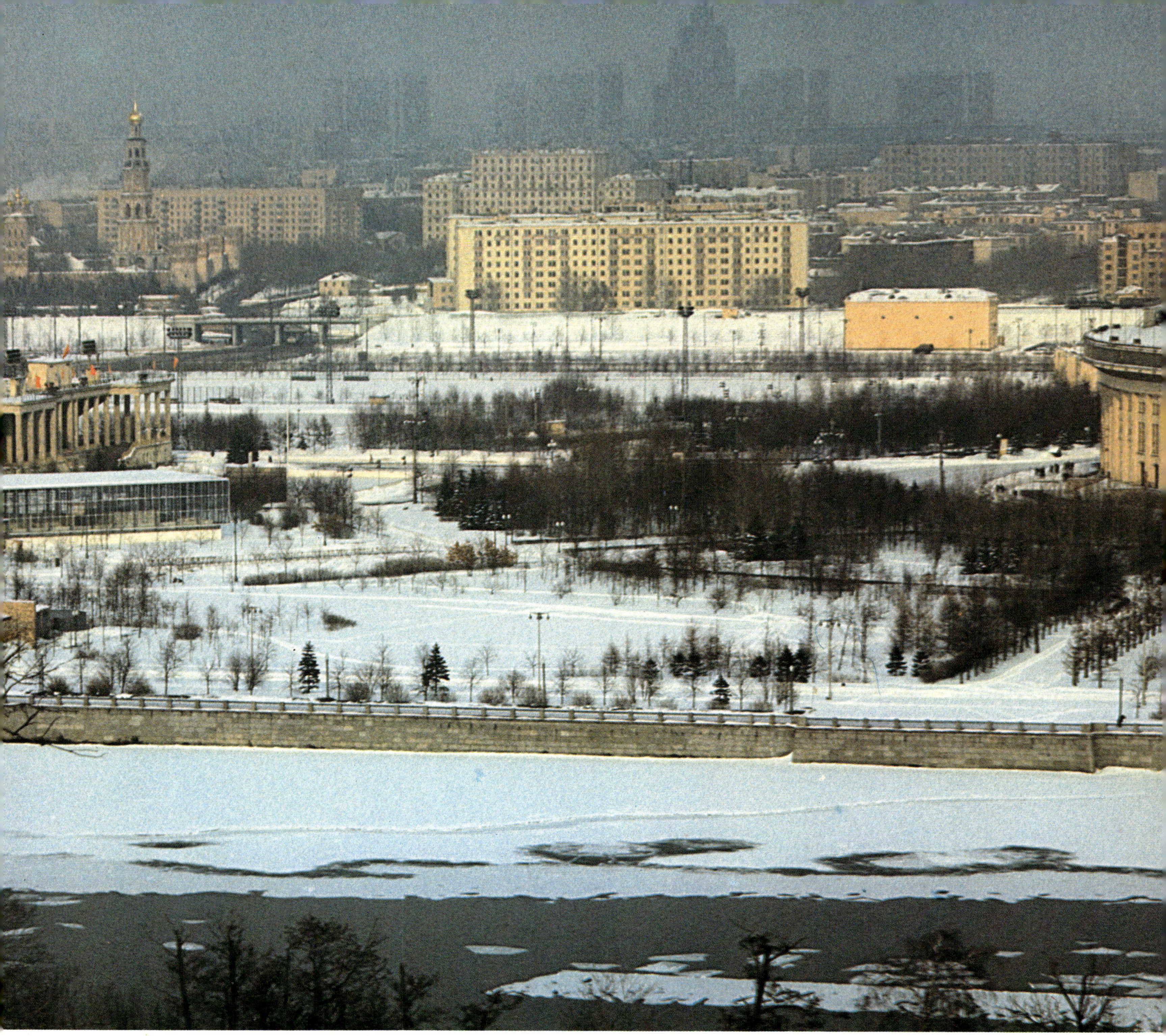
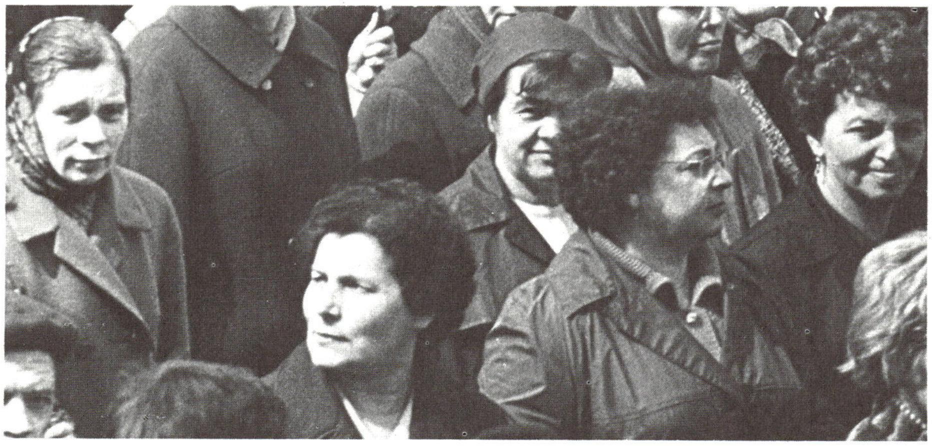

168 + 169 Winterbau
Auch bei 15 und 20 Grad Kälte, ebenso an Samstagen und manchmal in Schichten, wird auf russischen Baustellen weitergearbeitet. 90 von Hundert aller Wohnblocks werden aus vorgefertigten Teilen montiert. Im zaristischen Rußland gab es nur 29 Städte mit mehr als 100 000 Einwohnern; 1966 lebten dagegen in 192 Großstädten über 65 Millionen Menschen.

Arbeitsbedingungen in der Industrie:
Für einen Außenstehenden ist es nahezu unmöglich, sich ein
richtiges Bild über die Arbeitsverhältnisse in der Sowjetunion zu machen.
Der russische Journalist Leonid Wladimirow mußte nach seiner
Inhaftierung einige Jahre in einer Fabrik arbeiten und schildert seine
Erlebnisse:
»Alle halbe Jahre erfolgt in jedem sowjetischen Betrieb eine sogenannte
Normenrevision. Das kann für die Verantwortlichen eine sehr schmerzliche
Angelegenheit sein, da nach kommunistischer These sämtliche
Unternehmen ihre Produktivität ständig zu steigern haben. Gemäß dieser
These hat die Steigerung der Produktivität schneller vor sich zu gehen
als die der Löhne. Um nun die tatsächlichen Verhältnisse den dialektischen
Forderungen der offiziellen Theorie anpassen zu können, wird die Norm
halbjährlich erhöht, während die Entlohnung demgegenüber sinkt.
Auf diese Weise also steigert man die Arbeitsproduktivität im Verhältnis
zu den Löhnen...«
Weiter berichtet Wladimirow über die Praktiken, wie in dem
überorganisierten Staatsbetrieb Mittel für nicht vorgesehene Posten
freigemacht werden können: »Die Geheimfonds, die bei solchen
[kleinen Normen-] Betrügereien zustande kommen, sind das Öl,
das die Wogen der Produktionsschwankungen in vielen sowjetischen
Betrieben glättet. Solche Fonds werden auch für die Bezahlung der vielen
Sonderleistungen benützt, die im Leistungslohnsystem nicht vorgesehen
sind. So ist zum Beispiel der Transport der einzelnen Teile innerhalb
des Werkes im Produktionsplan nicht berücksichtigt. Wer soll nun im
Rahmen der Leistungsentlohnung diese zeitraubende Arbeit machen,
für die es ja keine Bezahlung gibt? Hier kann nur der Geheimfond
einen Arbeiter dazu bringen, zumindest kurzfristig seine reguläre Arbeit
im Stich zu lassen... Etwas zusätzliches Geld über und neben dem
normalen Verdienst zu bekommen, ist in der Sowjetunion zu einer Art
Volkssport geworden, und es gibt genug Leute, die es ausgezeichnet
verstehen, die verschiedenen Vorschriften — und zwar mit beachtlichem
Gewinn — zu umgehen...«
»... Auf keinen Fall aber fühlt der Durchschnittsrusse, der auf der
untersten Stufe steht, Neid oder Groll gegenüber jenen, die auf der
sozialen Stufenleiter über ihm stehen. Eher wird er beachtlichen Respekt
für die Fähigkeiten oder die Verdienste des Betreffenden empfinden,
die es diesem Mann erlaubt haben, eine solche Stufe zu erreichen
und ein so gutes Leben zu führen. Der Russe bewundert Leistungen
und mißgönnt niemandem augenscheinliche und sogar verschwenderische
Entlohnung...«
Typisch ist auch eine schüchterne, ja »altmodisch« wirkende Einstellung
zum Geld: »In Rußland hatte ich immer wenig Geld und wollte immer
mehr verdienen, doch habe ich nie offen darüber gesprochen; das tut man
dort einfach nicht. Alle um mich herum litten Not, viele bedeutend mehr
als ich. Wenn jemand auch in zerrissenen Socken und Schuhen umherlief,
nie hätte er beispielsweise um eine Gehaltserhöhung gebeten...«
Das tut man einfach nicht. Der Moral-Kodex dessen, was man tut oder
nicht tut, ist im heutigen Rußland viel stärker ausgeprägt, als wir es
im Westen glauben. Während bei uns zahlreiche Aktionen auf eine
Nivellierung der gesellschaftlichen Unterschiede hinzielen, ist die
sowjetische Gesellschaft — und dazu gehört in erster Linie die Schicht
der Werktätigen — dabei, starre und bürgerliche Formen des
Zusammenlebens zu zementieren.

Kultur im Wandel

Die Sozialgeschichte der Völker der Sowjetunion des letzten halben Jahrhunderts läßt sich verstehen als eine planmäßige, von dem Willen der Staatspartei gelenkte Transformation von Kleinbauern- und Hirtenvölkern in eine moderne Industriegesellschaft. Durch die Sozialisierung der Produktionsmittel, des Bodens oder auch nomadisch gehaltener Tierherden wurde der einzelne in allen Produktionsbereichen auf den Staat, das Kollektiv als Arbeitgeber angewiesen. Der örtliche und berufliche Einsatz der Arbeitskräfte, ihre Bildung und Entlohnung konnten fortan nach den vom staatlichen Wirtschaftsplan gegebenen Richtlinien vor sich gehen. Diese gelenkte Transformation hatte anfangs die Kräfte der Beharrung in vorindustriellen Lebens- und Wirtschaftsformen gegen sich. Der Kampf der Kommunisten gegen die Religionen und ihre konfessionellen Organisationen, aber auch gegen gewisse nationale Regungen und Ideen diente auch dem Zerbrechen traditioneller Formen, die sich dem im Gewande des »Materialismus« einhergehenden Modernismus entgegenstellen.
Beim Durchsetzen der wissenschaftlich-technischen Allgemeinbildung konnte aber der Sowjetstaat — ganz ähnlich wie die Habsburger Monarchie in der Aufklärungszeit — die Existenz der zahlreichen nicht-russischen Nationen nicht aufheben, so wie es der späte Zarismus unternommen hatte. Man tat das Gegenteil: indem man allen Völkern, auch den kleinsten Volksgruppen, die bis dahin nicht einmal ein eigenes Alphabet besaßen, die industrielle Zivilisation in ihren Muttersprachen vermittelte. Gleichzeitig wurde durch die Schulen und den Militärdienst das Russische als herrschende Hochsprache im ganzen Staatsgebiet durchgesetzt.
Trotz der Uniformität und eines gewissen Konformismus, wie ihn schon Arbeitskleidung und Arbeitsverhalten in der industriellen Gesellschaft mit sich bringen, haben sich bei den Völkern des ehemaligen russischen Kolonialimperiums alte Kulturen und Wertvorstellungen im neuen Gewand behauptet. Gewisse Produktionsweisen, wie beispielsweise Baumwoll-Bewässerungsanbau bei den Usbeken, die Kultur von Citrusfrüchten und Wein bei den Georgiern, das kleingewerbliche Geschick bei den Esten tragen zur Behauptung der nationalen Eigenarten bei.
Bei der Bildung eines der industriellen Transformation dienlichen Bewußtseins hat die Sowjetmacht von Anbeginn die modernen Kommunikationsmittel vorrangig eingesetzt. Sie ergänzen wirkungsvoll das gedruckte Wort, das hier, wie kaum anderswo in der Welt, in den Dienst der Fortbildung, der ideellen Ausrichtung und auch der Freizeitgestaltung gestellt wird. Bildungsbewußtsein ersetzt so bei den

Sowjetbürgern zu einem guten Teil die materiellen Güter der technischen Zivilisation, mit denen sie bisher so sichtbar unterversorgt geblieben sind. Über 80% der Bevölkerung der Sowjetunion sind nach der Revolution geboren, d. h. sie kennen den vielgeschmähten Kapitalismus nicht aus eigener Erfahrung. Ihr Blick ist ganz auf die Vollendung des Kommunismus gerichtet, die Chruschtschow seinerzeit für 1980 vorausgesagt hatte. Heute ist die Partei freilich zurückhaltend mit derartigen Terminen. In den zahlreichen Kundgebungen zum 50. Jahrestag der Großen Oktoberrevolution wird kein Zeitplan mehr aufgestellt. Wichtig allein ist, daß das Volk an dieses Endziel als solches glaubt.

Die kommunistische Gesellschaft soll nicht nur materielle Wohlfahrt für alle bedeuten, sondern einen neuen Menschen hervorbringen, der die Erfüllung seines individuellen Daseins in der Kultur der Gemeinschaft findet. Diese Aufgabe wurde in allen Bereichen des kulturellen Lebens von Anfang an gestellt. Nach dem radikalen Bruch mit dem Althergebrachten in der russischen Revolution von 1917 begab man sich zunächst auf den Weg von Experimenten. In der bildenden Kunst und Architektur war man anfangs modernistisch, abstrakt, konstruktivistisch (V. Tatlin, K. Malevic u. a.) so, wie es schon die frühen russischen Expressionisten (Jewlenski, Kadinski) vorgezeichnet hatten. Mit dem Beginn der Fünfjahrespläne und der Kollektivierung setzte parteiamtliche Disziplinierung und Ideologisierung auch aller künstlerischen Äußerungen ein, wurde das gesamte kulturelle Leben durch ZK-Beschluß »Über die Umgestaltung der literarisch-künstlerischen Institutionen« einheitlich auf die Staatsdoktrin (»Marxismus-Leninismus«) ausgerichtet. Hauptziel war es nun, die Kunst weitesten Bevölkerungskreisen zugänglich zu machen. Der »sozialistische Realismus« wurde für das gesamte Kunstschaffen in der Sowjetunion zu einem Leitmotiv, dem noch heute absolute Gültigkeit zukommt. Die Schriftstellerin Anna Karavaeva, die durch ihre Novellen und Romane über den sozialistischen Aufbau bekannt geworden ist, hat ihn als »eine Methode der fortschrittlichen Verallgemeinerung der Wirklichkeit« definiert.

Das dem russischen Volk angeborene große Interesse für Literatur ist durch die erreichte Allgemeinbildung noch intensiver geworden. Die Sowjetunion rühmt sich, das Land mit der größten Buchproduktion der Welt zu sein: jährlich erscheinen etwa 80 000 Titel in einer Gesamtauflage von 1,3 Mrd. Exemplaren, von denen allerdings die Parteipublizistik etwa 30 % ausmacht. Auch ausländisches Schrifttum erscheint in Übersetzungen, freilich nach einer strengen Auswahl.

In der Architektur lag das Schwergewicht zunächst auf zweckgerichtetem Wohnungs- und Industriebau, Mitte der dreißiger Jahre bildete sich ein besonderer Stil für öffentliche Bauten heraus, der ähnlich wie die gleichzeitige Plastik das Monumentale übersteigerte. Dieser, der Stalinzeit eigentümliche, »Zuckerbäckerstil« war, nicht unähnlich dem bürgerlichen Repräsentationsstil des Spätkapitalismus, ein Rückgriff auf den Klassizismus, der nun mit Verzierungen überladen und ebenso für reine Repräsentationsbauten wie für Wohnhäuser, Anlegeplätze an Flüssen, Metro-Stationen und Verwaltungsgebäude angewandt wurde. Seit Mitte der fünfziger Jahre dominiert eine sachliche Bauweise, die sich durchaus an gleichzeitige westliche Entwicklungen anlehnt.

Am besten ist der Westen wohl mit der heutigen Musik der Sowjetunion vertraut. Dmitrij Schostakowitsch, Sergej Prokofjew und Aram Chatschaturjan, sind als ihre bedeutenden Repräsentanten allgemein bekannt; ihre Werke gehören zum Repertoir in der ganzen Welt. Weltberühmt sind sowjetische Interpreten wie z. B. Vater und Sohn

Ojstrach, Swjatoslaw Richter, Rostropowitsch u. a. Die Musik knüpfte nach anfänglichem Dominieren des »Massenschaffens« (revolutionäre Lieder und Hymnen) zu Beginn der dreißiger Jahre, an die russische symphonische Tradition wieder an. Die Volksmusik der Nationalitäten wird ganz besonders gefördert. Davon zeugen die vielen hundert staatlichen Chöre, Musik- und Tanzensembles. In der Sowjetunion gibt es mehr als ein halbes Hundert Philharmonien (von denen die Moskauer und Leningrader Weltberühmtheit erlangt haben), ferner nahezu zwei Dutzend Rundfunkorchester. Theater, Oper und Ballett waren in der Sowjetunion stets bemüht, die große russische Tradition zu waren, wenn auch die politische Doktrin immer wieder ihre »Zeitnähe« forderte. K. Stanislawski und seine Schüler E. Wachtangow und V. Meierhold haben dem sowjetischen Theater die Form gegeben. Neben klassischen Stücken, die beim theaterfreudigen sowjetischen Publikum nach wie vor große Beliebtheit genießen, werden immer mehr auch »Zeitstücke« aufgeführt. Sie verherrlichen die Revolution mit ihren Errungenschaften, das Leben auf den Kolchosen und dergleichen mehr. Seit dem Zweiten Weltkrieg, in dem der früher als Hindernis für den angestrebten Internationalismus verpönte Patriotismus wieder zum Leben erweckt wurde, kommen auch Schauspiele mit patriotischen Themen zur Aufführung. So gewann auch im modernen Theaterschaffen das »Illusionstheater« die Überhand.
Den Hauptanteil am Repertoire der Oper in der Sowjetunion haben die klassischen Aufführungen der Komponisten Glinka, Mussorgski. Rimski-Korsakow und Tschaikowski sowie die europäischen Opern; zu den bevorzugten Gegenwartskomponisten gehören Prokofjew und Schostakowitsch. Für Oper und Ballett unter dem Sowjetregime mag eine Formulierung der Prima Ballerina Assoluta Galina Ulanowa gelten, die zugleich typisch für die offizielle Auffassung ist: »Das sowjetische Ballett ist für das Volk da ... Die schöne graziöse Form des klassischen Tanzes muß einen neuen Inhalt bekommen ... Das Neue in der Kunst und folglich auch im Ballett ist all das, was unserer Weltanschauung und unserem Streben entspricht, was unserem Kampf nützt und uns den großen Zielen näherbringt«. Die realistische Auffassung des Lebens bildet also auch die Grundlage des Balletts. Die neuen, politisch inspirierten Werke haben aber die Standardwerke der Zarenzeit nicht überflüssig machen können. Das sowjetische Ballett zählt zur Spitzenklasse der Welt.
Lenin hat den Film als die wichtigste aller Künste bezeichnet. Ohne Zweifel war und ist er für die Bewußtseinsbildung des Sowjetbürgers von größter Bedeutung. In den zwanziger Jahren haben Sergej Eisenstein (»Panzerkreuzer Potemkin«), W. Pudowkin u. a. durch kühne Montagen und Perspektiven den sowjetischen Revolutionsfilm geschaffen, der der Sowjetunion den Ruf einer der großen Bahnbrecher in der Filmgeschichte verliehen hat. Aber auch diese gelungenen Schritte eines gewagten kritischen Realismus wurden durch den sozialistischen Realismus abgelöst, der den positiven Helden in den Mittelpunkt stellte. Von den dreißiger Jahren an beherrschten zeitgeschichtliche Themen die Filmleinwand, mit dem Stalinschen Personenkult schließlich wurde das Filmschaffen geradezu schablonenhaft. Heute werden wieder mehr künstlerische Themen behandelt, was u. a. das Verdienst der Regisseure M. Kalatosow und G. Tschuchraj ist, die den sowjetischen Film aus der Starrheit des Personenkults und der Verherrlichung des Regimes befreiten. Eine Zahl soll die Bedeutung des sowjetischen Films charakterisieren: 1965 gab es in der Sowjetunion über 145 000 Filmtheater (einschließlich der fahrbaren Anlagen), die über 4 Mrd. Besucher registrierten.

Jeder moderne Staat muß über ein gut funktionierendes System von Rundfunk, Presse und Fernsehen verfügen. Besonders gilt dies für ein Riesenreich wie die Sowjetunion, für das der tägliche, ja stündliche Kontakt zu seinen Bürgern von eminent politischer Bedeutung ist. Das staatliche Kommunikationssystem der Sowjetunion, das keine Rücksicht auf partikulare Interessen zu nehmen braucht, erfüllt diese Aufgabe in jeder Hinsicht. Lenin bezeichnete einmal den Rundfunk als die »Zeitung ohne Papier und Entfernungen«; er war sich seiner wichtigen Funktion wohl bewußt, die er beim Aufbau der sozialistischen Gesellschaft zu erfüllen vermochte. 1922 wurde in Moskau der erste Sender in Betrieb genommen, heute umspannt ein gewaltiges Netz von Rundfunkstationen das ganze Territorium und erreicht die entlegensten Punkte. Über 70 Millionen Rundfunkgeräte und Anschlüsse zählt man heute, und die Jahresproduktion erreichte 1968 (einschließlich Plattenspielern) 7 Millionen Stück.

Das kommunistische Pressewesen geht auf die eigene Tradition des 19. Jahrhunderts zurück. Damals entstand eine »fortschrittliche, demokratische« und eine »revolutionäre Arbeiterpresse«. 1900 gründete Lenin die sozialistische Exilzeitschrift »Iskra« (Der Funke), die er persönlich in den ersten drei Jahren in Leipzig und München redigierte. Nach der Revolution und der Verstaatlichung des gesamten Verlagswesens wurde binnen kurzer Zeit eine Massenpresse, eine Presse neuen Typus, die parteiliche Sowjetpresse geschaffen, die in den Sprachen aller Völker der Sowjetunion erscheint und eine wirksame ideologische Waffe der KPdSU darstellt. Die bei uns bekannten Tageszeitungen »Prawda« (Wahrheit), das offizielle Parteiorgan, und »Iswestija« (Nachrichten), das Regierungsorgan, gehören zu den auflagestärksten der Weltpresse. 1965 gab es in der Sowjetunion 7 700 verschiedene Zeitungen und 4 000 Zeitschriften, die mit einer Gesamtauflage von ca. 200 Mill. Exemplaren erschienen. In ihrem äußeren Bild unterscheiden sich die sowjetischen Zeitungen erheblich von den westlichen. Die Zeitungen aller Orte sind sich in Form und Inhalt ziemlich ähnlich. Der Umfang ist wesentlich geringer, in der Regel 4–6 Seiten, Themen, die abseits von Politik und Propaganda liegen, wie z. B. Berichte über Verbrechen, unpolitische Tagesereignisse, Inserate usw. sind kaum zu finden.

Wie auch im Westen hat in der Sowjetunion das Fernsehen das Familien- und Alltagsleben sehr verändert. Typisch für das sowjetische Stadtbild ist der riesige Antennenwald, denn Gemeinschaftsantennen sind noch nicht sehr verbreitet und selbst die ärmlichsten Holzhäuser sind mit Antennen bestückt. Die Sowjetunion verfügt heute über 121 Fernsehzentralen; Moskau sendet drei Programme, davon das dritte als Bildungsprogramm. Sonst besitzen die Sender in der Regel nur einen Kanal. Im Verhältnis zu anderen technischen Erzeugnissen sind die Fernsehapparate in der Sowjetunion relativ preiswert, und die Industrie ist sehr bemüht, ihre Produktion weiter zu steigern. 1960 gab es in der Sowjetunion 3 915 000 Geräte, d. h. 1,8 auf 100 Einwohner; 1967 bereits hatte sich dieses Verhältnis auf 9,6 je 100 Einwohner erhöht (17 Millionen Apparate). 1970 sollen doppelt so viel Fernseher produziert werden wie 1965, das Ziel ist 4 Mill. Apparate pro Jahr.

Mit Zahlen kann freilich nur die Fassade des Kulturgebäudes umrissen werden. Der Kulturwandel umfaßt alle gesellschaftlichen, politischen und wirtschaftlichen Verhältnisse, die aus der sozialistischen Methode der Industrialisierung hervorgegangen sind.

In der Sowjetunion hat sich die Gesellschaft in den 50 Jahren ihres Bestehens grundlegend umgeformt. Die Revolution 1917 war im eigentlichen Sinn des Wortes ein Umbruch, der die bisher tragende Kulturschicht eliminierte und neue Schichten nach oben brachte. Zu den stolzesten Sowjetbürgern gehören die junge technische Elite und die Industriearbeiter, die sich als Sowjetbürger erster Klasse betrachten.
Die Umschichtung der Gesellschaft sollen einige Zahlen illustrieren: Seit 1917 hat sich die Stadtbevölkerung um 100 Mio. Menschen vermehrt, 1913 betrug die Zahl der Arbeiter und Angestellten 11,4 Mio. bei einer Gesamtbevölkerung von 159 Mio., 1968 zählte man 85,1 Mio. Arbeiter und Angestellte bei 237 Mio. Einwohnern. Während 1913 nur 28,1 Mio. Menschen in der Stadt wohnten, waren es 1969 bereits 134,2 Mio. und nur 104,8 Mio. lebten auf dem Lande. Der Ausgleich der Unterschiede zwischen Stadt und Land, für die Staatsführung so wichtig zur Herausbildung eines einheitlichen Bewußtseins ihrer Bürger, war durch den Industrialisierungsprozeß also nur zum Teil erreicht. Eine der Lieblingsideen Chruschtschows, durch die Schaffung von sogenannten Agrostädten den Kolchosbauern in seinen Lebensbedingungen dem Industriearbeiter anzunähern, blieb bisher Zukunftsmusik.
Ähnliche Bestrebungen liegen der sowjetischen Nationalitätenpolitik zugrunde. Wohl überwiegt die slawische Bevölkerungsgruppe mit 76 % der Gesamtbevölkerung, von denen die Russen allein etwa 55 % ausmachen, doch leben in der Sowjetunion über hundert Nationalitäten und Volksstämme, die alle einer einheitlichen Staatsidee unterworfen werden müssen. Die Nationalitätenpolitik hat ihre Verdienste: ethnische Gruppen wurden vor ihrem Untergang bewahrt, vielen Völkerschaften wurde erstmals eine eigene Schrift gegeben, ihre Sprache wurde gerettet, doch alles mit dem erklärten Ziel der »Liquidierung nationalistischer Erscheinungen« und der Schaffung einer sozialistischen Nation.
Die Völker der Sowjetunion sollten wohl national in der Form, aber sozialistisch in ihrer Ausrichtung sein.
Die Sowjetunion kann eindrucksvolle Statistiken über das Bildungswesen aufweisen, und beim Zusammentreffen mit Sowjetbürgern spürt man einen berechtigten Stolz über diese Errungenschaften. Für den Russen ist Bildung sowohl in nationaler als auch internationaler Hinsicht von größter Bedeutung, allerorten stößt man auf Begeisterung für Bildung und Kultur. Im Schulwesen hat man lange Zeit nach neuen Formen gesucht und experimentiert, erst 1934 war seine Organisation im wesentlichen abgeschlossen: unter staatlicher Lenkung erfaßt es die Jugend schon im Vorschulalter in den Kinderkrippen und Kindergärten. Die Lehrpläne sind für alle Schulen einheitlich, Lehrer ist ein geachteter Berufsstand, der auf Staatskosten ständig fortgebildet wird.
An den Hochschulen bilden die Gesellschaftswissenschaften (Philosophie, politische Ökonomie, Marxismus-Leninismus) die Grundlage, denn es soll nicht nur Niveau vermittelt, sondern der Mensch auch sozialistisch erzogen werden. Allein in den Jahren 1960—69 sind die Ausgaben für Wissenschaft, Forschung und Bildungswesen um mehr als das Doppelte von 10,3 auf 23,2 Mrd. Rubel gestiegen. Das sowjetische Bildungswesen kann sich des Erfolges rühmen, das Analphabetentum, das vor der Revolution noch 75 % betrug, praktisch beseitigt zu haben.
Die Leistung der politischen Führung der Sowjetunion, das Land in fünfzig Jahren — verglichen mit der Entwicklung Westeuropas geradezu im Zeitraffertempo — zu industrialisieren, verdeckt vielfach den Blick auf die notwendig damit verbundenen sozialen Probleme. Die Transformation eines Volkes rückständiger Kleinbauern in eine

Industriegesellschaft führte zu außerordentlichen Opfern:
der Zwangsrekrutierung von Arbeitskräften und ihrer Kasernierung bzw. Verschickung — typisch für die Zeit vor 1950; daneben der systematischen Unterprivilegierung zweier sozialer Gruppen: der Kolchosbauern und der Frauen.

Diese Benachteiligung drückt sich in niedrigerer Entlohnung für beide Gruppen aus; das Geldeinkommen aus der Arbeit im Kolchos liegt heute bei etwa der Hälfte des durchschnittlichen Lohneinkommens eines Industriearbeiters, ergänzt freilich durch die mitunter beträchtlichen Einnahmen, die aus dem Verkauf von Produkten der privaten Nebenwirtschaft erzielt werden.

Die Frauen sind auch heute noch benachteiligt, zumindest im Hinblick auf ihre Chancen, die obersten Positionen der Berufs- und Beschäftigungshierarchie zu erreichen. Ihre Bildungschancen sind in ländlichen Gegenden am niedrigsten. Das bemerkenswerte Vordringen der Frauen in früher rein männliche Domänen (Lehrer, Arzt, Ingenieur) muß auch in Beziehung gesetzt werden zu den außerordentlich hohen Verlusten der männlichen Bevölkerung während des Zweiten Weltkrieges (im Gesundheitswesen z. B. sind 85 v. H. aller Beschäftigten Frauen, im Bildungs- und Kulturbereich 72 v. H.).

Schon wegen der hohen Lebenshaltungskosten für Kleidung, vor allem aber für dauerhafte Konsumgüter sind die Frauen in der Regel gezwungen zu arbeiten. Dazu kommt die traditionale Einstellung der Männer gegenüber häuslicher Arbeit und die lähmende Ineffizienz des sowjetischen Einzelhandels. Im Ergebnis ist die sowjetische Frau bis an die Grenze der physischen Leistungsfähigkeit belastet.

Damit ist auch bereits ein Indiz für die Hartnäckigkeit vorindustrieller Verhaltensweisen genannt — der langsamen Angleichung der Lebensbedingungen zwischen Stadt und Land, dem Übergang zur industriellen Produktionsweise in der Landwirtschaft und dem praktisch unkontrollierbar gewordenen Zuzug in die Städte zum Trotz. Andererseits ist die traditionelle Großfamilie im Zurückgehen, in ländlichen Regionen überwiegt sogar die matriarchalische Familienstruktur, was wiederum auf die Abwanderung männlicher Arbeitskräfte in die Industriezentren zurückgeht. Die religiös-traditionell bedingte Benachteiligung der Frau in den zentralasiatischen (moslemischen) Republiken ist freilich noch schwieriger abzubauen; hier wurden indes bemerkenswerte Erfolge erzielt.

Die Entwicklung zur modernen »Massengesellschaft« hat zusammen mit der Verkürzung der Arbeitszeit (sie beträgt für den sowjetischen Industriearbeiter gegenwärtig 40,7 Stunden wöchentlich) auch in der UdSSR die mit der Freizeit verbundenen Probleme gebracht, die heute, wie schon seit langem in den westlichen Industriestaaten, zum Gegenstand eingehender soziologischer Untersuchungen geworden sind. Jugendkriminalität und Alkoholismus (die Einführung der Fünftagewoche hatte beispielsweise einen sprunghaften Anstieg des Wodka-Konsums zur Folge!) sind nur extreme Symptome neben anderen für die Vielzahl von Mängeln z. B. in der sowjetischen Städteplanung, im Angebot an Freizeitaktivitäten, usf. Aber auch die sowjetische Sozialwissenschaft hat erkannt, daß von der Intensität sozial- und kulturpolitischer Bemühungen des Staates die Leistungsbereitschaft seiner Bürger nicht unbeeinflußt bleibt. Hierin liegt die Chance für eine auch in der Zukunft stetige Verbesserung der Lebensbedingungen.

Große Städte, Kultur und Sport

Über kaum ein Thema sind so viel widersprüchliche Berichte veröffentlicht worden, wie über die sowjetischen Wohnverhältnisse. Eine neuere russische Statistik führt an: »Die UdSSR hält pro Kopf der Bevölkerung die Spitzenposition beim Wohnungsbau. 1965 wurden pro tausend Menschen 9,6 Wohnungen gebaut, gegenüber 7,9 in den USA und 7,3 in Großbritannien«, und die Veröffentlichung fährt weiter fort: » . . . das Ausmaß des Bauvolumens beweist, daß die UdSSR das Wohnungsproblem gelöst hat, denn von 1961 bis 1965 wurden alleine 11,5 Millionen Wohnungen gebaut, und mehr als 54 Millionen Bürger konnten neue Wohnungen beziehen oder ihre Wohnverhältnisse verbessern . . .«
Vergleicht man diesen optimistischen sowjetischen Bericht, der »das Wohnungsproblem als gelöst ansieht«, mit einem Schweizer Report, so bietet sich das gleiche Problem negativ dar: »Ein halbes Jahrhundert nach der kommunistischen Revolution herrschen für fast die Hälfte der Bevölkerung noch Wohnverhältnisse, wie sie in Deutschland und England vor 125 Jahren Karl Marx entsetzten. Ganze Familien leben zusammengepfercht in einem Zimmer. Wachsende Trunksucht und Jugendkriminalität und zunehmender Geburtenrückgang sind zu einem großen Teil auf die Enge im Heim zurückzuführen. Seit fünfzehn Jahren unternimmt die Regierung *große Anstrengungen,* um die Wohnungsnot zu lindern, nachdem sie bis dahin den Wohnbau zugunsten der Industrialisierung und der Rüstung vernachlässigt hatte . . . Kein Land baut gegenwärtig so viele Wohnungen . . .«
Eine Analyse bringt zur Zeit folgende Erkenntnisse: Nach Revolution und Bürgerkrieg waren die Wohnverhältnisse in Rußland katastrophal. Die Sowjets behandelten neben der Industrialisierung besonders das Hochschulwesen mit Vorrang, so daß sich der Wohnbedarf infolge der raschen Bevölkerungszunahme nicht wesentlich verringerte. Der Zweite Weltkrieg verwüstete den europäischen Teil der UdSSR, und der Wiederaufbau mußte in vielen Städten von vorne anfangen. Heute hat die Sowjetunion, nach dem erwähnten Schweizer Report, neben der Schweiz und der Bundesrepublik die größte Bautätigkeit in Europa. Aber die Wohnungen sind im Durchschnitt mit 45 Quadratmetern wesentlich kleiner als die unsrigen mit 80 Quadratmetern: Die durchschnittliche Wohnfläche beträgt daher in der UdSSR pro Kopf nur acht gegenüber 19 Quadratmetern in der Bundesrepublik.

170 + 171 Ordschonikidse
Von 1784 bis 1932 hieß das Städtchen Wladikawkas — und unter diesem Namen wurde diese Festungsstadt am nördlichen Kaukasus durch zahlreiche Erzählungen bekannt. Puschkin, Gribojedow, Lermontow und Gorki machten in Wladikawkas Station und berichteten über die romantische Garnisonsstadt mit ihren Offizieren und Reisenden bis heute ihren alten Charme bewahrt hat.

172 Moskauer Stilepochen ▶
Zur Zeit der Revolution, 1917, bestand Moskau noch zu zwei Dritteln aus Holzhäusern; nur rund drei Prozent aller Gebäude besaßen mehr als drei Stockwerke. Der kommunistische Aufbau im Stadtkern vollzog sich nach den Regeln der Parteilinie und läßt heute die verschiedenen Auffassungen der Architektur von den zwanziger Jahren bis zum Sozialistischen Realismus der Gegenwart erkennen.

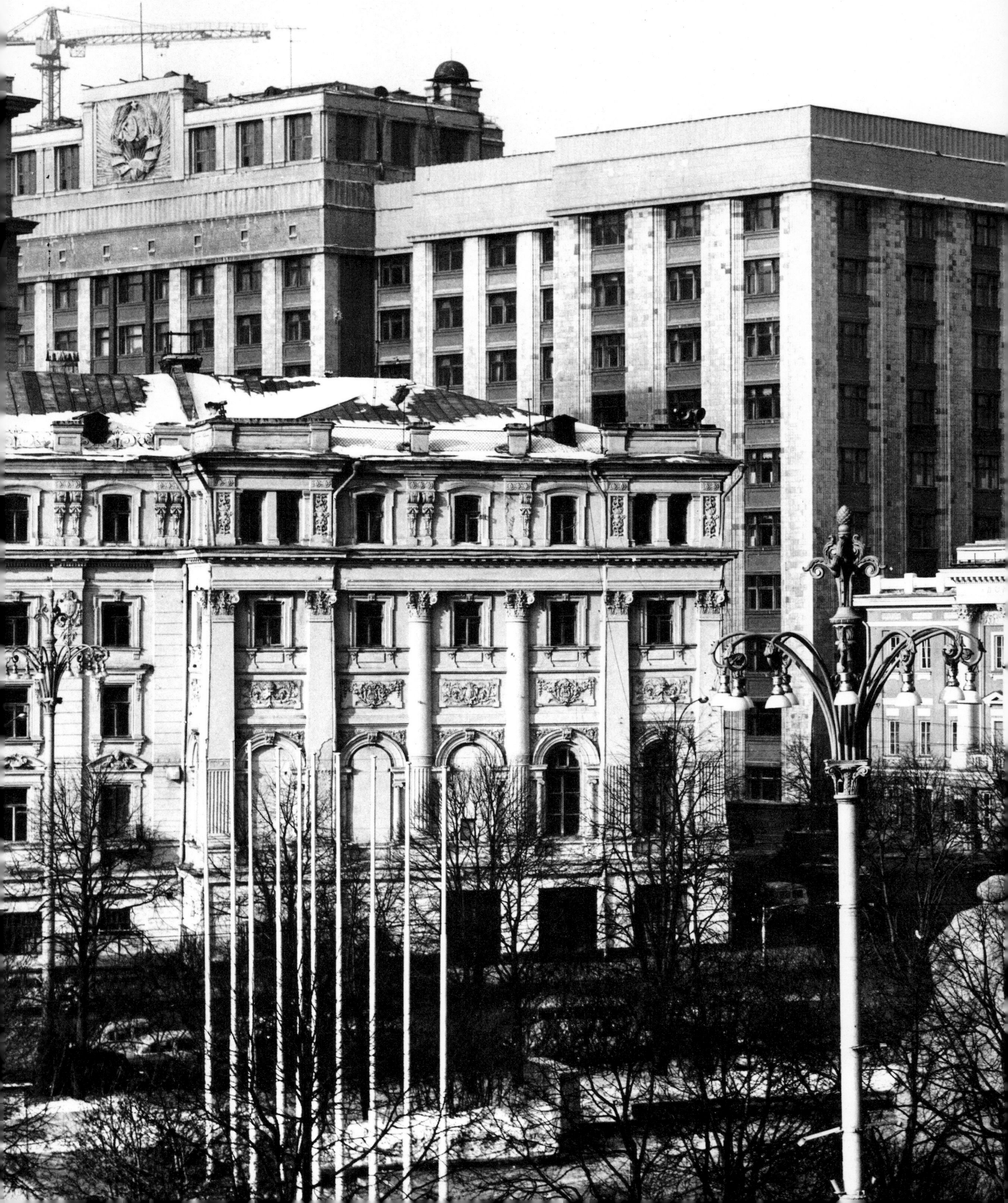

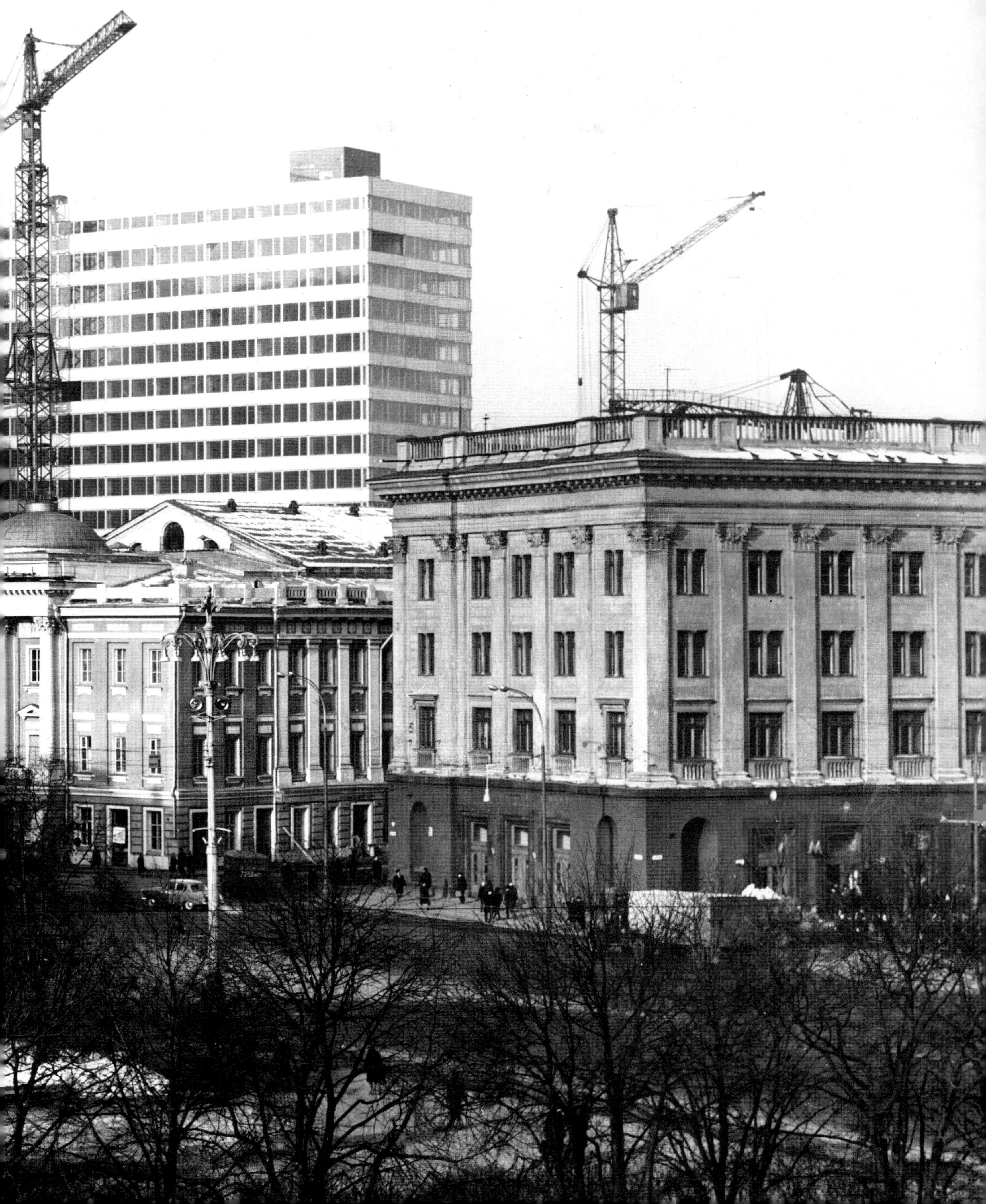

173 Das »Neue Arbat« in Moskau
Das gutbürgerliche Wohnviertel
Arbat, in dem zahlreiche
Adelshäuser standen, wird jetzt
durch eine achtzig Meter breite,
kreuzungsfreie Schnellstraße
durchschnitten. Hier im »Neuen
Arbat« stehen Bürohäuser mit
einer Höhe bis zu 26 Stockwerken,
hier ist das modernste
Restaurant, in dem abends
Serviererinnen mit kleinen Wagen
zu den Tischen fahren und Whisky,

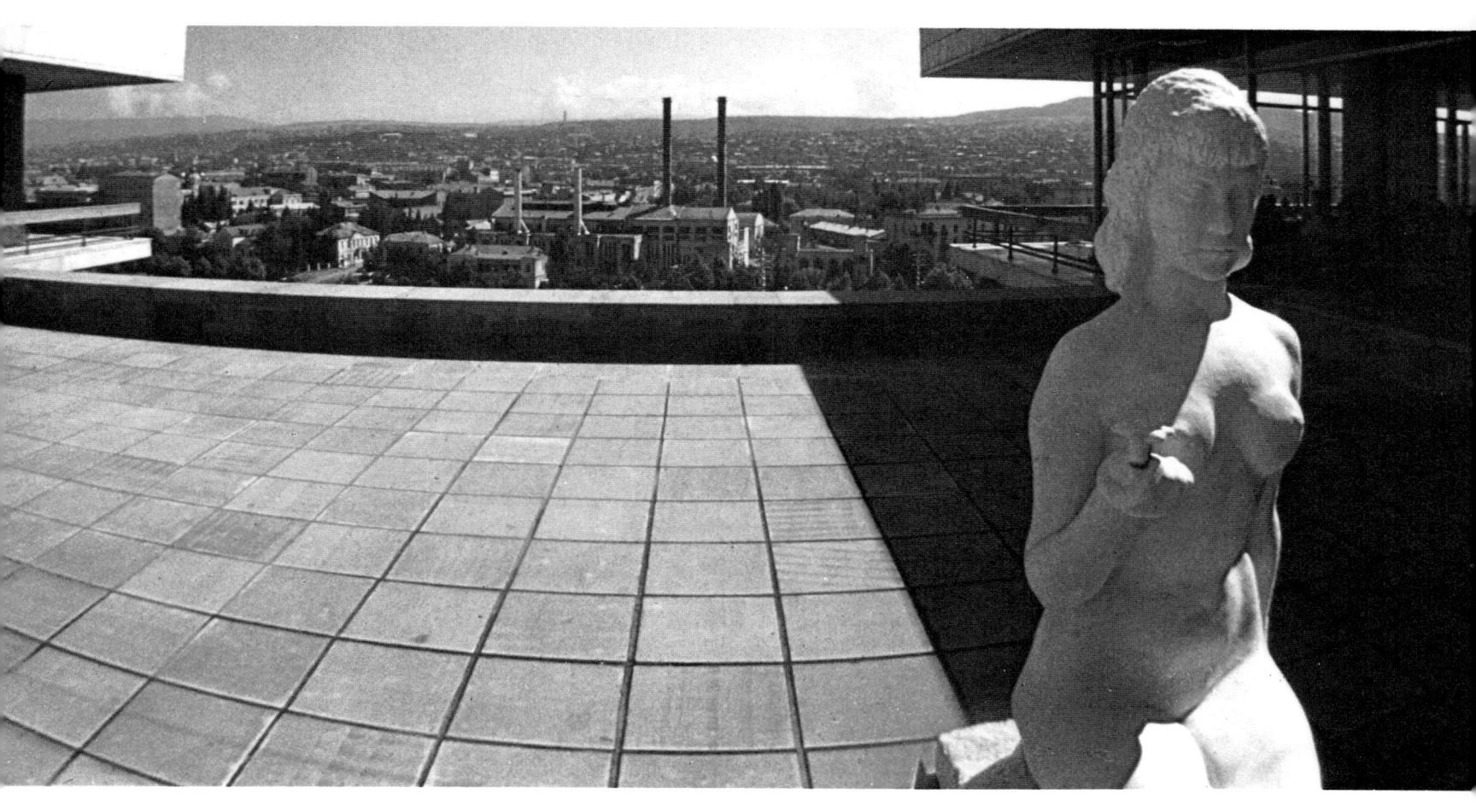

französisches Parfum und amerikanische Zigaretten anbieten — für die Sowjetunion bedeuten diese Neuerungen des »Service« eine echte Sensation. Denn bisher mußte der Russe lange Wartezeiten und schleppende Bedienung in den Restaurants geduldig ertragen.

174 Modernes Tbilissi
Der Zuckerbäckerstil ist tot, aber erst nach Stalins Tod suchten russische Architekten und Städteplaner die »Erfahrungen« der westlichen Welt zu nutzen. Heute wird nach modernen, wenn auch sehr strengen formalen Regeln gebaut. Tbilissi, das frühere Tiflis, Hauptstadt Grusiniens, wird in Kürze eine Million Einwohner beherbergen. Die Stadt hat nach dem Anschluß an die UdSSR (1921) eine breit gefächerte Industrie erhalten. Hier werden Raumfahrtnavigationsgeräte, Maschinen für Textilverarbeitung und die verschiedensten Apparate hergestellt.
Auf der grusinischen Universität studieren derzeit etwa 15 000 Studenten, weitere 24 Fachschulen bilden den Nachwuchs für Wirtschaft und Landwirtschaft aus.

175 + 176 In Rostow am Don
Zahlreiche sowjetische und neu errichtete Großstädte wirken kühl und uniformiert, wie kasernierte Wohnmaschinen ohne Seele. Zwischen den »gemütlichen«, etwas schlampigen altrussischen Städten, die fast ganz aus Holzhäusern bestanden, und den nüchternen Neuplanungen scheint keine Verbindung zu bestehen. Alt und Neu sind wie zwei verschiedene Welten.

Rostow am Don, Odessa und einige Städte im Süden sind Ausnahmen. Breite baumgesäumte Boulevards, ein mildes Klima und der südliche Menschenschlag zaubern etwas weltstädtische Atmosphäre; abends flanieren die Jungen, in den Parks herrscht Hochbetrieb, und man vermißt als Reisender aus dem Westen nur die Straßencafés, wie man sie aus Südfrankreich kennt.

177 Zentrum Moskau
Moskau hat nun ebenfalls seine »rush-hour«: Zwischen fünf und sieben Uhr abends stauen sich die Wagen an der Marx- und Gorkistraße, dichte Fußgänger-Kolonnen schieben sich durch die Unterführungen, und die Milizionäre bemühen sich eifrig, den Verkehr in Fluß zu halten. Die Moskauer Fahrregeln sind nicht so streng wie bei uns, sie wirken beinahe etwas »orientalisch«.

178 Am Stadtrand von Simferopol
Hinter den Häusern aus Fertigbeton wachsen an den Stadträndern Siedlungen mit kleinen, oft quadratischen Bauten. Dies sind Eigenheime. Der Sowjetbürger kann Land für ein ein- oder zweistöckiges Familienhaus vom Staat pachten. Natürlich haben die Behörden durch die Vergabe des Landes einen entscheidenden Einfluß auf die Bautätigkeit. Größe und Nutzung der Häuser sind beschränkt, so daß in den meisten Städten ein Fünfzimmer-Haus die obere Grenze darstellt. Staatliche Baufirmen führen in etwa drei Monaten die Montage und Installation eines Typenhauses durch; dabei liegt der Preis mit 4 bis 8000 Rubel nicht viel höher als die Kosten für einen »Moskwitsch«-Wagen. Die Finanzierung kann dem Bauherrn durch Hypotheken von der Staatsbank erleichtert werden.

179+180 Großstadt Tbilissi
Die Geschichte des früheren georgischen Reiches ist durch zahllose Kriege und Verwüstungen geprägt. Zu den Eroberern gehörte 662 Kaiser Heraklios, 721 kamen die Araber, 828 die Chasaren, danach Perser und türkische Seldschuken, Mongolen und Choresmier, 1387 Timur-Leng und nach ihm Türken und Perser. Tbilissi entstand nach der russischen Annektion im 19. Jahrhundert.

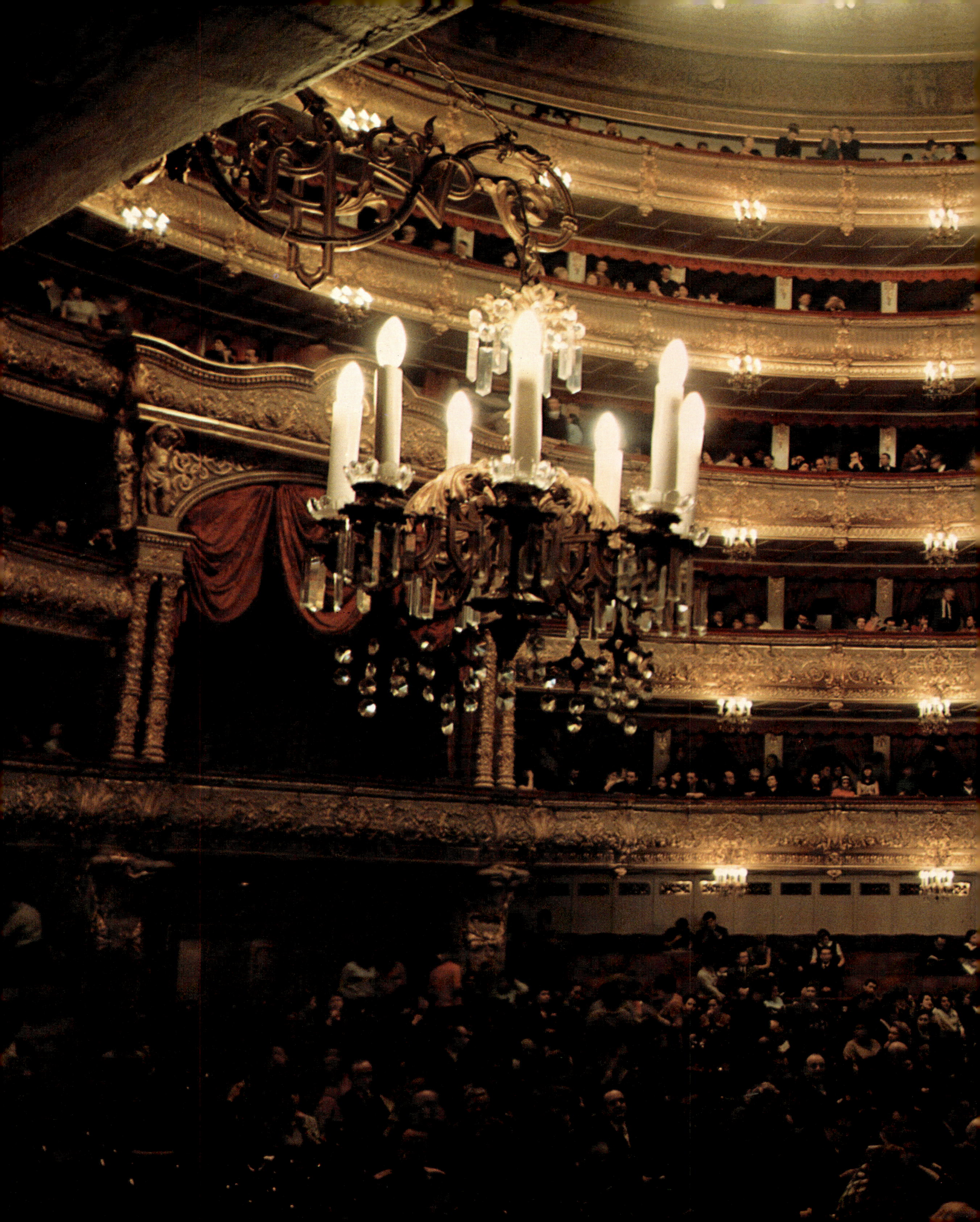

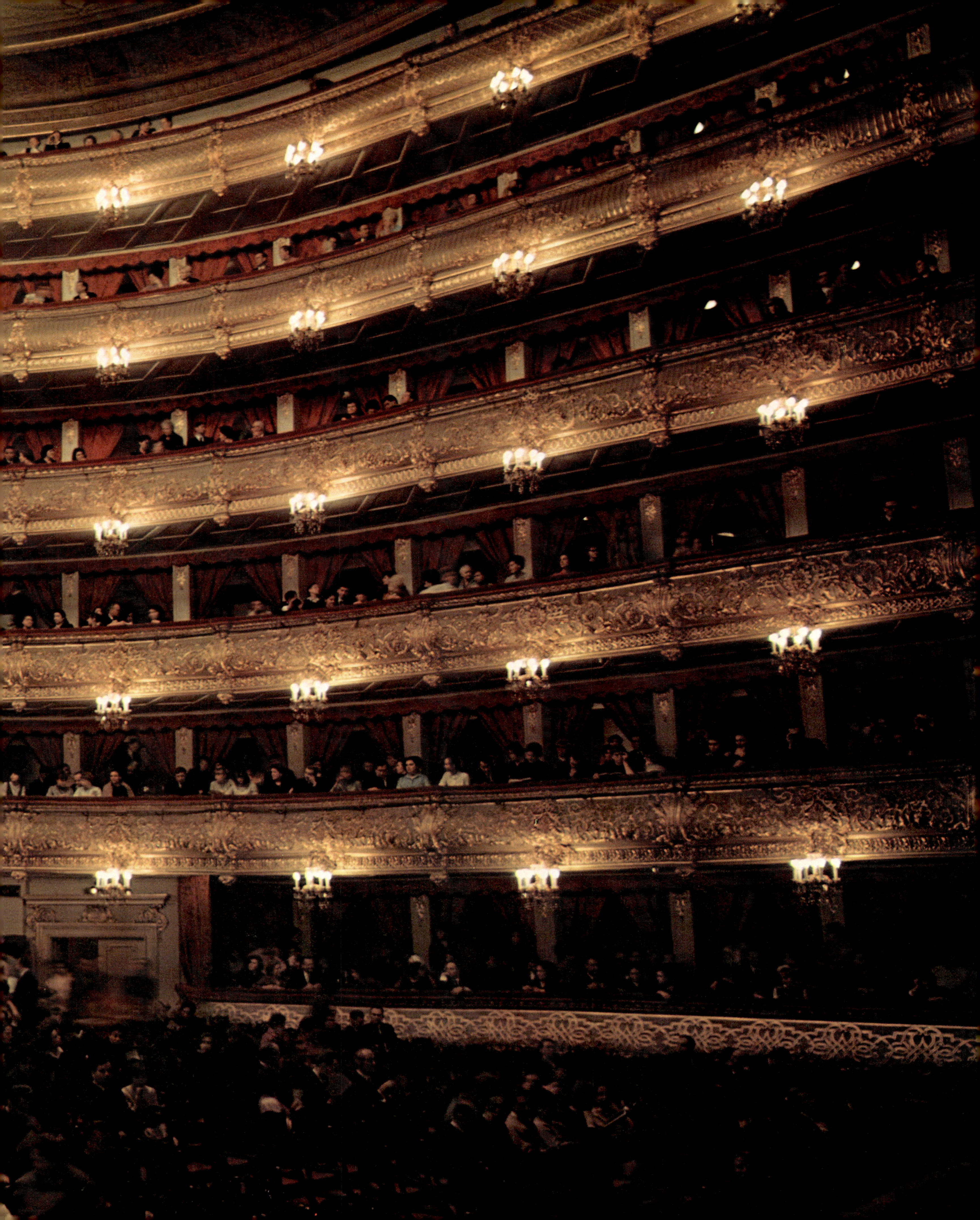

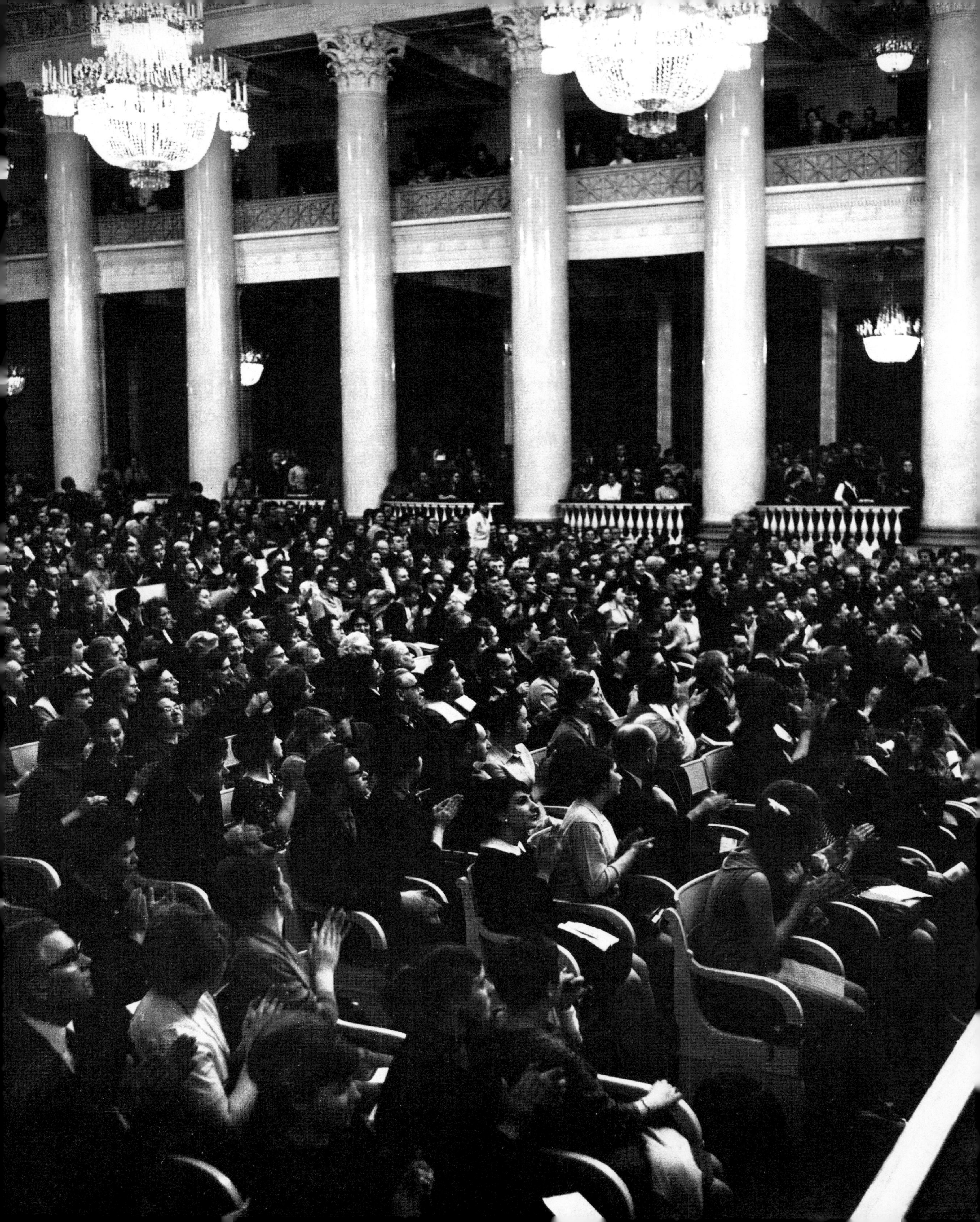

◀◀ 181   Das Bolschoi-Theater in Moskau
Mit 2200 Sitzplätzen und sechs Rängen ist das Bolschoi eines der größten Opernhäuser der Welt. Es wurde 1825 errichtet und nach einem Brand 1853 im alten Stil wieder aufgebaut. Opern- und Ballett-Aufführungen sind absolute Spitzenklasse.

182 + 183   Leningrader Philharmonie
In dem großen, säulengetragenen Raum herrscht feierliche Erwartung. Fast alle Besucher tragen dunkle Anzüge und festliche Kleider, denn auch für die Leningrader ist ein Konzert mit David Oistrach ein kultureller Höhepunkt der Saison. Oistrach spielte an diesem Abend zuerst Mozarts 4. Violinkonzert und dirigierte nach der Pause die 4. Symphonie von Mahler. Auf dem Programm sind die Tempi und Sätze in deutscher Sprache aufgeführt. Der Applaus nahm kein Ende, bis Oistrach noch einen Mozart-Satz zugab.

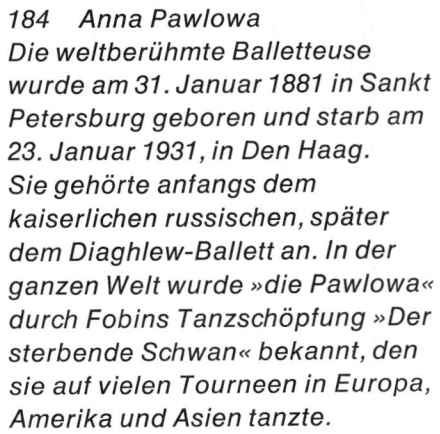

184 Anna Pawlowa
Die weltberühmte Balletteuse wurde am 31. Januar 1881 in Sankt Petersburg geboren und starb am 23. Januar 1931, in Den Haag. Sie gehörte anfangs dem kaiserlichen russischen, später dem Diaghlew-Ballett an. In der ganzen Welt wurde »die Pawlowa« durch Fobins Tanzschöpfung »Der sterbende Schwan« bekannt, den sie auf vielen Tourneen in Europa, Amerika und Asien tanzte.

185 Michail Alexandrowitsch Scholochow
Scholochow wurde am 24. Juni 1905 geboren. Seine Werke »Der stille Don« und »Neuland unterm Pflug« wurden vom sowjetischen Schriftsteller-Verband als vorbildlich im Sinne des »neuen Realismus« gelobt. 1965 erhielt Scholochow den Nobelpreis für Literatur. Von den Jüngeren wird er wegen seiner zu linientreuen Veröffentlichungen kritisiert.

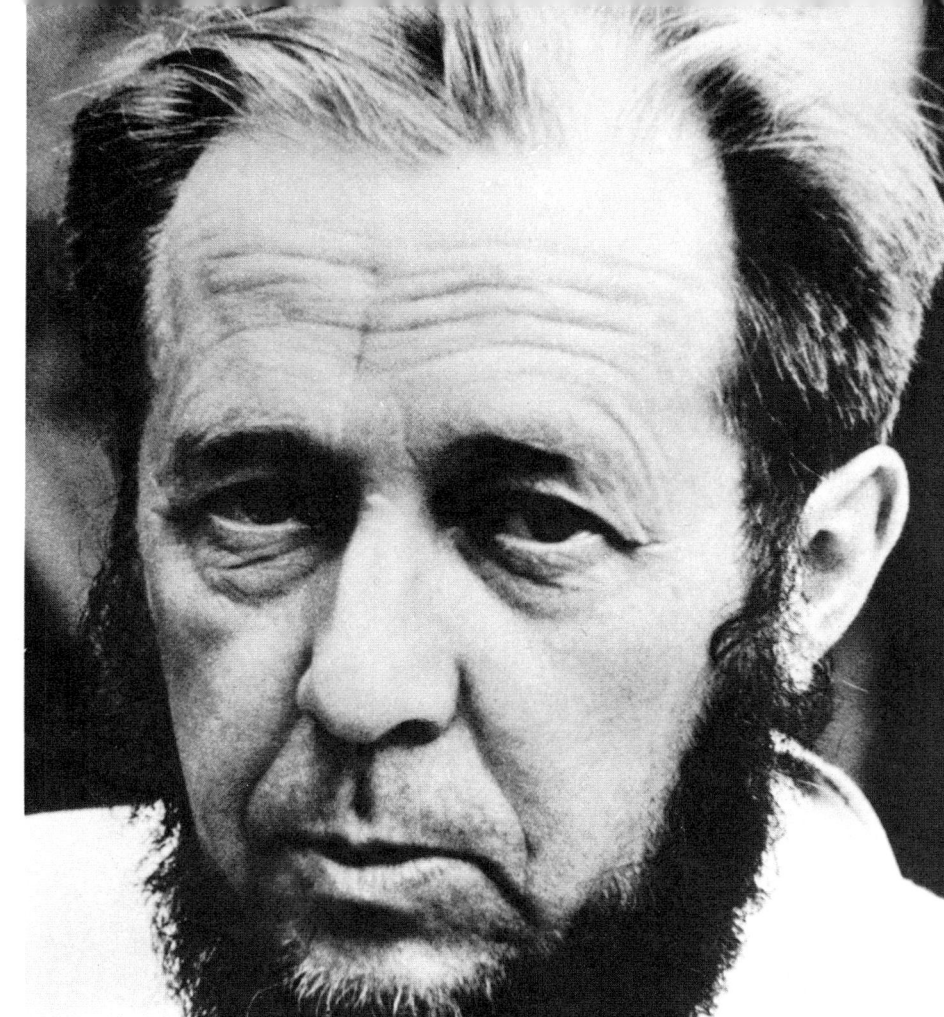

186 Boris Leonidowitsch
Pasternak
*Pasternak (10. 2. 1890—30. 5. 1960)
war in erster Linie Lyriker und
Sprachkünstler; durch seinen
»Doktor Schiwago« wurde er in
kurzer Zeit in der ganzen Welt
bekannt. So sehr dieses Werk zu
seinem internationalen Ruhm
beigetragen hat, so sehr wurde er
wegen dieses »zu humanistischen«
Buches in der Sowjetunion
angefeindet. Den ihm 1958
verliehenen Nobelpreis für Literatur
mußte er unter dem Druck des
russischen Schriftstellerverbandes
und der Presse zurückgeben.
Er übersetzte Shakespeare,
Schiller, Kleist und Rilke sowie
Goethes Faust ins Russische.*

187 Alexander Isaewitsch
Solschenizyn
*Der Dichter wurde 1918 in Rostow
am Don geboren. Ähnlich
wie Pasternaks »Doktor Schiwago«
wurden seine Bücher zuerst im
Westen veröffentlicht und fanden
dort ein großes Echo. In der UdSSR
durften sie nicht erscheinen. Sein
Buch »Der erste Kreis der Hölle«
und der Roman »Die Krebsstation«
setzen sich kritisch mit den
gesellschaftlichen Verhältnissen
des Sowjetregimes auseinander.
»Der erste Kreis der Hölle«
schildert die erschütternde
Versklavung einer Reihe von
Wissenschaftlern während der
Stalinzeit. 1969 wurde Solschenizyn
wegen dieser Publikationen von
allen öffentlichen Ämtern
ausgeschlossen.*

188—190 Sport in der Grundschule

Alle sowjetischen Schulen sind staatlich. Entsprechend den Grundsätzen der Gleichberechtigung werden Jungen und Mädchen auch beim Sport gemeinsam unterrichtet. Die Disziplin ist streng: Antreten, Melden und Vorturnen werden mit militärischer Präzision durchgeführt. Bei den Sportspielen ist dagegen kein Drill zu spüren, hier herrscht faire Kameradschaft, die auch den Schwachen eine Chance gibt. Am Schwarzen Brett der Schule wird das Leistungsprinzip durch Klassen- und Gruppen-Diplome gefördert. Die sowjetische Statistik verweist mit Stolz auf den hohen Ausbildungsstand der UdSSR. Analphabeten sind so gut wie unbekannt, und im Schuljahr 1966/67 unterrichteten 2,5 Millionen Lehrer mehr als 48 Millionen Schüler in 210 000 Grundschulen. Diese Schultypen entsprechen mit insgesamt zehn Schuljahren unseren Volksschulen. Zusätzlich zum Schulpensum wird eine Fremdsprache gelehrt. Auch ist eine frühzeitige Teilung der Bildungswege vermieden worden, da auf dem Wissen der zehnklassigen Grundschulen alle weiterführenden Schulen aufbauen können. In der nachfolgenden Ausbildung wird den Schülern bereits der Stoff für ihren späteren Beruf vermittelt.

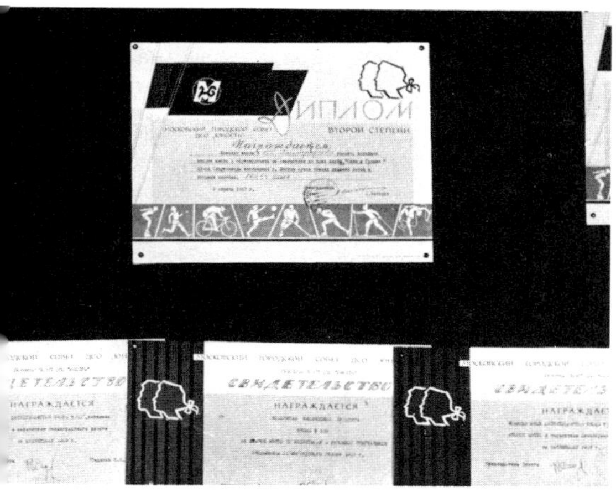
ДИПЛОМ
ВТОРОЙ СТЕПЕНИ
СВИДЕТЕЛЬСТВО
НАГРАЖДАЕТСЯ

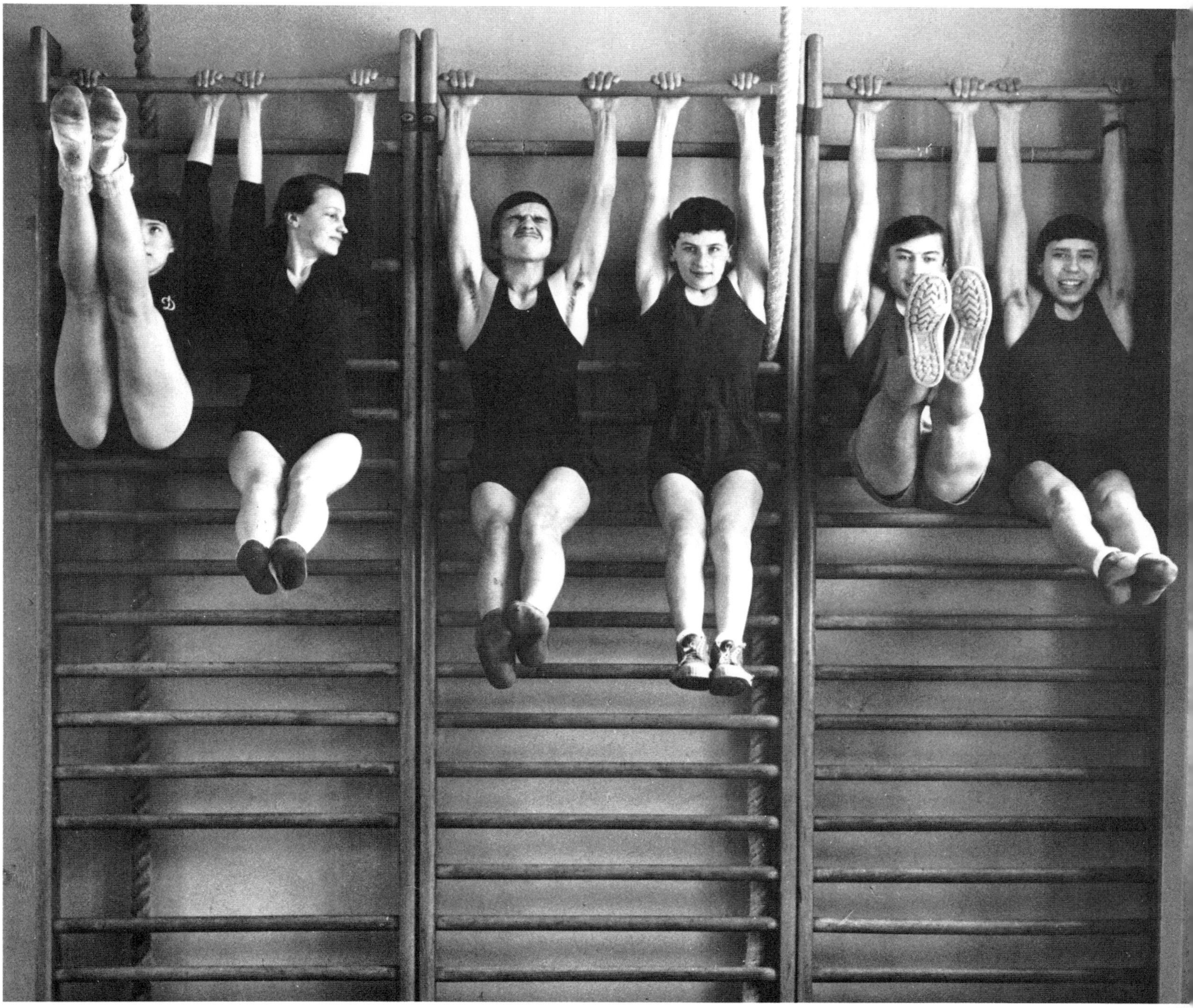

191+192 **Fußball in Minsk**
Die Polizei hat bereits eine Stunde vor Spielbeginn die Umgebung abgesperrt, denn auch in Rußland gehen jährlich an die 15 Millionen Zuschauer in die Stadien. In Minsk sind beim Spiel des eigenen Clubs gegen die Rote Armee fast alle Plätze besetzt; Karten kosten 3 bis 6 Mark. Zwar begeistern sich die Zuschauer, aber die einheimischen Spieler werden ohne Hysterie und ohne Kuhglocken oder Sirenen angefeuert.
Auf die großen Erfolge im Sport ist die Sowjetunion besonders stolz. Die Statistiken führen an, daß vor der Revolution nur 50 000 Russen Sport getrieben haben, 1940 waren es bereits 27 Millionen, und heute sollen in allen Landesteilen 46 Millionen eine Sportart ausüben. An oberster Stelle steht Volleyball mit 6,6 Millionen regelmäßiger Spieler, gefolgt vom Völkerball, Fußball und Basketball. Hinzu kommen noch mehr als 5,5 Millionen Skiläufer. Neben diesen überall beliebten Spielen gibt es außerdem an die hundert »nationale« Sportarten der verschiedenen Republiken.

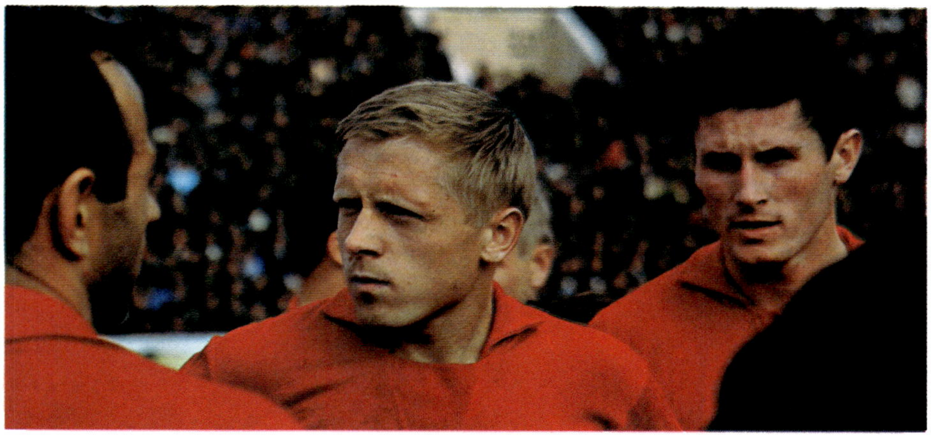

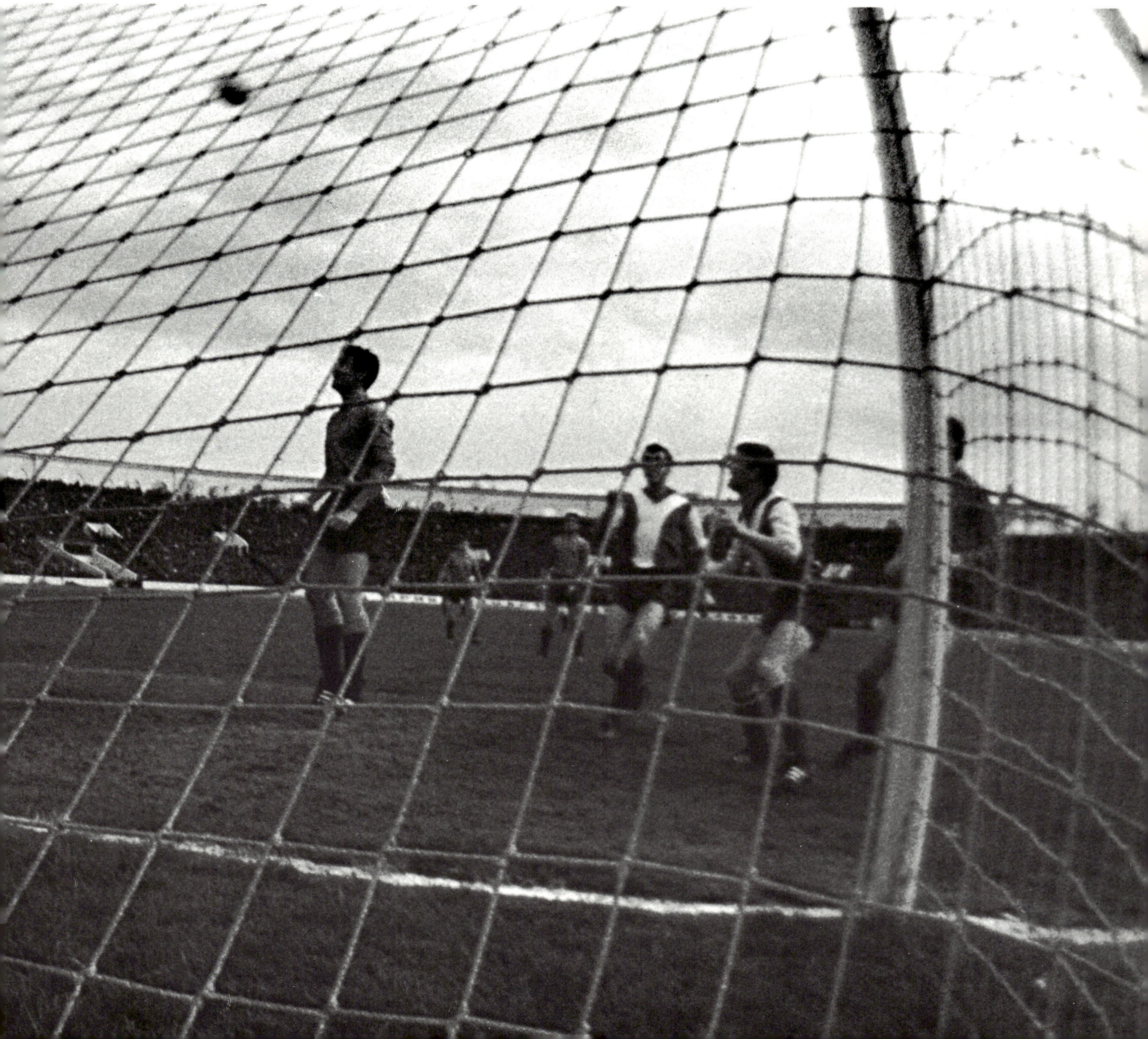

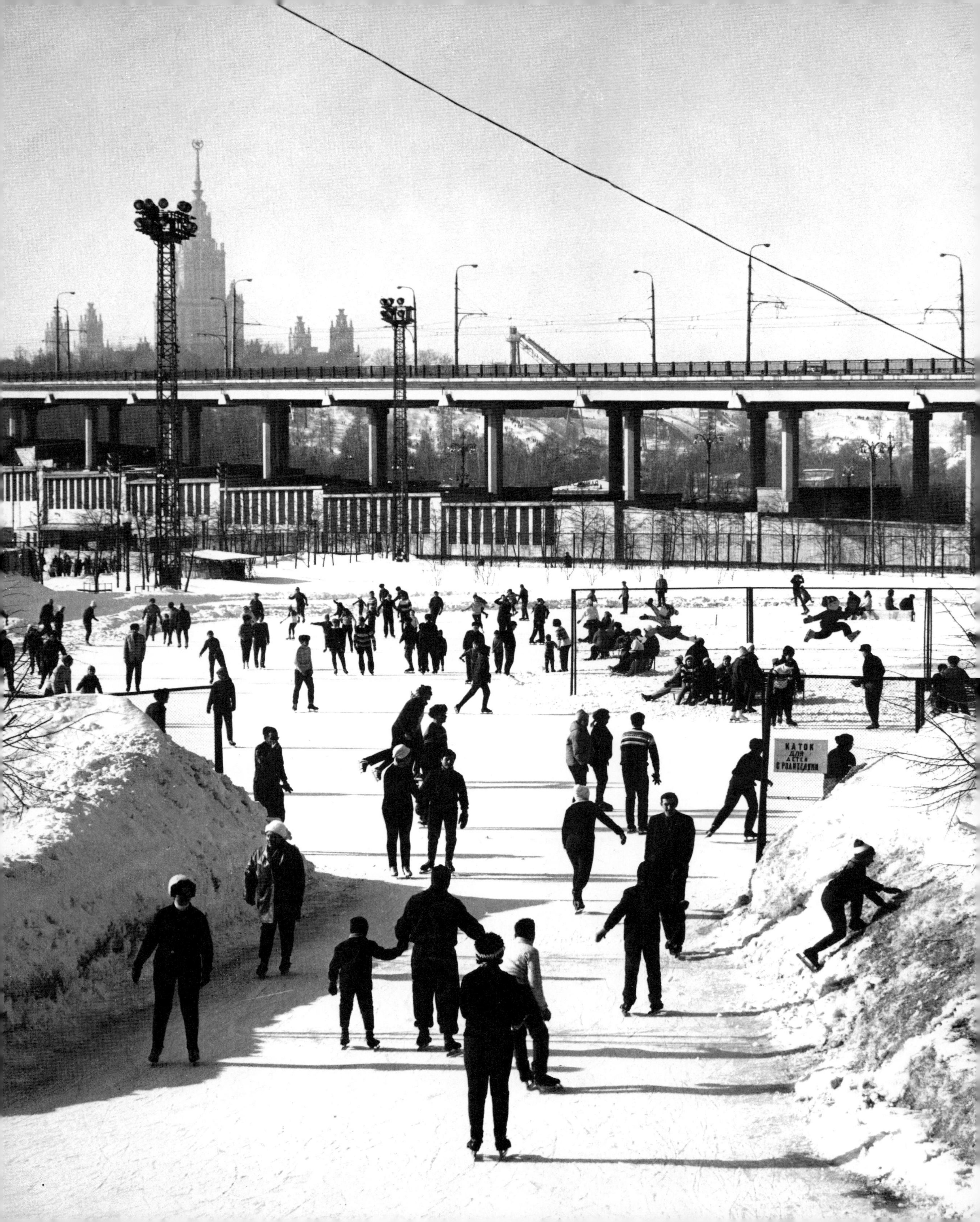
КАТОК
ДЛЯ
ДЕТЕЙ
С РОДИТЕЛЯМИ

Kulturelle Impressionen: Die sowjetische Kultur scheint dem Besucher aus dem Westen in »freie« und »unfreie« Disziplinen gespalten zu sein. Der »Sozialistische Realismus« verlangt, laut einer sowjetischen Deutung, nach der Darstellung des *wahren* Lebens *in* seiner revolutionären Entwicklung. Diese Transformation des wahren Lebens gibt, aus der Sicht der Parteiideologie, dem Künstler *alle* Chancen, die Phänomene unseres Lebens in seiner *progressiven* Form darzustellen.

Die jüngsten Prozesse gegen Schriftsteller lassen uns die »freie, russische Darstellung des Lebens« skeptischer betrachten, denn die Maßregelung Pasternaks und Solschenizyns sind nur einige Beispiele. Auf der anderen Seite finden wir bei Theater, Musik und Oper eine echte und progressive künstlerische Darstellung, die vom Staat tatkräftig gefördert wird.

In der Sowjetunion spielen an die 500 professionelle Theater, davon sind 36 Opernbühnen. Das Programm reicht von den griechischen Klassikern, von Stücken der Weltliteratur bis zu neuen russischen Dramen und Bühnenbearbeitungen bekannter Belletristik. So wurden Tolstois »Anna Karenina« ebenso wie Remarques »Drei Kameraden« neben vielen anderen Werken als Theaterstück auf die Bühne gebracht.

Eine gute Opernaufführung, an einer der großen Bühnen, zeigt Harmonie des musikalischen und dramatischen Spiels, der Bewegungsablauf ist voller Temperament und wirkt gelöst, und die Aufführung eines bereits bekannten Stückes wird in Rußland zu einem neuen Genuß. In ihren Inszenierungen erreichen die Russen tatsächlich Spitzenklasse, wenn auch ihr Bühnenbild sehr naturalistisch und nicht so differenziert ist wie im Westen.

Bei klassischen Dramen neigt die russische Regie ebenfalls zu einer sehr dramatischen, manchmal überrealistischen Darstellung. Die ausgeklügelte, naturnahe Dekoration und die ausgefeilte Geräuschkulisse lassen Freude an der technischen Perfektion erkennen: Selbst der Dolchstoß in die Brust des Helden wird durch ein knackendes Geräusch untermalt. Das Publikum quittiert diesen technischen, ebenso wie den künstlerischen Aufwand mit anhaltendem und dankbarem Applaus.

193 Eislaufen in Moskau
An der Metro-Station »Leninberge«, die auf einer Brücke über der Moskwa thront, steigen im Winter Skifahrer und Eisläufer aus den Zügen. Direkt neben dem Bahnhof liegen die Skihänge, die sogar eine Sprungschanze zu Füßen der Lomonossow-Universität besitzen. Das große Eisareal ist bei gutem Wetter ständig bevölkert. In riesigen Umkleideräumen drängen sich die Sportler. Im Freien sorgt eine Lautsprecheranlage für Stimmung: Cha-Cha-Cha, polnischer Jazz, Elvis Presley und die ersten Beat-Rhythmen drängen die russische Volksmusik auf den zweiten Platz. Trotz 10 Grad Kälte tragen die Jungen Jeans aus Polen; für sie sind die Nietenhosen Statussymbol und auch ein wenig Protest gegen die Alten. Die »Auflehnung der Jungen« ist besonders in den Großstädten sichtbar; in der Provinz dagegen scheint die sowjetische Gesellschaft weit weniger Spannungen ausgesetzt zu sein.

Das private Leben heute

In der UdSSR gibt es kaum eine Familie, die nicht durch Revolution, Bürgerkrieg und schließlich durch den Zweiten Weltkrieg in irgendeiner Weise in Mitleidenschaft gezogen worden wäre. So konnte der Sowjetbürger erst in den späten fünfziger Jahren ein Gefühl der existentiellen Sicherheit erlangen. Erst in den letzten zehn Jahren kann man von einem gewissen Wohlstand sprechen. Heute hat sich im Alltag ein Lebensrhythmus ergeben, der sich äußerlich von dem unseren wenig unterscheiden dürfte.
Um die Erziehung des »neuen Menschen« zu erreichen, mußte die Partei in alle Lebensbereiche eindringen. Die Umformung der Gesellschaft mußte von Grund auf erfolgen. Da die Familie als »Keimzelle« des Volkes gilt, richtete sich nach der Revolution der Kampf gegen sie. Eheschließung und Ehescheidung wurden zu reinen Formalitäten, eine einfache Registrierung bei der zuständigen Behörde genügte. Die Russen sind aber ein »familienwilliges« Volk, so daß dieses Vorgehen bald zu einem Chaos geführt hätte. Mitte der 30er Jahre wurden die »Formalitäten« zunehmend erschwert und eine Festigung der Familie angestrebt. Heute ist die sowjetische Familie wieder eine gefestigte Gesellschaftsform, nur daß die Ehepartner wohl weniger Zeit füreinander haben als bei uns, bedingt durch die stark verbreitete Frauenarbeit, durch »freiwilligen« Arbeitseinsatz, Versammlungen u. dgl. mehr. Ähnlich wie bei uns ist die Großfamilie eine Seltenheit; die Großmutter, die »Babuschka«, die jederzeit helfend einsprang, ist am Aussterben, denn die heutigen »Babuschki« sind ebenfalls schon berufstätige Frauen. Zugehfrauen sind schwer zu bekommen, da im allgemeinen geregelte Arbeitsverhältnisse vorgezogen werden.
So arbeiten Mann und Frau, sie sorgen für die Erziehung ihrer Kinder (soweit dies nicht der Staat übernommen hat), planen für Wohnung und Urlaub und verbringen ihre Freizeit kaum anders, als wir es gewohnt sind. Die sowjetische Verfassung garantiert Glaubensfreiheit und freie Religionsausübung, aber sie läßt auch der antireligiösen Propaganda weiten Raum, und an den Schulen ist der Religionsunterricht verboten. Die meisten Kirchen erfüllen heute nur noch ihren Zweck als Kunstdenkmäler, im extremen Fall sogar als atheistische Museen, und nur damit ist die intensive Restaurierungsarbeit zu erklären. In den ersten Jahrzehnten der Sowjetherrschaft wurde die orthodoxe Kirche abgelehnt und bekämpft, seit dem Konkordat von 1943 aber, als man die Kirche zur Stärkung der patriotischen Gefühle der Sowjetbürger dringend benötigte, ist sie als Teil der Gesellschaft geduldet. Weniger tolerant zeigt man sich gegenüber der katholischen und protestantischen Kirche, während die Sekten sogar verfolgt werden. Dennoch ist es in den 50 Jahren nicht

gelungen, die Religiosität auszumerzen. Ein hoher Prozentsatz der Kinder wird immer noch getauft und die Gottesdienste in den verhältnismäßig wenigen Kirchen werden nicht nur von alten Leuten besucht.

Am meisten erschwert wird das tägliche Leben durch die Unzuverlässigkeit der Versorgungswirtschaft. Es gibt zwar ein breites Netz von Selbstbedienungsläden, aber keine Supermärkte, in denen durch einen einzigen Einkauf das gerade Benötigte angeschafft werden kann. So müssen viele Geschäfte aufgesucht werden, die sich oft nicht einmal in der Nähe der Wohnung befinden. Schlangen vor den Läden sind keine Seltenheit und oft ist das, was man möchte (die kleinen »Zutaten«) nicht zu erhalten. Bei den Nicht-Nahrungsmitteln (Kleidung, dauerhafte Konsumgüter) fällt dem westlichen Besucher der Rückstand gegenüber dem eigenen Standard an Qualität und Design sofort ins Auge. Höherwertige Waren stammen oft aus der CSSR, der DDR oder aus Ungarn, die auch — gemessen am Pro-Kopf-Verbrauch — vor der UdSSR rangieren. Von jeweils 1000 sowjetischen Bürgern besaßen 1968 ein Radiogerät: 209 (zum Vergleich die Zahl für die BRD: 310), ein Fernsehgerät: 96 (BRD: 230), einen Kühlschrank: 50, eine Waschmaschine: 93, ein Personenauto: 5 (BRD: 182). Dabei fällt der technische Vergleich (Anteil der transistorierten Radio- und Fernsehgeräte u. ä.) in der Regel zuungunsten der Sowjetunion aus. In einigen Großstädten ist bereits ein relativer Sättigungsgrad erreicht.

Der sowjetische Bürger hat seit 1955 ein ständig wachsendes Geldeinkommen zur Verfügung. Das gilt insbesondere für Arbeiter und Angestellte, deren Löhne und Gehälter bis 1968 um rund 56 v. H. gestiegen sind. Die geringen Möglichkeiten zum Kauf der gewünschten Waren spiegeln sich in der außerordentlich raschen Zunahme der Spareinlagen der Bevölkerung zwischen 1961 und 1967 (sie wuchsen bezeichnenderweise doppelt so schnell wie die Umsätze des Einzelhandels). Hohe Preise für dauerhafte Konsumgüter (ein Kühlschrank mittlerer Qualität kostet z. B. 210,— Rubel, wofür ein Industriearbeiter im Jahre 1965 immerhin etwa 9 Wochen arbeiten mußte) stellen so ein immer leichter überwindbares Hindernis dar. Niedrige Wohnungsmieten (in der Regel nicht mehr als 5 v. H. des Familieneinkommens) und niedrige Preise für die Grundnahrungsmittel zusammen mit der Aussicht auf langsam aber stetig weitersteigende Lohneinkommen haben bisher dazu beigetragen, daß der sowjetische Konsument seine Erwartung eines höheren Lebensstandards bisher noch immer bestätigt fand. Das höhere Verbrauchsniveau und die wachsende Kenntnis westlicher Maßstäbe lassen jedoch ein zunehmend »kritisches Bewußtsein« entstehen.

Hieran kann auch der von der Propaganda ständig wiederholte Hinweis auf das hohe Maß an sozialer Sicherheit und die Fülle der Bildungs- und Aufstiegschancen kaum etwas ändern. Die wohlfahrtsstaatlichen Leistungen, die dem Bürger der Sowjetunion unentgeltlich (Gesundheitsfürsorge, Bildung) oder gegen ein geringes Teilentgelt (Erholung, Kultur) zur Verfügung stehen, dürfen in der Tat nicht unberücksichtigt bleiben, wenn es darum geht den sowjetischen Lebensstandard zu skizzieren. Mit 386 Einwohnern je Arzt im Jahre 1968 (um nur einen der wesentlichsten Indikatoren zu nennen) liegt das quantitative Leistungsniveau des sowjetischen Gesundheitswesens z. B. weit über dem etwa Schwedens oder Großbritanniens. Auch die übrigen Sozialleistungen sind in ihrem Ausmaß, gemessen am privaten Pro-Kopf-Verbrauch des Landes, im internationalen Vergleich als außerordentlich hoch zu bezeichnen.

Freizeit und Ferien

Gute Informationen aus der Sowjetunion sind rar, denn noch immer ist der Nachrichtenfluß aus dem Osten dünn und unvollständig.
Während Statistiken und offizielle Veröffentlichungen reichlich publiziert werden, sind interne, ungeschminkte Berichte aus den privaten Lebensbereichen selten.
Wie lebt der Russe heute wirklich? Ist er glücklich? Leidet er unter staatlicher Reglementierung? Kann er sein Leben lebenswert gestalten?
Die Antworten auf diese Fragen erhält man am leichtesten, wenn man mit den Russen, was nur wenigen möglich ist, zusammen lebt. Beim gemeinsamen Urlaub, beim gemeinsamen Wochenende, in der gemeinschaftlichen Freizeit zeigen sich fast alle Sowjetbürger gelöster und aufgeschlossener, viel diskussionsbereiter als im Alltag. Dann sind einige ihrer hervortretenden Eigenschaften: die urwüchsige Freude an Essen und Trinken – und der Spaß an Spielen, an Sport und an gemeinschaftlichen Unternehmungen. So streng und zugeknöpft, ja unnahbar, der Sowjetmensch im Dienst und in Uniform sein mag – am Feierabend wird er freier. Dann schließt sein Interesse das persönliche Wohlergehen seiner Mitmenschen mit echter Anteilnahme ein, dann zeigt er seinen Charme, seine vielzitierte »russische Seele«.
Auch dem Russen sind – wie überall – die ganz persönlichen Dinge des Lebens am wichtigsten: die Gesundheit der Familie, das Vorwärtskommen der Kinder in Schule oder Lehre sowie Urlaub oder Wochenende – und dies beschäftigt ihn am stärksten. Jeder versucht das Leben weitmöglichst zu genießen, und es hat den Anschein, daß Staat und Partei zwar allgegenwärtig sind, daß sie aber auch in der UdSSR meist nur über den »offiziellen« Teil des Lebens bestimmen.

194 Touristen in Georgien
Vor der Dschwaris-Sadkari-
Wehrkirche in Mcheta bei Tbilissi
posieren die Urlauber während
einer Bus-Reise durch den
»sonnigen Süden«. Zwar hat jeder
zweite russische Tourist einen
Photoapparat dabei, aber als
Erinnerung läßt sich die Gruppe
doch vom professionellen
Standphotographen aufnehmen.

◀ 195+196   Am Schwarzen Meer
Die Promenade von Jalta und der
Strand von Sotschi sind die
Urlaubs-Traumziele aller
Sowjetbürger. Hier geben sich die
Russen leger, sie tragen gerne
bunte Hemden und setzen sich
Schiffchen aus Zeitungspapier auf
den Kopf. Erst kürzlich führte der
Staat einen Mode-Feldzug gegen
die Unsitte der Urlauber,
in Pyamas gekleidet auf der
Promenade zu bummeln.

197 Urlaubs-Werbung in Moskau
An der grauen Brandmauer im Moskauer Arbat-Viertel prangt der Traum von den Ferien im Süden. Das Meer, eine Palme, das Luxusschiff und ein elegantes Paar werben für die Kurorte am Schwarzen Meer.

198 + 199 Sonntag im Sokolniki-Park
Die großen Parks sind die sonntäglichen Urlaubsziele der Sowjetbürger. Da die klassischen Ferienorte meist überbelegt sind — und auch die Reise dorthin nicht immer erschwinglich ist —, bescheiden sich viele mit den naheliegenden Gärten. Am Sonntagnachmittag drängen sich im Sokolniki-Park die Menschen wie früher im Berliner Grunewald. Die meisten spazieren durch die Anlagen, ein Opa fährt mit seinen Enkeln im Schlittenkarussell, bei einer Verkäuferin kauft man gefüllte, heiße, leckere Omeletts,

und auf dem zugefrorenen Teich
laufen die Jungen auf
Schlittschuhen um die Wette.
An einem Gartenrestaurant stehen
die Männer bis vor die Tür
Schlange, denn dort wird frisches
Bier vom Faß gezapft.

200+201   Schneespaß auf den
Lenin-Bergen
Das billigste Vergnügen der Kinder
ist Schneerutschen. Auf kleinen
Pappen, Holzbrettern oder dem
blanken Hosenboden rutschen die
Jungen die Hänge hinunter und
haben sich bald glatte
»Bobbahnen« ausgehöhlt.

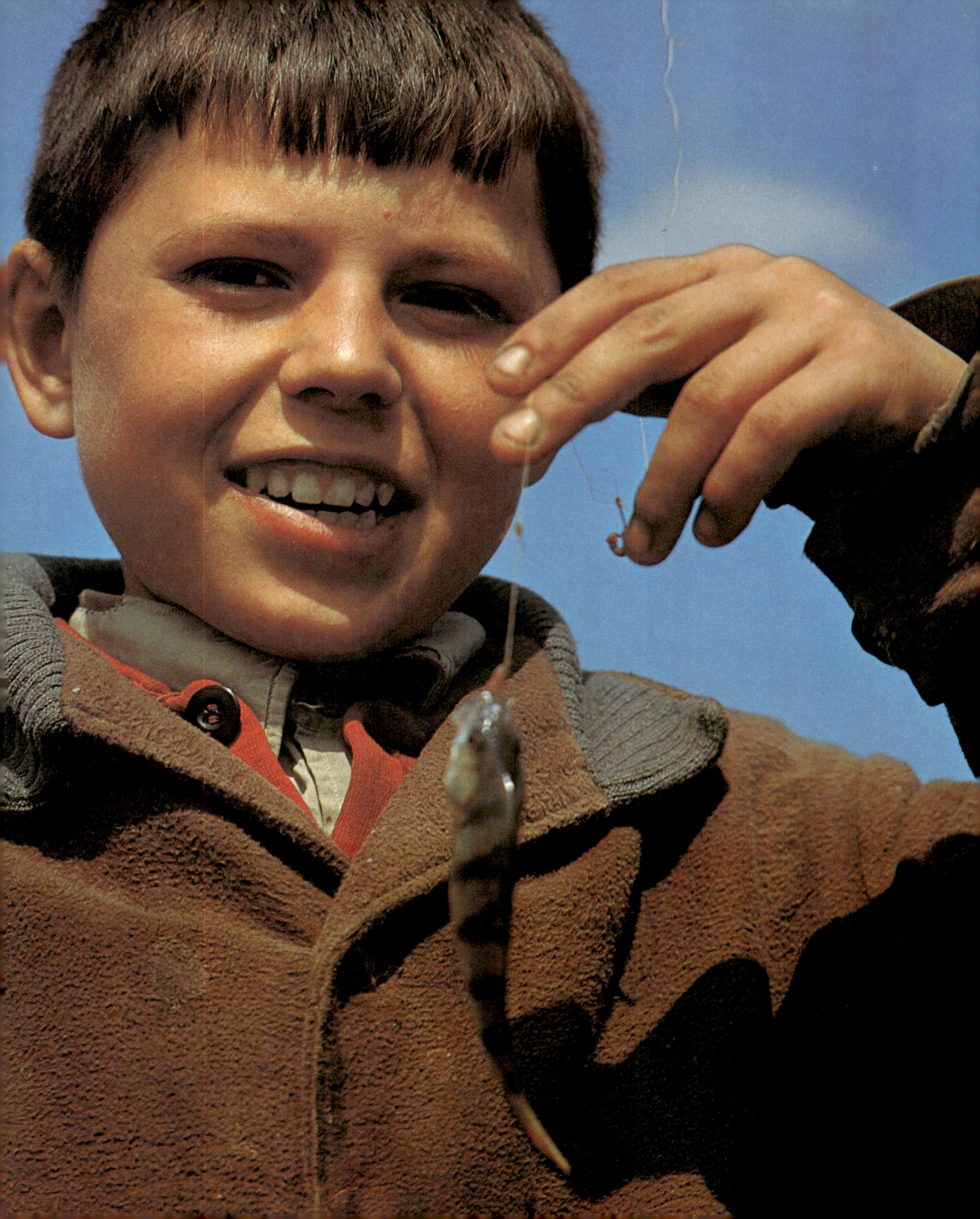

202–204 Angler am Stausee Idanowitschi

Zu einem beliebten Wochenendziel wurde der Trinkwasser-See von Minsk, um den ein Erholungspark angelegt worden ist. An den Ufern reihen sich die meist jugendlichen Angler und warten auf den großen Fang. Ein glücklicher Bootsbesitzer genießt als einziger auf dem weiten See die Ruhe.
Die sowjetische Angler-Vereinigung hat mehr als zwei Millionen Mitglieder, aber die meisten Russen gehen privat angeln, ohne einem Club anzugehören. Privates Fischen ist überall erlaubt, ohne Lizenz und ohne Gebühren. Ja, es gibt sogar einige Reservate, die nur für private Sportangler und nicht für die kommerziellen Fischer eingerichtet wurden.

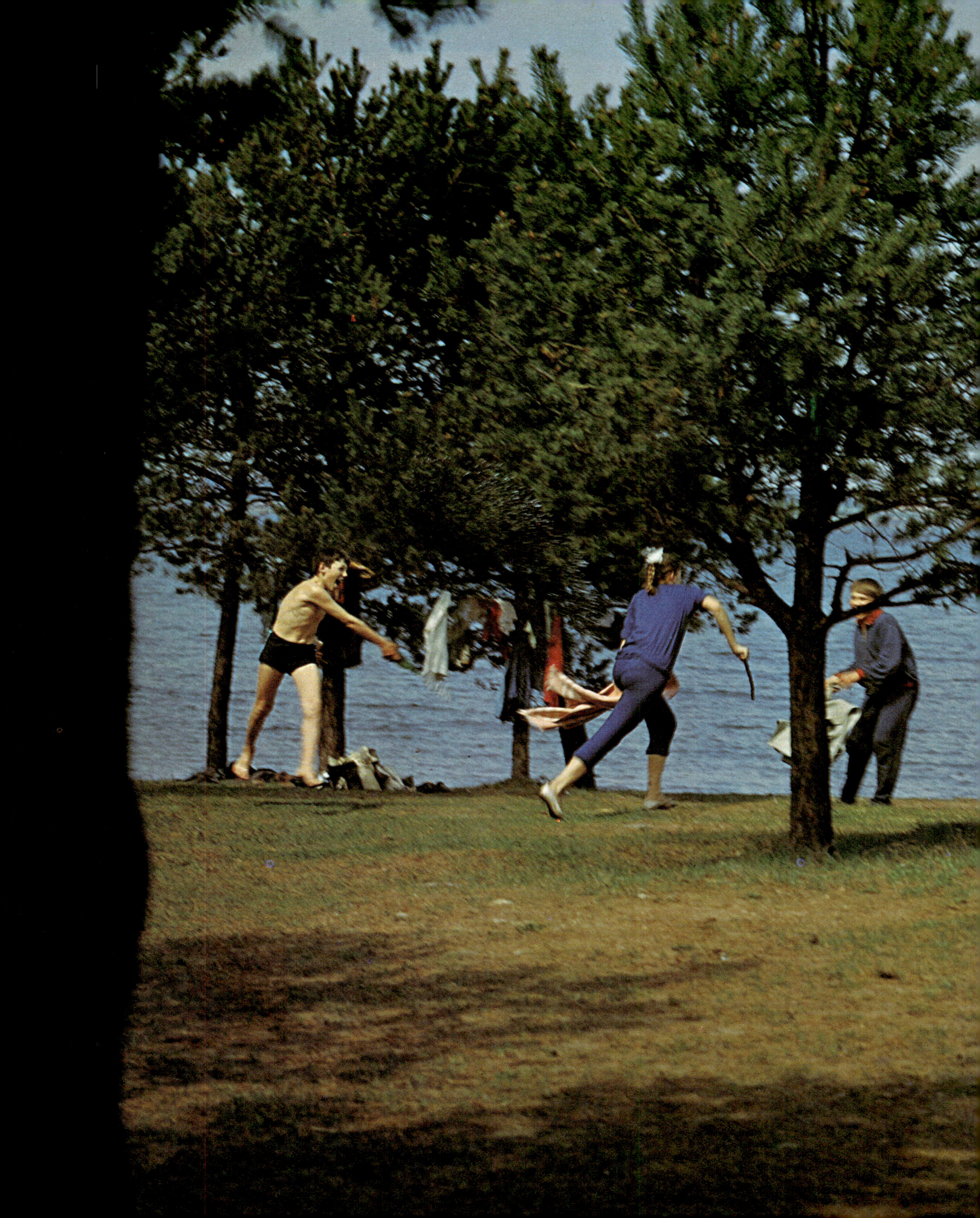

205 + 206 Frühling bei Minsk
Für das Wochenende und den Urlaub kann sich der Russe Boote, Fahrräder, Bergsteiger-Ausrüstung und auch Skier leihen. Die Nachfrage ist jedoch weit größer als das Angebot, so daß die Freizeitfreuden meist bescheidener ausfallen müssen. So tummeln sich an den ersten warmen Tagen im April die Jugendlichen am Minsker Stausee, spielen Nachlaufen und Fangen, bespritzen die Mädchen mit kaltem Seewasser und braten sich für ein Picknick die frisch gefangenen Fische.

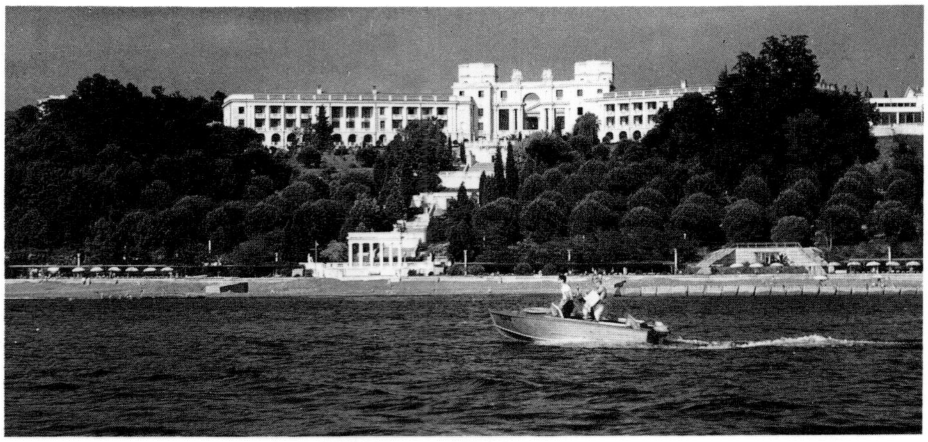

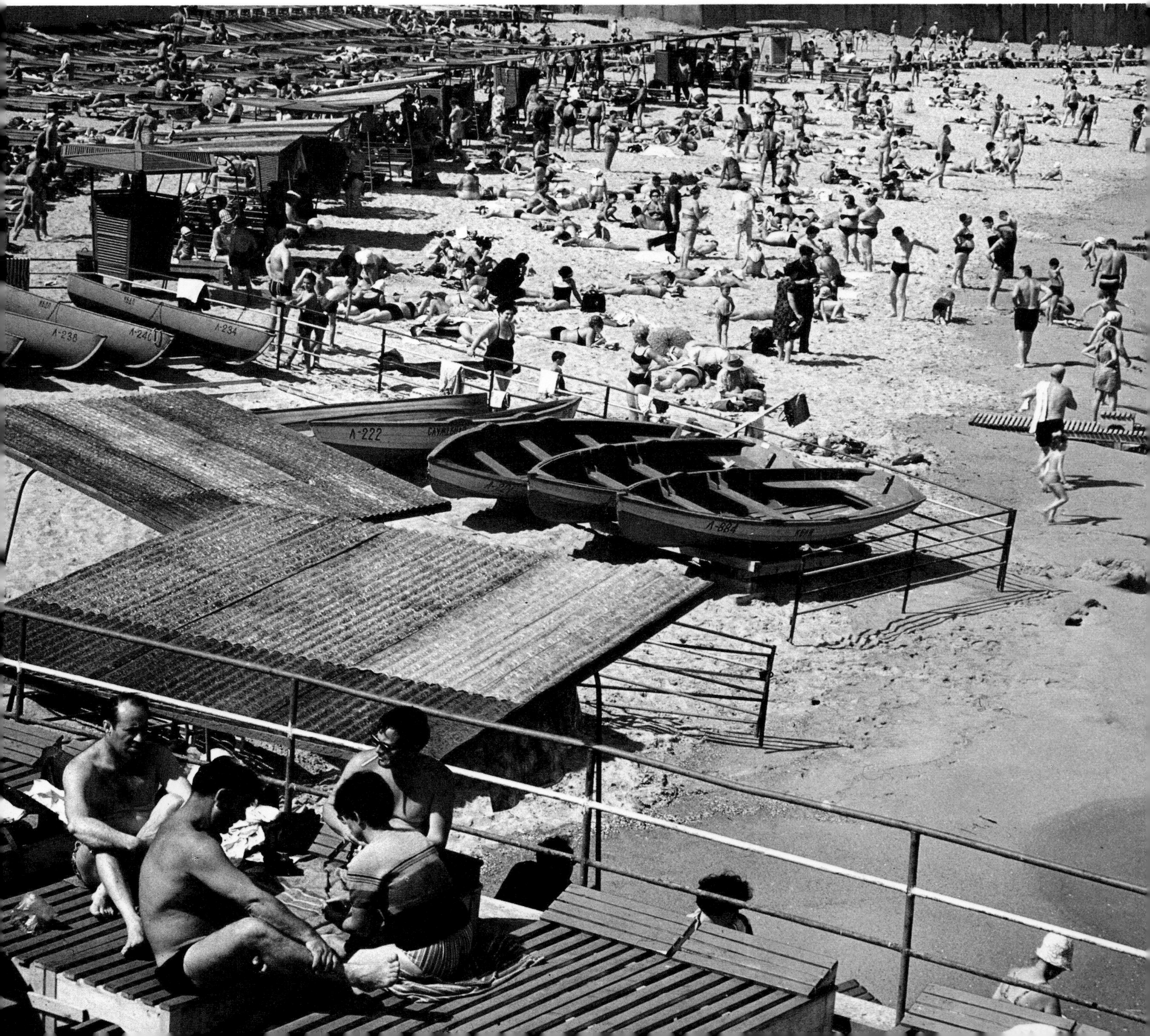
Л-222
Л-234
Л-884

207+208 Am Schwarzen Meer
Der bezahlte Urlaub des sowjetischen Arbeiters reicht von zwei Wochen bis zwei Monaten im Jahr. Betriebe und Gewerkschaften schicken zusätzlich Erholungsbedürftige in eines der 2200 staatlichen Sanatorien, die im Jahre 1966 rund drei Millionen Patienten betreuten. Da die offiziellen Erholungsheime schon frühzeitig ausgebucht sind, fahren viele Russen privat und aufs Geratewohl an die Schwarzmeer-Küste. Wer Glück hat, findet ein privates Zimmer, andere müssen in großen Schlafsälen übernachten. Möglichst viel Zeit verbringen sie am Strand, um mit einer tiefen Ferienbräune nach Hause zu fahren.

209—211 Ferienleben
Auf dem Schiff von Jalta nach Sotschi gibt es keine Klassenunterschiede, wenn auch verschiedene Schiffsklassen. Neben dem Direktor einer Leningrader Baufirma ist der Mechaniker aus Riga. Ihr Ziel ist das gleiche: ein ruhiger Zeltplatz an der kaukasischen Riviera. Camping wurde in den letzten zehn Jahren auch in der UdSSR sehr populär. Die Plätze sind zwar recht unterschiedlich ausgestattet, aber meist landschaftlich schön gelegen, die meisten besitzen einen Kiosk, manche ein Restaurant, und auch hier betreut Intourist die Fremden.

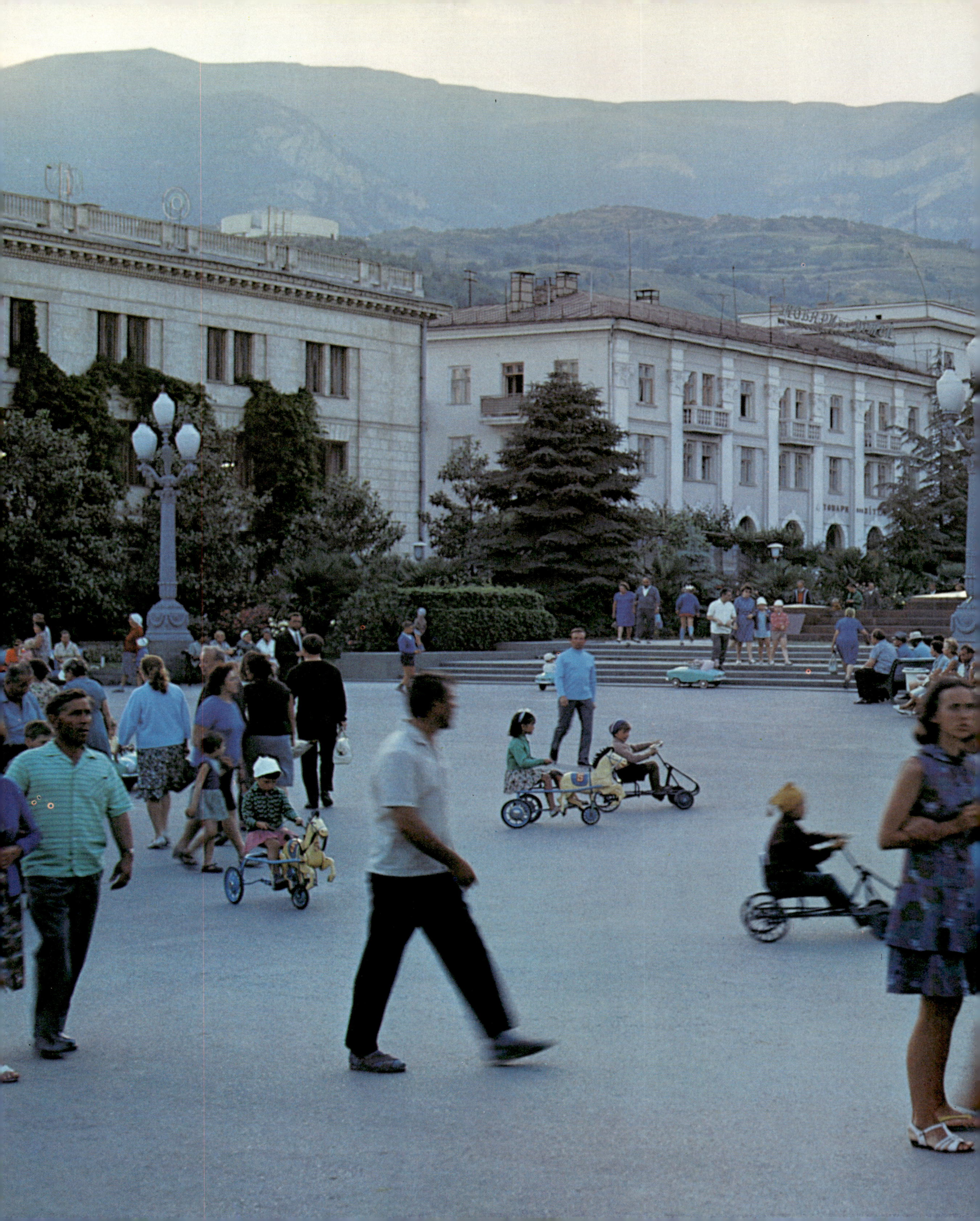

212 + 213 Abendpromenade in Jalta

Die Abendpromenade in Jalta in der warmen, südlichen Luft am Schwarzen Meer und den Bergen hinter der Stadt gehört zu den schönsten Urlaubserlebnissen in der Sowjetunion. An die Promenade schließen sich Restaurants und einige Hotels an, in denen bis Mitternacht gegessen, getanzt und gezecht wird. Kein Wunder, daß Jalta als beliebtestes Urlaubsziel der Krim an erster Stelle der »Wunschliste« steht. Auch hier sind die meisten in Ferienheimen untergebracht, von denen es insgesamt 800 in der UdSSR gibt; jährlich verbringen vier Millionen Urlauber ihre Ferien in diesen staatlichen Heimen. Dabei werden meist 70 Prozent der Kosten aus dem Sozialversicherungs-Fond der Gewerkschaften bezahlt.

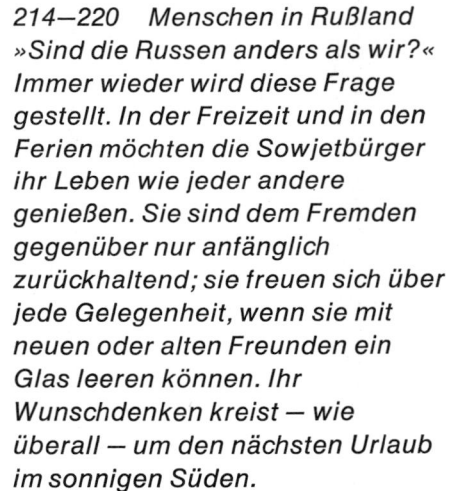

214–220 Menschen in Rußland
»Sind die Russen anders als wir?«
Immer wieder wird diese Frage
gestellt. In der Freizeit und in den
Ferien möchten die Sowjetbürger
ihr Leben wie jeder andere
genießen. Sie sind dem Fremden
gegenüber nur anfänglich
zurückhaltend; sie freuen sich über
jede Gelegenheit, wenn sie mit
neuen oder alten Freunden ein
Glas leeren können. Ihr
Wunschdenken kreist – wie
überall – um den nächsten Urlaub
im sonnigen Süden.

221 Erinnerungsphoto an der
Newa
Auch in Rußland gehört für einen
Matrosen am Sonntagnachmittag
ein Treffen mit der Freundin zum
Programm. An der Newa entsteht
der Schnappschuß für die
Brieftasche, und anschließend
wird das Mädchen auf ein
Bootsrestaurant zum Essen
ausgeführt. Tanz gibt es später
fast überall.

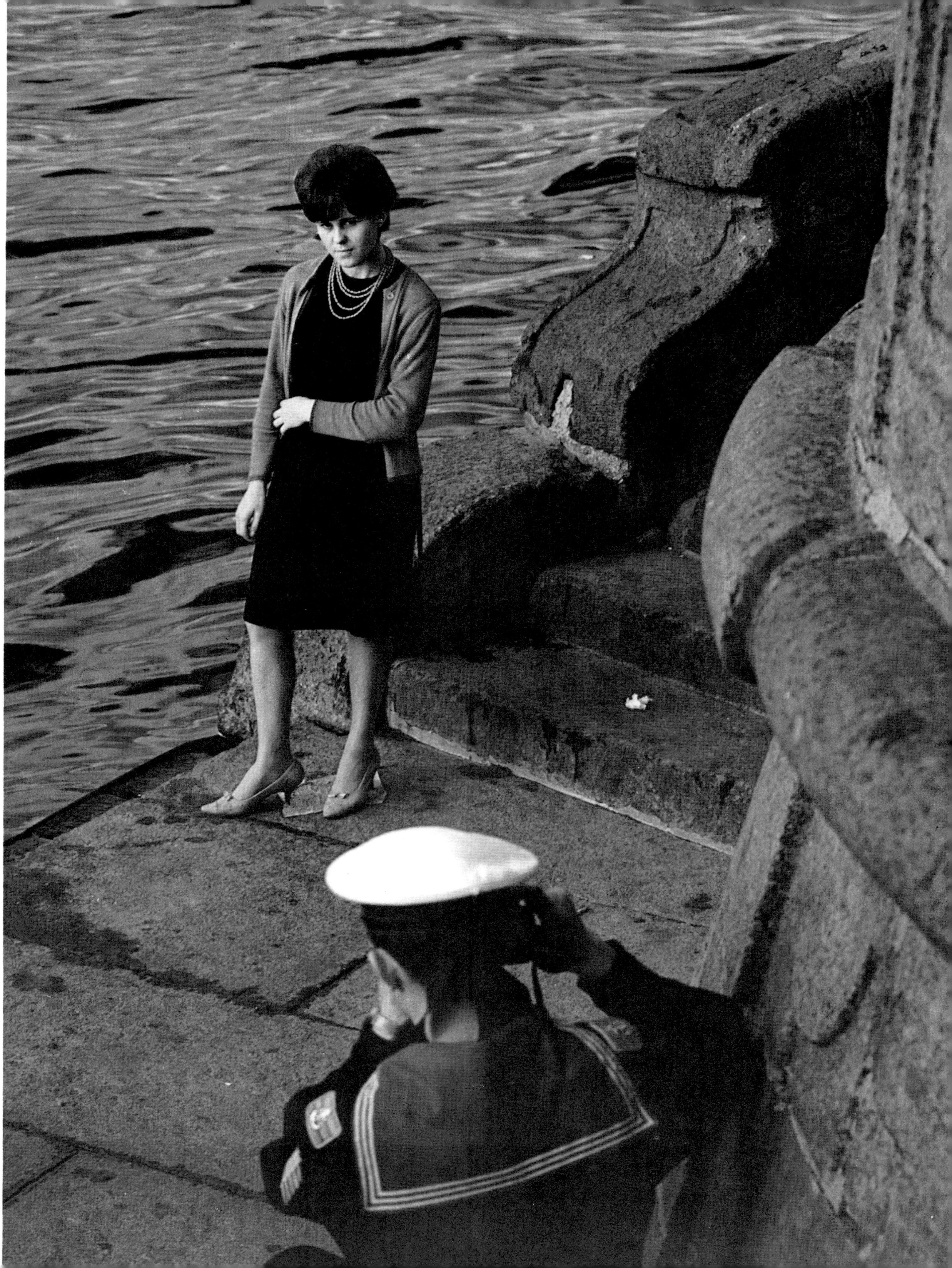

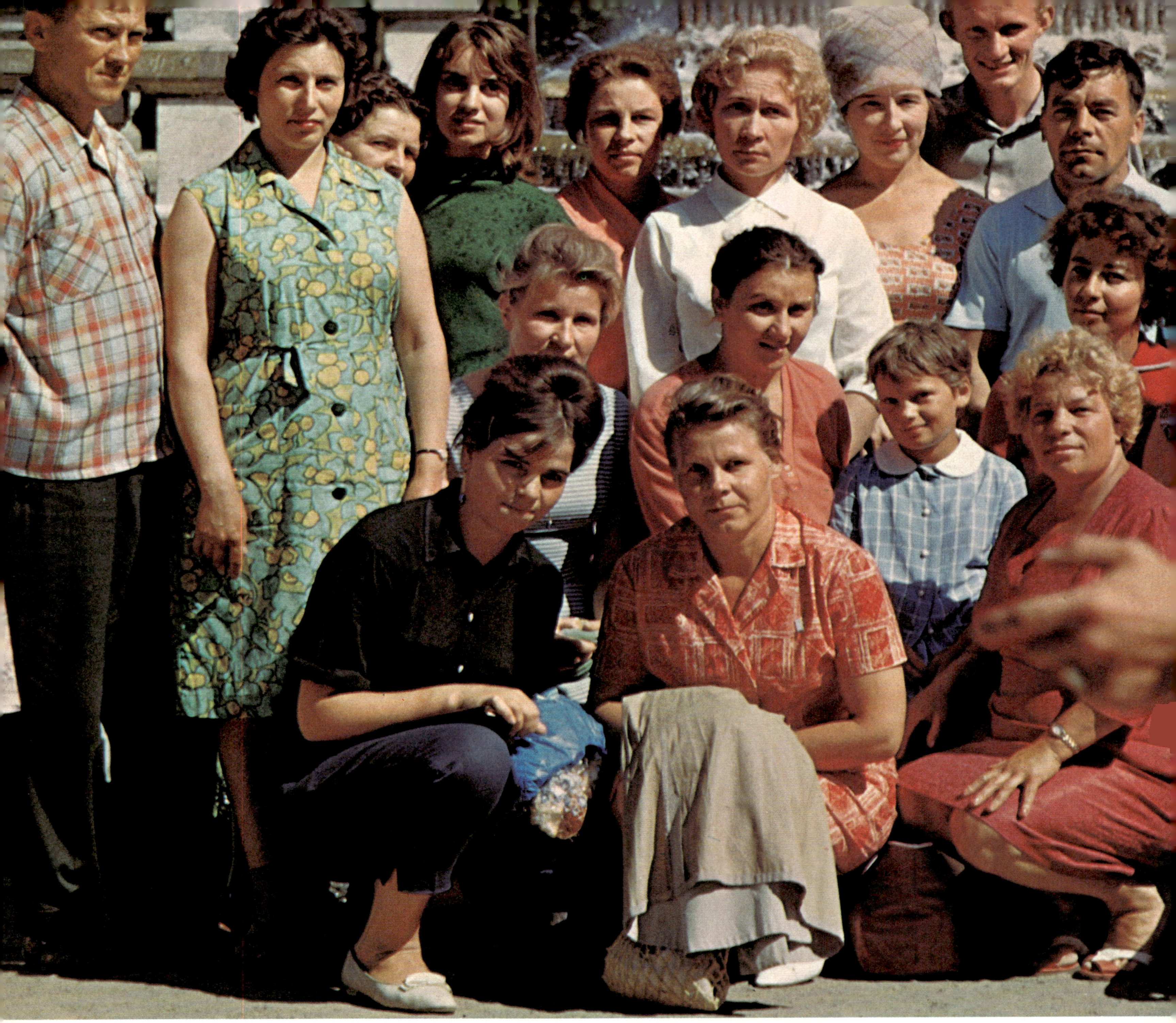

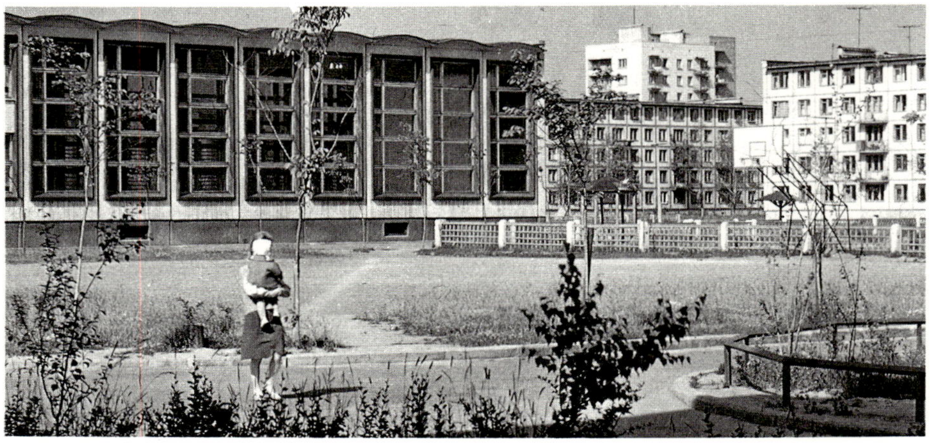

222 Wohnblock in Leningrad
Mit viel Glück und mit Beziehungen bei Behörden kann der Russe heute eine moderne Wohnung in einem der neuen, aufgelockert bebauten Bezirke erlangen. Diese jüngsten Siedlungen sind nicht mehr so uniform wie die Fertighäuser der ersten Nachkriegszeit: Sie sind durchaus mit den uns vertrauten Sozialbauten vergleichbar, wie sie auch in unseren Trabantenstädten entstanden.

223 Betriebsausflug nach Peterhof
Ausflüge und kulturelle Veranstaltungen haben die Bauern erst durch die Kommunisten kennengelernt: Vor der Revolution sind viele ihr Leben lang nicht aus ihrem Dorf herausgekommen. Gewerkschaften, Betriebe und Partei organisieren heute Busfahrten mit Besichtigungen der Sehenswürdigkeiten, so daß bei Ausflügen auch die Allgemeinbildung gefördert wird.

224 Park in Odessa
Odessa erinnert durch seine
großzügige Anlage, durch seine
schattigen, baumüberdachten
Boulevards, durch seine Lage über
dem Meer an eine südfranzösische
Mittelmeerstadt.

Sowjetische Lebensregeln: Auch in der Sowjetunion versuchen Staat und Partei die Menschen zu guten Umgangsformen zu erziehen.
In Leningrad erschien ein russischer »Knigge« mit dem Titel: »Auf ein gesundes Leben!«, in dem N. S. Gordienko über die »Manieren des guten Tones« schreibt:
»Aneignung guter Manieren ist ein unbedingtes Erfordernis für jeden Sowjetmenschen...«, und im Vergleich zum kapitalistischen Ausland wird die kommunistische Moral als Ausdrucksform der *inneren* Kultur und Persönlichkeit dargestellt, während die *bürgerliche* Moral die guten Manieren nur zur Tarnung der Menschen anwendet. Weiter heißt es:
»Zum Ideal des wohlerzogenen Sowjetmenschen gehört der ›feste und ruhige‹ Schritt, der Sportsleute oder Soldaten auszeichnet, knappe, ausdrucksvolle Bewegungen. Sitzen soll man, ohne sich hinzulümmeln, aber auch nicht auf der vorderen Stuhlkante, wie ein armer Verwandter. ›Man lege alle Gewohnheiten ab, die einen Menschen unangenehm oder lächerlich machen‹. In der Reihe dieser Gewohnheiten wird das Nasenbohren ausdrücklich verpönt. Unfein wirkt es, nach Meinung des Sittenrichters, ›Gesundheit‹ zu sagen, wenn jemand niest. Man gehe darüber mit Schweigen hinweg...«
Hermann Pörzgen, der in seinem Buch »So lebt man in Moskau« auch über diese guten, neuen Sitten in der UdSSR schreibt, berichtet ebenfalls über die Veränderungen in der sowjetischen Gesellschaft, die durch das auch im Osten bestehende Generationsproblem in den letzten 15 Jahren deutlich spürbar wurden: »...während die kollektive Führung der Sowjetunion darangeht, die Zügel straffer zu ziehen und sich in gewissem Umfang sogar wieder zu Stalin bekennt, erhebt sich vor ihren Augen bereits ein neues Phänomen. Aus vielen Anzeichen wird deutlich, daß die Bevölkerung nur noch zögernd mitgeht, daß sie sich ihre eigenen Gedanken macht, daß insbesondere der intellektuelle Nachwuchs mit der überalterten, ›konservativ‹ gewordenen Spitze nicht voll übereinstimmt. Es zeigt sich, daß in der Jugend allerlei ganz unprogrammäßig brodelt und gärt. Genauer gesehen ergibt sich etwa folgendes Bild:
Die Führungsschicht der Bürgerkriegsveteranen und ihre grau gewordenen Adepten sind noch vom alten revolutionären Pathos erfüllt, während die mittleren Nachwuchsjahrgänge, politisch gleichgültiger, mehr dem beruflichen Fortkommen und der Erhaltung ihrer Privilegien leben. Es ist die Schicht der unter Stalin heraufgestiegenen Manager, Betriebsdirektoren, Verwaltungsbeamten und Intellektuellen mit mehr oder minder gehobenem Lebensstandard. Die kommunistische Lehre bildet für sie eher eine selbstverständliche Gewohnheit als ein begeisterndes Glaubensziel (so wie in anderen Ländern für viele das Christentum). Im Gegensatz zu diesen beiden Generationen scheint das dritte, junge Geschlecht von Unruhen und Zweifeln beseelt. Hier, unter den *Zwanzigjährigen,* ist ein neues Streben nach *unabhängigem Denken* zutage getreten, eine Art Avantgardismus, Auflehnung gegen die vorgeschriebene Schablone. Vor allem ist es die skeptisch gewordene Hochschuljugend, die sich durch die weltanschaulichen Barrieren eingeengt fühlt...«

*225 Potemkin-Treppe in Odessa
Armand-Emmanuel du Plessis, Herzog von Richelieu und Urgroßneffe des berühmten Kardinals, hatte als erster Verwalter und späterer Gouverneur von Neu-Rußland entscheidenden Anteil am Aufbau von Odessa. Nach einem geometrischen Plan ließ Richelieu Anfang des 19. Jahrhunderts die Hafenstadt anlegen; zu seinen Ehren wurde in den Jahren 1837 bis 1841 bei einer Umgestaltung der Küstenfront auch die berühmte Treppe mit 192 Stufen gebaut. Durch die Revolution von 1905 und die Erstürmung der Stadt durch die meuternden Matrosen des Panzerkreuzers Potemkin erhielt die Treppe Ruhm und den jetzigen Namen.*

Reisen und Begegnungen

Die sowjetischen Grenzposten öffnen am Morgen erst um zehn Uhr
ihre Schranken. Nachts, von zehn bis zehn, bleiben Rußlands
Straßen-Grenzen vom Finnischen bis zum Schwarzen Meer,
vom Bug bis zum Pruth geschlossen. Am Posten vor Tschernowzy,
an der sowjetisch-rumänischen Grenze, haben lang anhaltende
Regenfälle die Abfertigungsbaracken umspült. Die Reisenden müssen
über schwankende Bretterstege zur Kontrolle. Aus dem Wasser ragen
Wachttürme und Stacheldrahtbarrieren. Ein gepflügter und geeggter
Trittstreifen liegt vor dem Drahtverhau; und nachts erhellt
grelles Scheinwerferlicht die Grenzanlagen zum sozialistischen
Nachbarland.
Die Kontrollen sind für Ausländer peinlich genau, aber korrekt.
Die Prozedur dauert ein bis zwei Stunden, so daß sich der Tourist
Gedanken über die Gründe für diese peniblen Sicherheitsvorkehrungen
machen kann. Eine Erklärung ist die traditionsbedingte Abkapselung
des Landes seit der Zarenzeit; aber auch das offizielle russische
Mißtrauen allem Fremden gegenüber spielt eine Rolle.
Die Reisevorbereitungen für eine Autofahrt in die Sowjetunion sind
dagegen in den letzten Jahren sehr viel leichter geworden.
Die mit Intourist kooperierenden Reisebüros machen Reisevorschläge
und arbeiten eine Route aus, die mit allen Reservierungen von Moskau
bestätigt wird. Tagesetappen, Hotels oder Campingplätze,
Grenzübergänge und Ausflüge müssen bereits vor Reiseantritt
festgelegt werden, das sowjetische Visum wird nach der
Intourist-Bestätigung in wenigen Tagen ausgestellt. Rund einhundert
verschiedene Reiserouten, so versichert Intourist, warten auf die
»friedliche Eroberung« durch die Touristen. Fast alle interessanten
Städte im europäischen Teil der UdSSR können mit Auto, Flugzeug
oder Eisenbahn erreicht werden.
Für den Autotouristen haben die hiesigen Automobil-Clubs
Streckenbeschreibungen und Ratschläge zur Hand, und auch von
Intourist gibt es eine Übersichtskarte mit aufgeführten Tankstellen,
Rasthäusern und Reparaturwerkstätten. Auf den freigegebenen Routen
ist die Fahrt generell problemlos. Fast alle Straßen sind ausgebaut
und asphaltiert, ein Sicherheitsvorrat an Benzin und Motoröl macht den
Reisenden unabhängig von den kleineren Tankstellen. Bei einer
Autopanne beweist sich die Hilfsbereitschaft und Improvisationskunst
der Russen. Dann suchen Miliz und Intourist die geeignete Werkstatt,
und meist wird der Wagen des ausländischen Touristen sofort
mit Vorrang repariert. Uns selber wurde zweimal in Minsk
und im Kaukasus bei jeweils hoffnungslos scheinenden Fällen geholfen.

Beide Male hatte sich ein Kolben der Scheibenbremse verkeilt, die Bremse
war heißgelaufen, der Wagen war nicht mehr fahrfähig. Da im Kaukasus
keine Ersatzteile aufzutreiben waren, fräste ein russischer Mechaniker
aus einem Stahlblock einen neuen Bremskolben, dann wurden neue
Bremsmanschetten aus Rohgummi vulkanisiert — erst hatte man auch
hierfür neue Formen anfertigen müssen. Schließlich war der Wagen
nach knapp zwei Tagen wieder fahrbereit. Trotzdem — eine Autoreise
in die Sowjetunion wird von Skeptikern gerne als Abenteuer betrachtet.
Tatsächlich sind jedoch die Vorsorge- und Sicherheitsvorkehrungen
der russischen Behörden so umfassend, daß jeder Ausländer ständig
durch Intourist und Miliz weitergemeldet wird, und es gibt kaum
Gelegenheit für irgendwelche Abenteuer.
Das Intourist-Hotel und -Gaststättennetz bietet in seiner ersten
Kategorie gutes Niveau, in den modernen Spitzenhotels vergleichbar
mit dem des Westens. Die Menüs wurden jahrelang auf einheitlichen
Speisenkarten recht uniform im ganzen Land angeboten.
Außer Salianka, Borscht und dem bekannten »Stroganoff« werden
neuerdings noch weitere nationale (außer den internationalen)
Gerichte serviert. Die guten, alten Hotels der feudalen Klasse,
wie das »Astoria« in Leningrad und das »Metropol« in Moskau,
beherbergen immer noch ein wenig der vergangenen, pompösen
Herrlichkeit. Am freudlosesten sind dagegen die in der Stalinzeit
errichteten Großhotels. Andererseits werden die ganz neuen
Hotels, wie das »Russija« in Moskau und das »Iveria« in Tbilissi
sowie die neuen Häuser am Schwarzen Meer, mit viel Komfort und gutem
Geschmack ausgestattet.
Die Bedienung, die in den Restaurants uninteressiert und etwas
abweisend wirkt, wurde immer wieder von westlichen Reisenden kritisiert.
Es fehlt dem Personal der Leistungsanreiz und das Trinkgeld,
denn die Arbeit wird meist in Schichten absolviert. Hier helfen
dem Ausländer einige russische Sprachkenntnisse und viel Geduld,
auch durch ein paar Worte wird der Service meist merklich besser.
Wie steht es mit dem Kontakt zu den Russen? Kann der Tourist
mit Russen sprechen? Kann er sich durch *eigene* Unterhaltungen
auch ein *eigenes* Bild vom heutigen Sowjetrußland machen? Ohne Zweifel
gibt es kaum ein Limit für diese Kontakte außer dem der
Sprachschwierigkeiten. Studenten und Ingenieure, viele junge Russen
suchen das offene Gespräch mit jedem Fremden. Sie alle wollen
in Erfahrung bringen, wie das *wirkliche* Leben im Westen ist. »Wie steht
es mit der Freiheit?« — »Wie ist die Einstellung zu uns Sowjetbürgern?«
Es sind meist ähnliche, aber immer ehrlich gemeinte Fragen,
die Interesse am Leben jenseits der Grenzen bekunden.
Verständlicherweise kommt es zu dialektischen Debatten, in denen
die Begriffe von Freiheit und Bürgerrechten, bolschewistisch angewandt,
kaum wiederzuerkennen sind. Atomkrieg und NATO, Vietnam und die DDR
erhitzen bei zahlreichen Gesprächen die Gemüter. Dann gibt es wieder
kulturelles Interesse: »Was hat Heinrich Böll neu geschrieben?« —
»Werden auch die jungen Russen ins Deutsche übersetzt?« — »Welche
Autoren sind jetzt im Westen besonders populär?«
Viele Gespräche, die in Ruhe und nicht nur auf der Straße geführt werden,
enden mit der aufrichtigen Sorge um eine friedliche Zukunft.
Alle, die den Zweiten Weltkrieg miterlebten, haben die Schrecken
des Krieges nicht vergessen. »Werden die Deutschen wegen ihrer
verlorenen Ostgebiete eines Tages wieder einen Krieg beginnen?«
Diese Frage wird immer wieder gestellt, oft bleibt sie unausgesprochen.

Das tägliche Leben

In der Sowjetunion beträgt die durchschnittliche, wöchentliche Arbeitszeit (laut Angaben des Nowosti Verlages) 39,4 Stunden, und nach den bestehenden Plänen soll in allen Betrieben schrittweise die Fünf-Tage-Woche eingeführt werden. Diese Ziffern lassen sich durchaus mit denen der Arbeiter in westlichen Ländern vergleichen. Ein Einkommensvergleich ist dagegen nur global möglich, da in der Sowjetunion zu den effektiv ausbezahlten Löhnen (durchschnittlich sind es bei Arbeitern und Angestellten 100 Rubel im Monat) noch beträchtliche staatliche Sozialleistungen hinzukommen. So will der sowjetische Staat 1970 fast 60 Milliarden Rubel (offiziell rund 240 Milliarden DM) im Rahmen des öffentlichen Sozialhaushaltes bewilligen. 32 Prozent hiervon sollen für Schulen und Weiterbildung ausgegeben werden, rund 31 Prozent sollen Gesundheit und Erholung fördern, 26 Prozent sind für Fürsorge und Altersversorgung bestimmt und die restlichen rund 11 Prozent für kulturelle und andere Aufgaben.

Arbeitsentgeld und Warenangebot stehen in der Sowjetunion zweifelsohne in einem engen »Planverhältnis«, so daß der privaten Initiative nur geringer Spielraum gelassen wird; und trotzdem: Not macht erfinderisch. Da zahlreiche hochwertige Wirtschaftsgüter für viele Bürger nicht rasch erschwinglich sind, gibt es in der UdSSR beispielsweise rund 6400 Leihzentralen, in denen jeder Russe für 0,3 bis 0,8 Prozent des Ladenpreises (als Tagesmiete) sich Schreibmaschinen und Staubsauger, Tonbandgeräte und Cameras neben vielen anderen Dingen leihen kann. Auch private Hilfe ist weitverbreitet, und letztlich kommt dem Russen sein Improvisationsgeschick in vielen Situationen des täglichen Lebens immer wieder zugute.

226 Moskauer Schaufenster
Das Warenangebot ist in den letzten Jahren reichhaltiger geworden, die ersten Anzeichen eines Umschwunges vom Verteiler- zum Verbrauchermarkt sind jetzt zu bemerken. Jahr für Jahr wächst das sowjetische Nationaleinkommen um rund 7 Prozent; dies entspricht auch weiterhin der Planung für die kommenden Jahre. (Zum Vergleich: die Wachstumsrate betrug in der Bundesrepublik 1966 4,3 Prozent.)

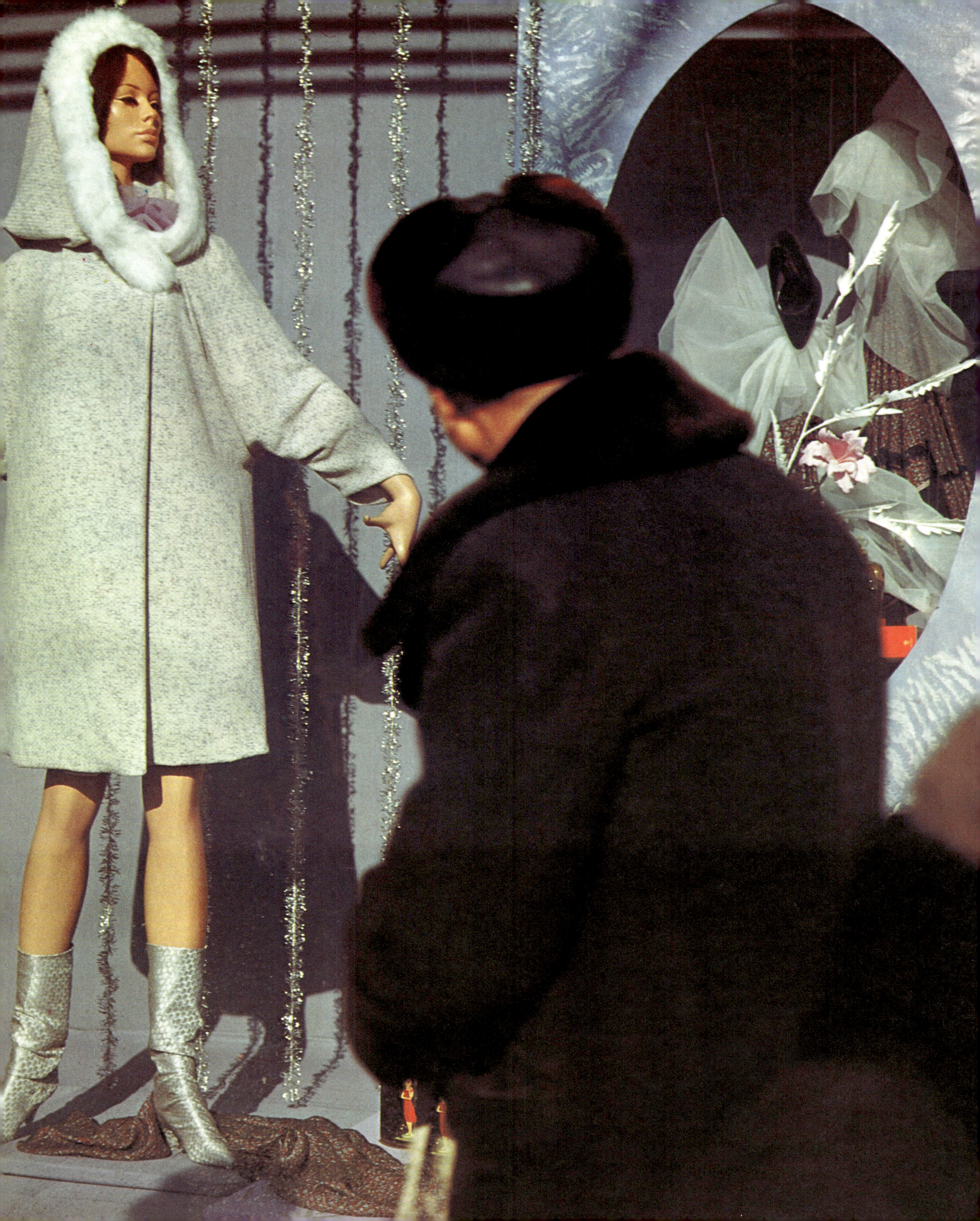

227 + 228 Kaufpassage und
Käuferschlange in Odessa
In der mit Jugendstil-Figuren und
Ornamenten geschmückten
Passage haben sich staatliche
Textilläden niedergelassen. Ein
Café verkauft an einem Stand Tee
und Kakao in dicken Gläsern an
Passanten. Ein Künstler bietet den
Interessierten Scherenschnitte für
95 Kopeken an, und gleich daneben
wartet eine Käuferschlange auf
Frischfleisch.

229 Delikatessengeschäft in Leningrad
Am Newski-Prospekt liegt einer der Delikatessen-Läden. In großen Glasvitrinen warten mehr als ein halbes Dutzend Käsesorten auf Käufer; daneben gibt es Wurst und Schinken, Gemüse und Obst. Die Bedienung ist freundlich und rasch. All diese Dinge sind in der Sowjetunion keine Selbstverständlichkeit, denn das Warenangebot der meisten kleinen Läden ist äußerst begrenzt, und die Belieferung ist ungleichmäßig.

230 + 231 Photoladen und Kwas-Verkäufer
Der »Star«-Photograph von Ordschonikidse zeigt seine Werke in runden Rahmen, wie sie als Wandschmuck bei den Osseten beliebt sind. Auch die meist freiberuflich scheinenden Geschäfte, wie der Kwas-Verkäufer, werden ausnahmslos in staatlicher Regie geführt.

232 Beim Brieflesen in Jalta
Die heutigen russischen Kinder sind selbstsicherer und natürlicher als manche Erwachsene. Sie leben in einer viel freieren Zeit ohne den ungeheuren Druck, der während Revolution, Stalinzeit und Weltkrieg ihre Eltern prägte.

233 Alter Mann in Kiew
Zwischen Fahrgästen, die auf ihren Bus warten, sitzt ein bärtiger Alter und schläft; er läßt sich nicht von Verkehr und Menschen stören.

234 Mutter und Tochter aus dem Bezirk Minsk
Die Familie Gladkowa wohnt in einem neueren Haus einer Kolchose in Weiß-Rußland. Das Familienleben spielt sich auch nicht mehr — wie früher — ausschließlich in der Küche ab: Gladkowas haben ein geräumiges Wohnzimmer, mit Sofa und Bären-Motiv-Teppich an der Wand. Lesen und Fernsehen sind beliebte Abendbeschäftigungen.

235 Kindergarten in Odessa
Bei ihrem Spaziergang überqueren unzählige Kindergruppen jeden Morgen in den russischen Städten die Straßen. Die Kindergärtnerin oder ein Junge hält eine gelbe Fahne oder ein Tuch in die Höhe — und schon stoppt der Verkehr, bis die kleine Schar sicher auf der anderen Straßenseite angelangt ist. Zur Zeit gehen rund acht Millionen Kinder im Alter von drei bis sieben Jahren in Kindergärten, so daß die jungen Mütter ihre Arbeitsplätze beibehalten können.

236 Hochzeit in Kiew
Jedes Jahr heiraten rund zwei Millionen Sowjetbürger; zwischen 35 und 64 Jahren sind rund 95 Prozent aller Männer verheiratet. Nach der staatlichen Trauung wird die Hochzeit mit Glückwünschen und Geschenken, mit großem Essen und Trinken gefeiert.

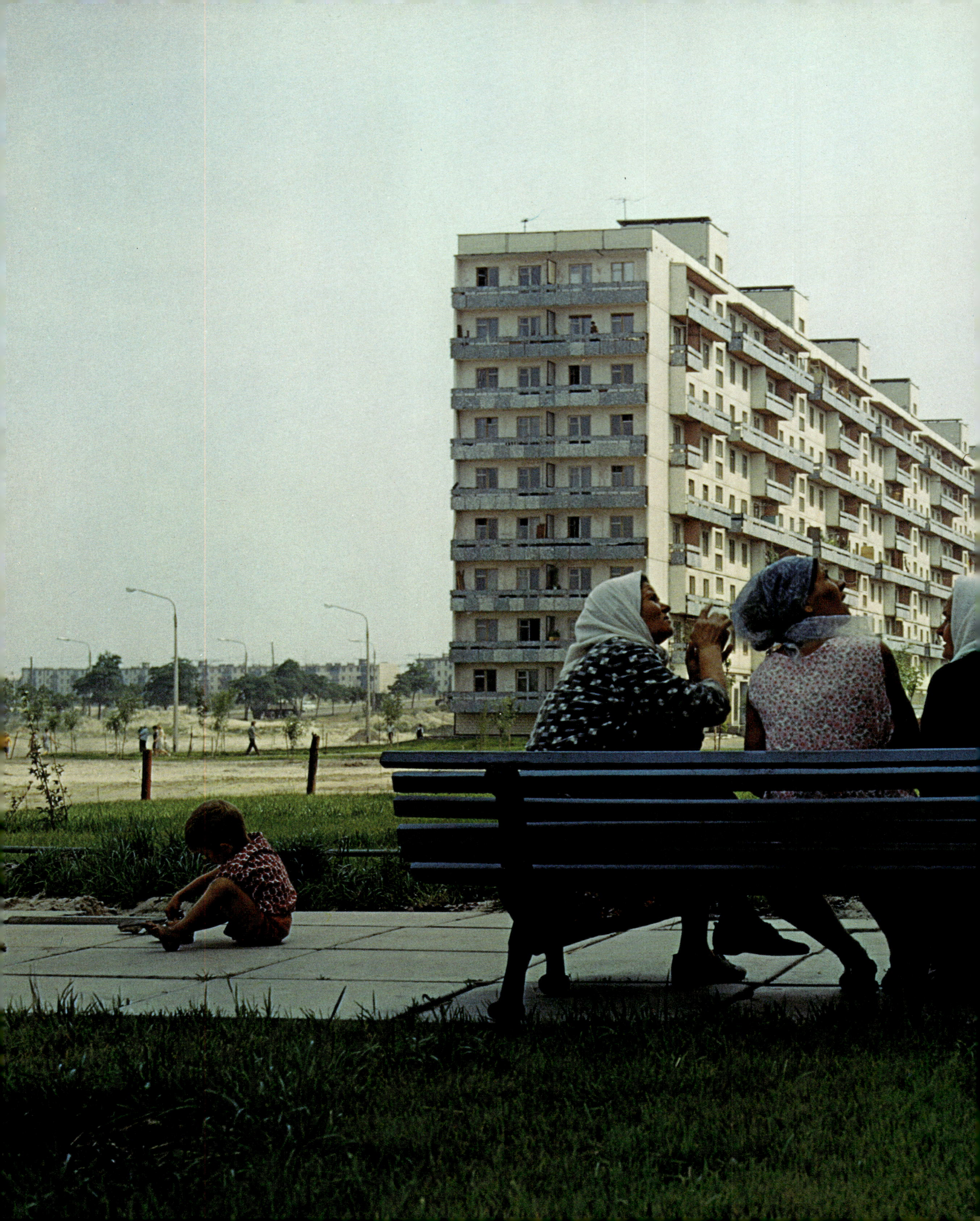

237 + 238 Neubau-Blocks in Kiew
Innerhalb der letzten fünfzig Jahre
wurde rund die Hälfte der
sowjetischen Bevölkerung vom
Land in die Städte umgesiedelt. In
den Neubaugebieten ist der
Einfluß ländlicher Sitten und
Gewohnheiten deutlich sichtbar
geblieben. Viele Frauen tragen
Kopftücher und bäuerliche
Kleidung. In den Familien herrscht
noch strenge, ländliche
Sittlichkeit. Kosmetik und Rauchen
wird häufig noch abgelehnt.
Da die neuen Wohnungen meist
sehr knapp bemessen sind,
spielt sich das Leben bei gutem
Wetter vor den Häusern und
in den Höfen ab.

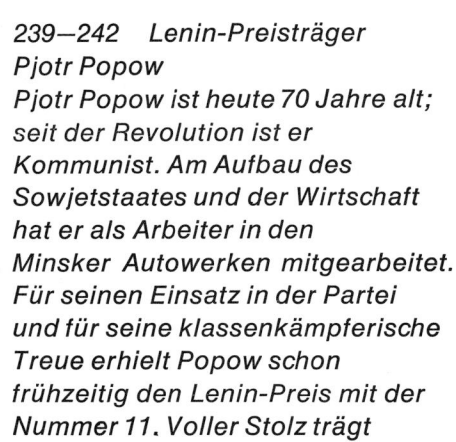

239–242 Lenin-Preisträger
Pjotr Popow
Pjotr Popow ist heute 70 Jahre alt;
seit der Revolution ist er
Kommunist. Am Aufbau des
Sowjetstaates und der Wirtschaft
hat er als Arbeiter in den
Minsker Autowerken mitgearbeitet.
Für seinen Einsatz in der Partei
und für seine klassenkämpferische
Treue erhielt Popow schon
frühzeitig den Lenin-Preis mit der
Nummer 11. Voller Stolz trägt
Popow den Orden am
Rockaufschlag seines guten
Jacketts. Das ganze Leben
der Popows ist mit den Minsker
Autowerken eng verbunden;
auch heute arbeiten die beiden
Söhne und die Schwiegertöchter
in der gleichen Fabrik. Der jüngere
Sohn ist bereits Meister in der
Rahmenabteilung.
Familie Popow bewohnt in einem
Minsker Außenviertel eine
Zweieinhalb-Zimmer-Wohnung.
Jetzt, da die Kinder ihr eigenes
Heim haben, ist die Wohnung
für sie sehr geräumig geworden.
Popows besitzen eine Küche,
ungefähr 12 Quadratmeter groß,
mit einem angrenzenden kleinen
Balkon. In der Küche sind ein
großer Speiseschrank, eine Spüle
mit zwei Becken, ein großer
Tisch und zwei Regale. Daneben
liegen Bad und Toilette, beide klein
aber getrennt. In dem etwa
20 Quadratmeter großen
Wohnzimmer steht eine Couch, die
früher als Bett für einen Sohn
diente, daneben ist ein hohes
Büfett mit Glastüren und Nippes.
Ein großer runder Tisch mit
Stühlen und zwei Sesseln sowie
ein Fernsehgerät vervollständigen
die Einrichtung. Vom Besuch
lassen sich die Popows nicht
überraschen. In kurzer Zeit stehen
Brot und Gurken, Ölsardinen
und eingemachtes Fleisch, Wurst
und Käse neben Cognac und Tee
auf dem Tisch.

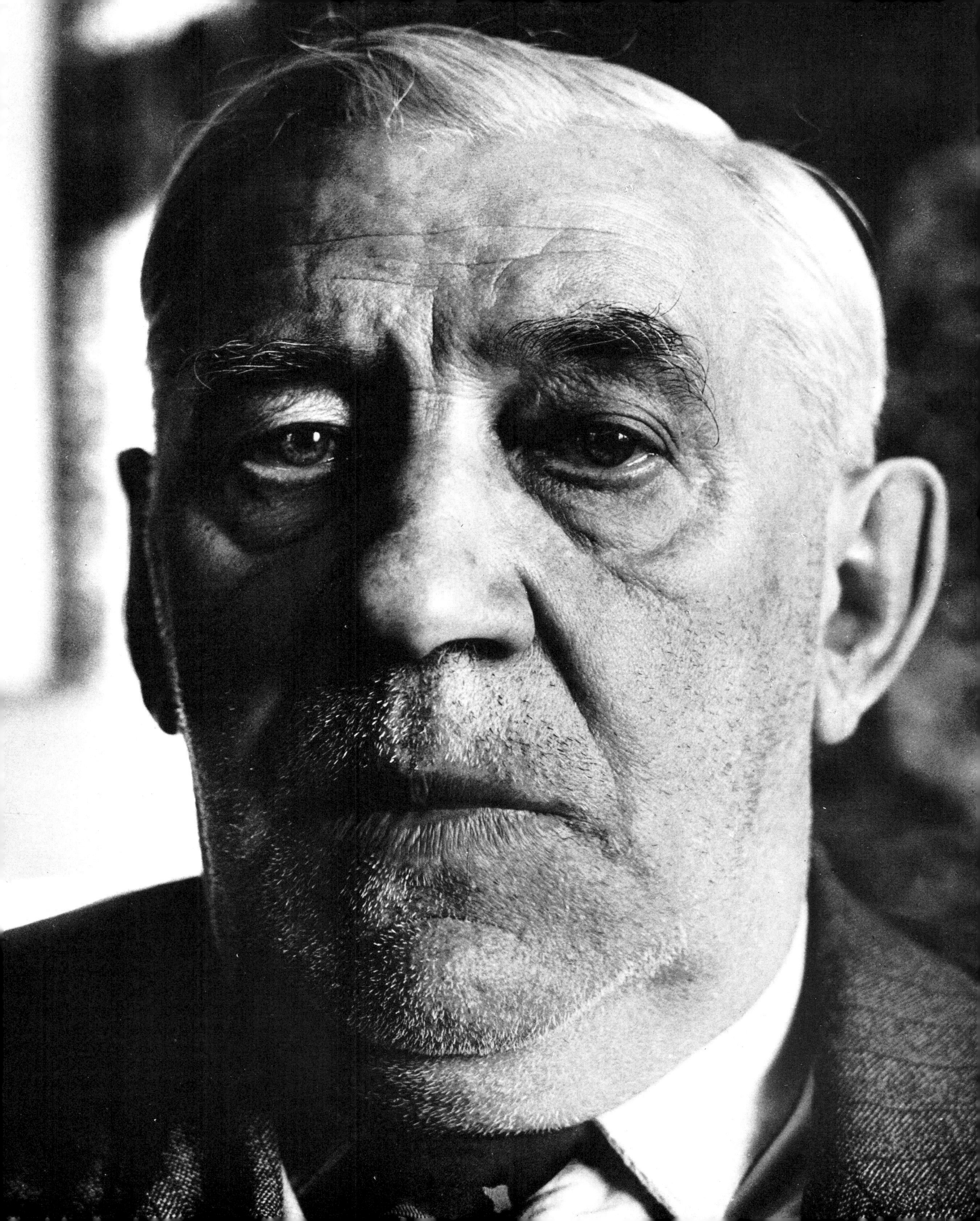

243 Kind in Kolomenskoje
Alle sechs Minuten wird in der UdSSR ein Kind geboren, am Tag sind es 9000 Neugeborene, mehr als drei Millionen im Jahr. Zwischen 1957 und 1967 wuchs die sowjetische Bevölkerung um 33 Millionen Menschen. Für das Jahresende 1970 rechnen die Statistiker mit 250 Millionen Einwohnern und 1980 soll es bereits 280 Millionen Sowjetbürger geben.

244 Urnenfriedhof in Moskau
Seit dem Ende des 19. Jahrhunderts wurden auf dem Friedhof neben dem Jungfrauenkloster viele bedeutende Russen beerdigt. Hier sind unter anderen die Gräber von Tolstoi, Majakowski, Rubinstein und Prokofjew. Während die Gräber mit großen Steinen und Grünanlagen geschmückt sind, werden die Urnen in Mauerkammern eingelassen. Die Platten werden dann mit Namen, Daten und manchmal mit dem Photo des Toten versehen.
Die Sowjets haben den Totenkult beibehalten, allerdings werden heute mehr die Leistungen des Toten zum Wohle der Sowjetunion geehrt als sein persönliches Andenken.

·67·

СОЛОВЬЕВА
НАТАЛЬЯ ВАСИЛЬЕВНА
член ВКП/б/ с 1904
Член общества
старых большевиков

Б. И. РЕЙН...
СТАРЫЙ БОЛЬШЕВИК МАКС...
чл. ВКП /б/ с 191...
Любимый друг в...
Ты ушел на в...
Но светлый ум т...
в сердце мое...
...

УША...
ВИТО...
ФРАНЬ...
1883 –
Член КПСС

УШАЦКАЯ
МАРИЯ
ИГНАТЬЕВНА
1891 – 1961
Член КПСС с 190...

Wilhelm Florin
16.III.1894
5.VII.1944

1872   1947
МАРТЫН НИКОЛАЕВИЧ
ЛЯДОВ
чл. В.К.П. /б/ 1893 г.

Миндин
Владимир
...
Миндина
Анна
Захаровна
...–1966

...ЕЙ ПАВ...
СИЛАЕ...
25 СЕНТЯБРЯ (8...
1894 ГОДА
...17 АПРЕЛЯ 1...

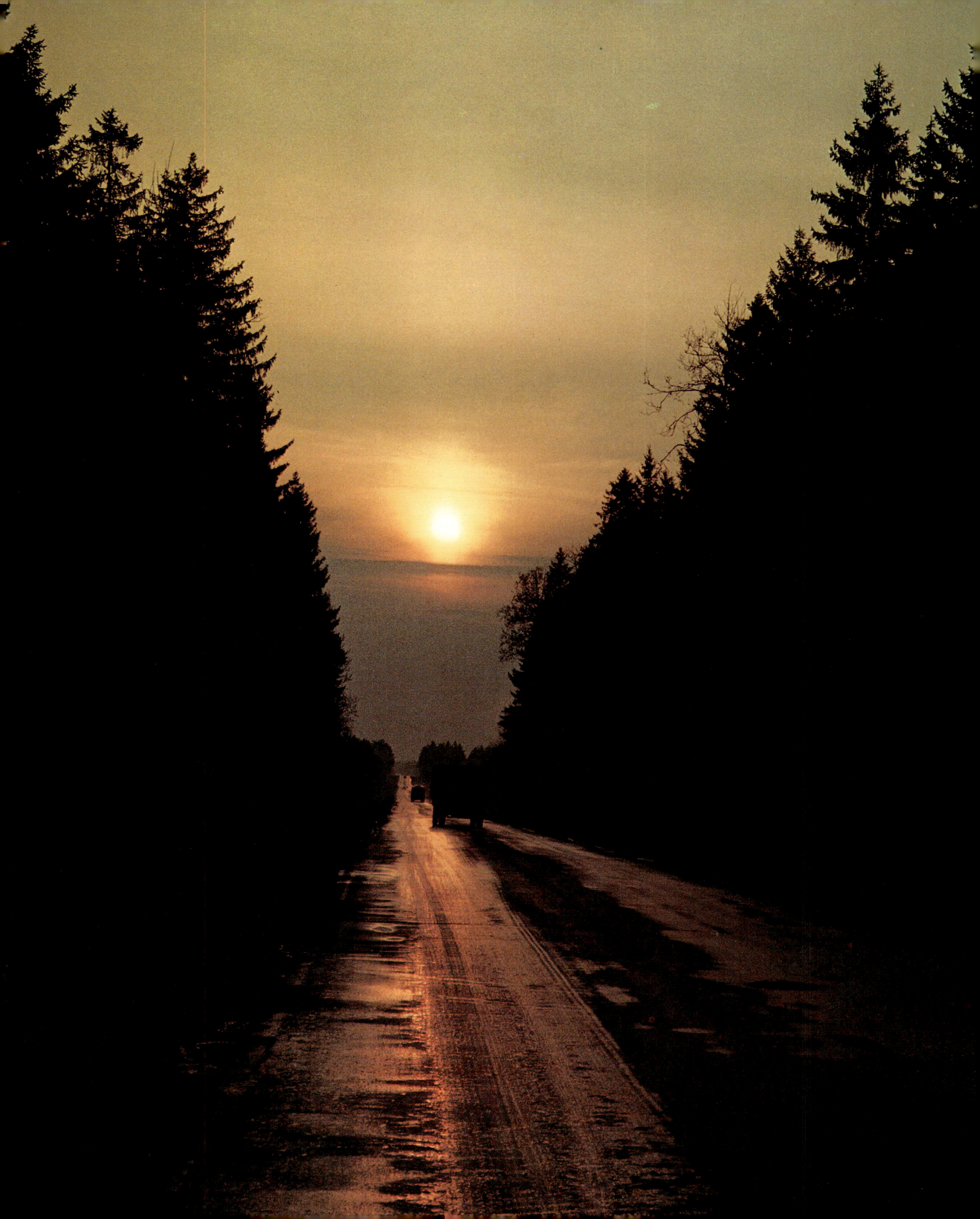

Sergej Jessenin: *Herbst*

Die goldnen Schatten auf dem Herbstwald liegen,
Er sprach in seiner Birkensprache gern,
Die Kraniche, die traurig weiterfliegen,
Bedauern nichts und sind dem Schicksal fern.

Bedauern — wen? Wir alle wandern, schweifen —
Du kommst und gehst und läßt das leere Haus —
Es träumt von denen, die die Welt durchstreifen,
Und tief im Teiche lischt das Mondlicht aus.

Ich bin allein: Ringsum der Ebne Stille,
Die Kraniche hat längst der Wind verweht,
Ich sehne mich nach meiner Jugend Fülle,
Und doch ist nichts, das mir zu Herzen geht.

Ich klage nicht um Jahre, die entlaufen,
Um Seelenblüten, duftig und verschwärmt,
Im Garten brennt ein großer Scheiterhaufen,
An dem sich aber keines wirklich wärmt.

Wie auch die Flammen sich zusammenballen,
das gelbe Ebereschenlaub bleibt fest.
Ich lasse meine Worte traurig fallen,
So wie der Baum die Blätter fallen läßt.

Und wenn die Zeit, im Zeichen neuer Sterne,
Sie einmal wegfegt, andern Unrat nach,
So sollt ihr sagen, daß der Herbstwind gerne
In seiner Birkensprache zu ihm sprach.

245 Straße von Minsk nach Brest
Russische Straßen scheinen,
wie die Landschaft, ohne Anfang
und Ende zu sein:
Das persönliche Erlebnis Rußlands
beginnt und endet in seiner
weiten Natur.

Quellenverzeichnis

Pörzgen, Hermann: So lebt man in Moskau. Paul List Verlag, München 1958

Troyat, Henri: So lebten die Russen zur Zeit des letzten Zaren. Deutsche Verlagsanstalt, Stuttgart 1959, 1961 (2. Auflage)

Tolstoi, Leo N.: Sämtliche Erzählungen, 1. Band. Herausgegeben von Gisela Drohla. Insel Verlag, Frankfurt 1961

Puschkin, Alexander: Erzählungen und Anekdoten. Herausgegeben von Johannes von Guenter. Biederstein Verlag, München 1964

Sowjetunion-Osteuropa-Handbuch. Herausgegeben von Werner Markert. Hier: Das Wirtschaftssystem. Böhlau Verlag, Köln/Graz 1965

Sowjetunion — Harms Erdkunde Band III. Bearbeitet von Prof. Roy E. H. Mellor. Paul List Verlag München/Frankfurt/Berlin/Hamburg/Essen 1966 (1. Auflage)

Historische Schätze aus der Sowjetunion: Ausstellungskatalog der Ausstellung in der Villa Hügel in Essen vom 27. 6. bis 28. 8. 1967. Verlag Auvel Bongers, Recklinghausen

Hindus, Maurice: Die Enkel der Revolution. Menschliche Probleme in der Sowjetunion. F. A. Brockhaus, Wiesbaden 1967

Nagels Reiseführer: UdSSR. Nagel Verlag Genf/Paris/München 1967

Pobien, Louis de: Russisches Tagebuch 1917–1918. Aufzeichnungen eines französischen Diplomaten in Petersburg. Dr. Riederer-Verlag, Stuttgart 1967

UdSSR-Questions and Answers. Novosti Press Agency Publishing House (Moskau) 1967

Ulam, Adam B.: Die Bolschewiki. Vorgeschichte und Verlauf der kommunistischen Revolution in Rußland. Verlag Kiepenheuer & Witsch, Köln/Berlin 1967

Mohl, Max: Toi, toi, toi, Towarischtsch. Reisen und Reflexionen in der Sowjetunion. Bertelsmann Sachbuchverlag, Gütersloh 1968

Wladimirow, Leonid: Die Russen. Fritz Molden Verlag, Wien 1968

Ikonen: Ausstellungskatalog Haus der Kunst München. Verlag: Ausstellungsleitung Haus der Kunst 1969

Pasternak, Boris: Die Blinde Schönheit. Insel Verlag, Frankfurt 1969

Sowjetunion — Daten. Bilder. Karten. Herausgegeben vom geographisch-kartographischen Institut Meyer, bearbeitet von Dr. Werner Jopp. Bibliographisches Institut Mannheim/Wien/Zürich 1969

Heiss, Karl William: Leningrad. Goldstadt-Reiseführer Band 32. Goldstadtverlag, Pforzheim o. J.

Literaturnachweis

Ammann, A. M. Die ostslawische Kirche im jurisdiktionellen Verband der byzantinischen Großkirche (988–1459). Würzburg 1955

Atlas SSSR. Moskva 1962

Boevoj put' Sovetskogo voeno-morskogo flota. Moskva 1967

Der Große Brockhaus. Leipzig 1928 ff.

Der Große Brockhaus. Wiesbaden 1952 ff.

Brockhaus Enzyklopädie. Wiesbaden 1966 ff.

Chamberlain, W. H.: Die Russische Revolution 1917–1921. 1. Band Frankfurt am Main 1958

Großes Duden Lexikon. Mannheim 1964 ff.

Eckart, Hans v.: Rußland. Leipzig 1930

Enciklopediceskij slovar. St. Petersburg 1890–1907

Bolsaja Sovetskaja Enciklopedija. Moskva 1949–1958

La Grande Encyclopédie. Paris (o. J.)

Fedotov, G. P. The Russian Religious Mind. Two volumes. Cambridge, Mass. 1966

Green, W. The Observer's Book of World Aircraft. London 1961

Der Große Herder. Freiburg 1952 ff.

Kluge, Fr.: Etymologisches Wörterbuch der Deutschen Sprache. 20. Auflage bearbeitet von W. Mitzka. Berlin 1967

Koch, H. (Hrsg.): Sowjetbuch. Köln 1958

Leningrad. Enciklopediceskij spravocnik. Moskva/Leningrad 1957

Markert, W. (Hrsg.): Osteuropa-Handbuch. Sowjetunion. Das Wirtschaftssystem. Köln/Graz 1965

Meyers Neues Lexikon. Leipzig 1961 ff.

Moskva. Sputnik turista. Moskva 1961

Ocerki istorii Leningrada. Moskva/Leningrad 1955 ff.

Rauch, Gg. v.: Geschichte des Bolschewistischen Rußland. Wiesbaden 1956

Sedlmayer, K.: Landeskunde der Sowjetunion. Frankfurt am Main 1968

Sowjetunion von A–Z. Berlin 1957

Steinbuch. Falsch programmiert. Frankfurt a.M. 1969

Stökl, G.: Russische Geschichte von den Anfängen bis zur Gegenwart. 2. Auflage. Stuttgart 1965

Die UdSSR. Leipzig 1959

Vernadsky, G. Ancient Russia. New Haven. 5. Auflage 1959

Vernadsky, G. Kievan Russia. New Haven. 3. Auflage 1959

Wiener, Fr.: Die Armeen der Warschauer-Pakt-Staaten. Wien 1965

Wittram, R.: Peter I. 2 Bände. Göttingen 1964

Ostsee

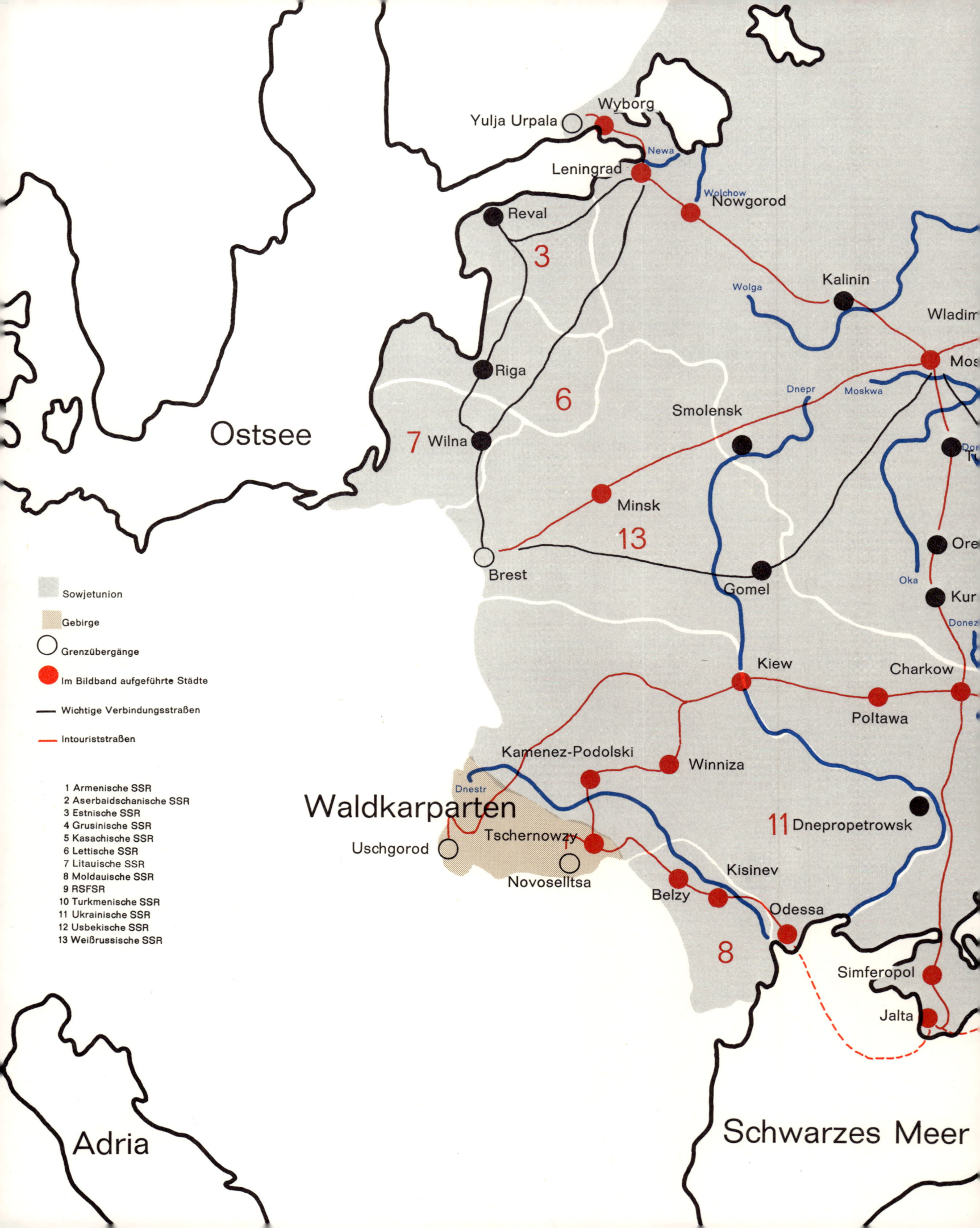

Yulja Urpala · Wyborg
Leningrad — Newa
Wolchow
Nowgorod
Reval
3
Wolga · Kalinin
Wladim
Riga
6
Smolensk · Mos
Dnepr · Moskwa
7 Wilna
Minsk
13
Ore
Brest
Gomel
Oka · Kur
Donez
Kiew · Charkow
Poltawa
Kamenez-Podolski · Winniza
Dnestr
Waldkarparten
11 Dnepropetrowsk
Uschgorod · Tschernowzy
Novoseltsa · Kisinev
Belzy · Odessa
8
Simferopol
Jalta

Adria

Schwarzes Meer

Legende:
- Sowjetunion
- Gebirge
- ○ Grenzübergänge
- ● Im Bildband aufgeführte Städte
- — Wichtige Verbindungsstraßen
- — Intouriststraßen

1 Armenische SSR
2 Aserbaidschanische SSR
3 Estnische SSR
4 Grusinische SSR
5 Kasachische SSR
6 Lettische SSR
7 Litauische SSR
8 Moldauische SSR
9 RSFSR
10 Turkmenische SSR
11 Ukrainische SSR
12 Usbekische SSR
13 Weißrussische SSR